SEJA LÍDER COMO O MUNDO PRECISA

João Paulo Pacifico

SEJA LÍDER

COMO O MUNDO PRECISA

IMPACTE AS PESSOAS, OS NEGÓCIOS E O PLANETA

Rio de Janeiro, 2022

Diretora editorial: *Raquel Cozer*

Coordenadora editorial: *Malu Poleti*

Editora: *Diana Szylit*

Assistência editorial: *Mariana Gomes*

Copidesque: *Maísa Kawata*

Revisão: *Laila Guilherme e Mel Ribeiro*

Capa: *Túlio Cerquize*

Foto do autor: *Carolina Pacifico*

Projeto gráfico e diagramação: *Julio Moreira*

Ilustrações: *Juca Lopes*

DADOS INTERNACIONAIS DE CATALOGAÇÃO NA PUBLICAÇÃO (CIP)
Angélica Ilacqua CRB-8/7057

P125L

    Pacifico, João Paulo
      Seja líder como o mundo precisa : impacte as pessoas, os negócios e o planeta / João Paulo Pacifico; prefácio de Eduardo Moreira. — Rio de Janeiro : HarperCollins, 2022.
      336 p.

    ISBN 978-65-5511-330-3

    1. Liderança 2. Desenvolvimento pessoal 3. Desenvolvimento profissional I. Título.

21-5672

                      CDD 658.3
                      CDU 658.3

Os pontos de vista desta obra são de responsabilidade de seu autor, não refletindo necessariamente a posição da HarperCollins Brasil, da HarperCollins Publishers ou de sua equipe editorial.
Rua da Quitanda, 86, sala 218 — Centro
Rio de Janeiro, RJ — CEP 20091-005
Tel.: (21) 3175-1030
www.harpercollins.com.br

Dedico este livro ao amor, materializado para mim nas minhas filhas, Biazinha e Lelê, e na minha grande companheira de vida, Carol.

SUMÁRIO

PARTE 3: EIXO ATIVISTA

PARTE 4: SENDO UMA PESSOA MELHOR

PREFÁCIO

Por Eduardo Moreira

Eduardo Moreira é empresário ativista, dramaturgo, palestrante e autor de diversos livros, sendo o mais recente *Travessia: de banqueiro a companheiro* (Civilização Brasileira, 2021).

QUERIDOS LEITORES E LEITORAS, deixem-me lhes contar uma breve história antes que comecem a ler *Seja líder como o mundo precisa*, escrito por meu dileto amigo João Paulo Pacífico. Depois, quero ainda tecer algumas palavras sobre o livro em si.

A história é sobre como conheci o João. Havíamos, eu e outros sócios, fundado há pouco tempo uma empresa no segmento financeiro. Éramos, nós, os sócios, egressos do maior banco de investimentos do país e dizíamos que nosso objetivo era criar uma empresa bem diferente daquela que acabávamos de deixar. Uma empresa que fosse mais agradável para se trabalhar, que desse mais espaço para as mulheres (vocês verão durante a leitura deste livro como o mercado financeiro pode ser incrivelmente machista), que não colocasse sobre seus colaboradores uma pressão desumana por resultados e que tratasse os clientes de maneira justa. Esse era, pelo menos, nosso discurso.

Hoje, ao recordar meus dias na empresa (foram quase 10 anos como sócio), não consigo lembrar de um dia sequer em que tenhamos sido fiéis àquilo que dizíamos nos propor. Construímos um clone (muito menos lucrativo e famoso) da empresa de onde saímos. Aquela mesma que tanto criticávamos. Me assusta e incomoda reconhecer que demorei quase uma década para perceber a mentira que inventamos para nós mesmos.

Houve uma pessoa, porém, que cruzou nosso caminho e foi rapidamente capaz de entender que todo aquele discurso era uma farsa. O Pacífico.

Já nos primeiros meses de empresa, antes mesmo de consolidarmos nossa atuação nos segmentos de mercado em que nos propusemos atuar, decidimos que devíamos expandir nossas atividades e montar uma securitizadora. Soubemos então de um "menino" que era muito bom e acabara de deixar uma das maiores empresas desse segmento no país para montar a sua própria. Marcamos com ele uma conversa a fim de conhecê-lo e, quem sabe, convencê-lo a trabalhar conosco. Eu, com outros sócios, participei da entrevista. Foi ali meu primeiro contato com alguém que muitos anos depois se tornaria um querido irmão de caminhada.

João chegou para a entrevista sorridente, calmo e humilde, bem diferente da forma como o recebemos, cheios de pompa e arrogância. A entrevista durou pouco mais de uma hora, e neste período todos pudemos perceber que ele dominava o tema da securitização, tinha uma excelente capacidade de se comunicar e, concluímos, uma ótima habilidade comercial também. Era a pessoa ideal para *nossos* planos. Falamos um pouco de nossa empresa (destacando o fato de que éramos uma empresa "diferente" no mercado financeiro), o convidamos para dar uma volta pelas instalações e, ao final, fizemos uma proposta para que ele viesse trabalhar conosco.

Levamos João até o elevador, nos despedimos e fomos para uma sala conversar.

— E aí — perguntei —, o que acharam?

— O "garoto" é ótimo — disse um dos principais sócios, o que havia conduzido a conversa com João.

— Gostei muito dele também — concordei. — Tomara que dê certo.

— Vai fechar conosco com certeza. Acabou de montar a empresa dele, não tem nossa estrutura nem nossos contatos e reputação, não faz sentido ele não vir para cá. É um *no-brainer* — concluiu meu sócio, usando um termo em inglês para se referir a uma "decisão fácil", que não requer muito reflexão.

— Tomara… — concordei.

Voltamos a nossas atividades certos de que aquela missão estava cumprida.

Algumas semanas se passaram, e eu não tinha recebido notícia alguma sobre o João e sua contratação. Fui então perguntar ao meu sócio como estava andando aquela história. Ele me disse que o João não havia chegado a uma conclusão ainda e estava pensando sobre a proposta que havíamos feito.

— Ele está "fazendo doce" para valorizar o passe — disse-me.

— Vai vir com certeza. Só vai ser um pouco mais caro. Mas dá para pagar, o "garoto" vale.

Pois bem, o "garoto" decidiu não vir. Escolheu ficar em sua empresa pequena. Escolheu seguir sua intuição. Escolheu seguir seus valores. Dez anos depois, sua securitizadora era maior e mais bem-sucedida do que aquela empresa que o tratou com tamanha arrogância. E João era muito mais feliz e realizado do que aquelas pessoas que o haviam entrevistado. O que ele demorou uma hora para perceber, eu demorei quase dez anos. Ou talvez eu tenha percebido também rapidamente e só não tenha tido a coragem que João teve.

Ao ler este livro, vocês verão uma história parecida com esta, mas não se enganem: é outra. Soube pela leitura de *Seja líder como o mundo precisa* que João recebeu propostas de outros bancos, bem maiores do que o nosso, e foi capaz de recusá-las, como recusou a nossa.

É importante que o leitor tenha em mente que a "vitória" de João, porém, não aconteceu depois de vários anos, quando sua empresa se tornou a maior securitizadora do país e ele mostrou que estava certo por tomar aquela decisão anos atrás. A vitória aconteceu no exato momento em que ele decidiu seguir seus valores e sua intuição, agindo com coragem, em consonância com seu coração. Aliás, a palavra "coragem" vem do latim *cor-aticus*, "o coração que age". A vitória, vale a pena dizer também, não foi sobre aquelas pessoas ou sobre aquelas empresas. A vitória foi sobre a mediocridade de uma vida que avalia as coisas só pela ótica do dinheiro.

Ler este livro me fez muito bem. Assim como me faz conversar com o Pacífico, algo cada vez mais frequente em minha vida. O livro me fez lembrar de coisas que teimo em esquecer. Ou me forço a esquecer, sabe-se lá. Talvez a principal delas seja o fato de que realmente existe algo maior a ser buscado numa caminhada profissional do que a compensação financeira. O tal "propósito", palavra usada atualmente de maneira tão oportunista e comercial que dá até algum constrangimento citá-la. João torna tangível o significado de propósito com seu próprio exemplo (e o de vários outros personagens que vão surgindo pelo livro). João é a personificação do propósito.

Desejo a todos e todas que começam agora esta jornada, nestas páginas, que tenham a coragem e a alegria que em João transbordam. E que saibam recusar a mediocridade em nome de um mundo e uma vida mais felizes. Sejam o seu propósito e vivam a felicidade plena.

NOTA DO AUTOR

AO LONGO do livro, dou diversos exemplos envolvendo "líderes", "chefes", "funcionários". Como a leitura ficaria exaustiva se eu optasse por flexionar os termos sempre no feminino e no masculino, e como infelizmente ainda não encontramos um modo de tornar a língua portuguesa efetivamente inclusiva, optei por usar os gêneros indiscriminadamente: "o líder" em alguns momentos; "a líder" em outros (e o mesmo com tantas outras palavras). A escolha da flexão foi sempre aleatória, independente do contexto.

INTRODUÇÃO

NOVEMBRO de 2008, São Paulo. Acordo aflito, vou ao escritório para o que seria um dos dias mais difíceis de minha carreira. Passo pela minha mesa, deixo o celular e a carteira sobre ela e caminho apreensivo para a sala de reuniões. Chamo individualmente seis pessoas da minha equipe. Todas elas foram demitidas por mim naquele dia. Ainda carregado pelo peso das conversas, pego um táxi até o aeroporto e chego em cima da hora para o voo que tenho de pegar. Entro no avião triste pelos amigos que desliguei da empresa e angustiado pelas novas demissões que estava prestes a fazer no Rio de Janeiro.

De todas as atividades de um gestor, para mim a mais difícil, de longe, é demitir. Pior ainda quando a decisão vem de cima e você está só cumprindo ordens. A crise no mercado financeiro era enorme, o banco em que eu trabalhava havia resolvido cortar centenas de vagas de trabalho e minha área foi direta e profundamente impactada.

Naqueles dias de apreensão, um pensamento não saía da minha cabeça: "Se essa decisão fosse minha, eu teria feito diferente". Falar é fácil. O banco não era meu, eu era apenas um funcionário.

Pouco mais de um mês depois, de férias, ainda me sentia incomodado com a situação que tinha vivido. Estava fazendo um de meus habituais passeios em livrarias, quando avistei um volume que me chamou a atenção. Embora estivesse junto aos livros de negócios, não parecia se encaixar exatamente nessa categoria. A capa estampava um cara visivelmente feliz em frente ao mar e trazia o título *Negócios sem segredo: as aventuras de um empreendedor global* (em inglês, *Business Stripped Bare: Adventures of a Global Entrepreneur*). Eu o peguei, comecei a folhear e comprei sem titubear. Achei que seria um livro legal. O que não imaginava era que ele serviria de inspiração para, três meses depois, minha vida mudar completamente.

Se antes o meu pensamento era "eu teria feito diferente", ao conhecer as realizações do empresário sorridente Richard Branson, passei a dizer para mim: "Chegou a hora de fazer diferente, chegou a hora de montar meu próprio negócio".

De novo, falar é fácil. O desejo era legal, mas eu não tinha recursos para isso. Porém percebi que, se montasse uma securitizadora, uma empresa que emite títulos financeiros, poderia eu mesmo tocar o negócio. Consegui atrair um cliente que geraria dinheiro suficiente para arcar com um ano de custos da nova empresa e, assim, pedi demissão e chamei dois colegas do banco para trabalhar comigo. No dia 18 de março de 2009 começava um sonho chamado Gaia, uma empresa do mercado financeiro com o propósito de fazer as coisas de forma diferente. O detalhe é que, naquele momento, eu ainda não sabia muito bem o que seria esse "diferente", só sabia que queria evitar ao máximo passar novamente pela situação de fazer demissões em massa.

No dia seguinte, 19 de março, meu único cliente desistiu do negócio. Era o segundo dia da empresa, eu achava que tinha encontrado uma mina de ouro e, de uma hora para outra, voltei à estaca zero. Eu era um empreendedor, no meio da crise, querendo agir no mercado financeiro de modo diferente; no entanto, agora estava com vários boletos para pagar e sem nenhum cliente.

Apesar do tombo, continuei achando que estava no caminho certo e que, em breve, conseguiria novos clientes. Otimismo, empolgação e garra são três características que desenvolvi ao longo da minha vida e têm me ajudado muito a não desanimar, mesmo diante das intempéries. Voltei a me conectar com várias pessoas que conhecia, e — para encurtar uma longa história —, em junho, começamos a faturar, dando fim ao prejuízo. Ufa!

Tempos depois, descobri que aquele cliente inicial, a faísca para abrir a Gaia, que desistira logo no segundo dia de empresa, não tinha padrões éticos muito bons, e fiquei feliz por ele ter recuado. Sou grato por tudo o que aconteceu. Nada como olhar para trás para entender melhor o que estava sendo escrito...

Em março de 2020, exatamente onze anos depois daquelas demissões que tive de fazer no banco, passamos pela assustadora pandemia da Covid-19. O cenário era desafiador: muitas empresas demitindo, fechando ou reduzindo salários. No primeiro dia da quarentena, chamamos todos os gaianos e gaianas (como chamamos quem trabalha na Gaia) para informar que ninguém seria demitido nem teria o salário reduzido por causa da crise. Nesse momento, pude colocar em prática aquele meu pensamento e realmente fiz diferente.

Se o negócio com o cliente inicial tivesse seguido em frente, o Grupo Gaia talvez não conseguisse ser essa empresa diferenciada, como vem sendo desde 2009. Não me refiro apenas às mais de quatro empresas consolidadas e outras tantas investidas, nem aos mais de 20 bilhões de reais em operações de securitização nos setores imobiliário, de agronegócio e crédito. Tudo isso só nos coloca junto a tantas outras empresas que prosperaram.

O mais importante é a forma como escrevemos essa história e quantas vidas impactamos. Fomos diferentes quando construímos nossos dez valores — entre eles, "Pratique a gratidão e sorria" —, e somos diferentes quando realmente vivemos esses valores no dia a dia. Somos diferentes quando investimos na saúde e na felicidade do time, estimulando a prática de atividades físicas e dando incentivos financeiros para que as pessoas morem perto do escritório. Somos diferentes ao montar e investir em uma organização não governamental (ONG) que já transformou a vida de milhares de crianças pelo Brasil. Somos diferentes ao captar recursos para a reforma de milhares de casas nas comunidades e ao empregar mulheres em estado de vulnerabilidade durante a pandemia do coronavírus, a fim de produzir máscaras para serem doadas. Somos diferentes quando contratamos pessoas com síndrome de Down (diga-se de passagem, é obrigatório que em empresas com mais de cem funcionários, o que não é o caso do Grupo Gaia, entre 2% e 5% da equipe seja composta por pessoas com deficiência), transexuais e jovens com mais de 50 anos. E somos diferentes quando usamos nosso lucro para financiar a ida, minha e de *todos* os funcionários, para Orlando, justamente a cidade onde comprei o livro do empresário sorridente que me inspirou a fazer diferente.

É verdade que também fechamos uma empresa que não deu certo. Erramos contas e tivemos que arcar com prejuízos. Contratamos pessoas que não se encaixaram na equipe. Houve um desentendimento entre sócios. Investimos em projetos e ideias que não deram em nada.

Também aprendi, ao longo de todo esse processo, que o fato de ser branco, homem cisgênero e de classe média de São Paulo tornou as coisas muito mais fáceis para mim do que teriam sido se eu fosse mulher, se não fosse branco, se morasse em um bairro periférico, se tivesse estudado em escola pública, entre tantos outros privilégios dos quais muitas vezes eu nem me dava conta. E que, por isso mesmo, tenho a responsabilidade de agir diferente para reduzir as desigualdades!

ESTE LIVRO: SEJA LÍDER COMO O MUNDO PRECISA

Gerir pessoas de forma diferente da tradicional e fazer negócios seguindo um propósito pode parecer uma ideia romântica, uma revolução utópica. De fato, se não tivermos um rumo claro, dificilmente conseguiremos ir muito longe. Este livro traz conceitos que servem como bússola para trilhar pelo caminho da diferença, um guia para que se consiga efetivamente mudar — você, as pessoas e o mundo. Use-o como uma sugestão e aproveite tudo o que faça sentido em sua vida.

Os conceitos aqui apresentados não nasceram de um momento de iluminação. Seria ótimo se tivesse sido o caso, ainda mais porque renderia uma bela história para contar e ajudaria nas vendas. Mas não foi o que aconteceu.

Seja líder como o mundo precisa é uma construção que nasceu da minha inquietude em ver pessoas e empresas infelizes, que continuavam a ter comportamentos danosos aos seres humanos, e do meu encontro com pessoas especiais (de neurocientistas a empreendedores sociais) ao longo da minha caminhada como empreendedor, das madrugadas em claro lendo e estudando, das reuniões de trabalho, do contato com colaboradores e clientes, dos encontros e desencontros da vida. É uma reunião das ideias e conceitos que levei para a prática, para a vivência cotidiana de uma empresa real, e que deram certo.

Este livro se propõe a ajudar a tornar o mundo um lugar melhor, onde as pessoas e as empresas possam florescer, desenvolver todo o seu potencial, encontrar sentido em suas existências. Um mundo onde a felicidade possa conviver com o lucro, sendo bom para todos e para o planeta. Por isso, falo para quem deseja ser líder — seja no trabalho, seja em sua própria vida — de uma forma compassiva, seguindo valores, causas e propósitos em que acredito, intercalando histórias reais com dados científicos, momentos de reflexão e possíveis conclusões.

Para tanto, o livro é dividido em quatro partes. Na Parte 1, você conhecerá a teoria por trás de tudo o que escrevo aqui. Entenderá os conceitos de líder e de líder que o mundo precisa, quais são os tipos de líder e de organização, e conhecerá o Diagrama de Gaia. Com base nesse diagrama e em seus quatro quadrantes, você conseguirá identificar onde se encontra hoje como empresa e como pessoa e, provavelmente, ficará intrigado ao perceber que organizações consideradas pela mídia como "bem-sucedidas" muitas vezes se enquadram na categoria *miseráveis*. A partir desse panorama, poderá vislumbrar qual direção é mais interessante para seguir.

Na Parte 2, exploraremos o eixo humano, e você verá como reconhecer pessoas e empresas tóxicas e se atitudes nocivas podem causar algum prejuízo para, com esse conhecimento, começar a explorar formas de sair da toxicidade e ser mais humana. Aqui, verá que seguir valores, ser grato e gentil ajuda a aumentar seu nível de felicidade.

Na Parte 3, nos aprofundamos no eixo ativista para mostrar como sair de uma posição mercenária em busca de algo muito melhor para todo mundo. Tanto nessa como na Parte 2, você conhecerá teorias que me fizeram olhar para o trabalho de forma diferente. Que fizeram a Gaia e os gaianos e gaianas prosperarem.

Na Parte 4, falaremos sobre as características essenciais dos líderes que o mundo precisa. Ensinarei uma técnica que ajudará você a criar hábitos e evoluir de forma que as palavras deste livro sejam transformadas em atitudes que a tornem uma pessoa melhor — para si e para o mundo.

Sei que o mundo não é dividido em bom e mau. O ser humano é multidimensional, e a mesma pessoa que faz trabalho voluntário ajudando idosos pode ser preconceituosa. Mas, para fins didáticos, utilizaremos nomenclaturas extremas, de mais fácil compreensão, como *mercenários* e *egoístas*.

O que pretendo com este livro?

Despertar em você o desejo de "fazer diferente" e lhe apresentar rumos e dar ferramentas para que possa agir. Eu convidarei você a refletir sobre o ambiente a sua volta e sobre sua relação com o dinheiro, a expor os seus incômodos e transformar suas relações humanas, seu ambiente de trabalho e seu estilo de liderança.

Pretendo que termine cada página um pouco inquieto — como eu sou — e que, a cada capítulo, consiga fazer uma pequena mudança em sua vida. Sei que já virou clichê, mas é real: pequenas mudanças podem levar a grandes transformações, tanto em você como nas pessoas ao seu redor, tornando o mundo um lugar melhor. E eu desejo que consiga desfrutá-lo cada vez mais e se torne um líder que o mundo precisa.

Espero que este livro cause um impacto tão significativo em sua vida que você chegue à última página sendo uma pessoa melhor do que é agora. Não se preocupe, você não está só nessa empreitada. Vamos juntos?

PARTE 1
LÍDERES

CAPÍTULO 1
ESSÊNCIA
DO LÍDER

"O que vale não é quanto se vive,
mas como se vive."

Martin Luther King Jr.

SER LÍDER

Um estagiário com pouco conhecimento, porém esforçado. Eu era assim quando comecei a trabalhar na Rio Bravo, uma empresa de investimentos fundada por dois ex-banqueiros e um ex-presidente do Banco Central. Éramos poucos, seis pessoas, se bem me lembro; só nomes de peso e eu, um estagiário cheio de vontade.

Um belo dia, Paulo, um dos sócios, ao ver o sucesso que levou um estudo sobre biotecnologia, realizado por brasileiros, a ser capa da revista *Nature*, uma das publicações científicas mais respeitadas do mundo, pediu que eu me inteirasse sobre o assunto e marcasse reuniões com os principais cientistas brasileiros para tentarmos encontrar alguma oportunidade de investimento.

Mergulhei no assunto e logo conheci grandes cientistas e seus laboratórios, um dos quais localizava-se no Hospital do Câncer (atual A. C. Camargo Cancer Center). Comecei a frequentar muito aquele lugar e a me sensibilizar com as pessoas que enfrentavam o câncer, que já havia tirado a vida de minha avó por parte de pai e, naquela época, importunava meu avô por parte de mãe. No final daquele ano, impactado pelos sorrisos de tantas crianças com a doença que eu havia visto, resolvi agir. Liguei para uns conhecidos do hospital e pedi uma lista para saber quantas crianças estavam internadas e a idade de cada uma delas, calculei mais ou menos o valor que eu precisaria arrecadar para comprar presentes para todas elas e montei uma campanha de doação dentro da Rio Bravo.

Juntei o dinheiro, fui a uma daquelas lojas que vendem de tudo, comprei um presente para cada criança, empacotei, identifiquei e, no final de semana, passei com minha mãe de quarto em quarto para fazer as entregas — só de lembrar me emociono. Esse ato tocou tanto o meu coração que o repeti por alguns anos. Não havia dinheiro que pagasse a alegria das crianças ao receberem aqueles presentes simples, mas dados com tanto carinho.

Apesar de ter o menor cargo e salário da empresa, sem saber estava exercendo um papel de liderança nessa atividade. Eu não tinha qualquer autoridade, poder, nem sequer recurso, apenas vontade de ajudar e certa insistência para que as pessoas doassem dinheiro para a compra dos brinquedos.

Por muitos anos, liderança foi confundida com chefia. Quando uma pessoa influencia outras por meio de poder ou autoridade, ela não está liderando, mas chefiando, o que é muito diferente. A definição de líder de que mais gosto, que guia os conceitos deste livro, é a do dicionário *Michaelis*: "Pessoa com capacidade de influenciar nas ideias e ações de outras pessoas".

Uma criança que organiza doações de casacos em seu condomínio para entregar a moradores de rua no inverno é uma líder nessa atividade, assim como a jovem universitária que leva os amigos para doar sangue ou o presidente de uma multinacional que convence o conselho de administração a reduzir o lucro da empresa para investir em uma linha de produtos ecologicamente mais adequada.

Liderança não é estática, é móvel. Ninguém é líder. Está líder. A diretora pode ser líder em um projeto e ser liderada por um analista em outro.

Você pode escolher ser líder em algumas atividades em sua casa, em seu bairro, entre seus amigos ou na empresa. Ou pode escolher não ser líder de nada e seguir outras pessoas — não há problema algum nisso. Seja como for, é importante saber identificar quem são os líderes que o mundo precisa e se afastar dos que usam os outros em causa própria.

PENSAR COMO LÍDER

"Não divido o mundo entre os fracos e os fortes, ou entre os sucessos e os fracassos... Eu divido o mundo em aprendizes e não aprendizes", diz uma frase atribuída ao teórico político Benjamin R. Barber.

Qual a chance de um restaurante de comida sertaneja localizado na Vila Medeiros, zona norte de São Paulo, região também conhecida como "quebrada", atrair pessoas do Brasil todo, dispostas a ficar até três horas na fila esperando uma mesa?

Esse local abriu em 1973 como um pequeno bar fundado por José de Almeida e permaneceu assim por muitos anos. Seu filho, Rodrigo, que desde os 13 anos o ajudava, após uma tentativa frustrada em Engenharia e Gestão Ambiental, resolveu estudar gastronomia e, em 2001, assumiu a frente do restaurante Mocotó.

Nos anos que se seguiram, o chef Rodrigo Oliveira, além de criar os mundialmente famosos dadinhos de tapioca e vários outros pratos, colocou o Mocotó na rota dos principais restaurantes do mundo. Em 2019, recebeu o prêmio de melhor do mundo na categoria No Reservations Required (sem necessidade de reservas) do World Restaurant Awards, realizado na França. Rodrigo já foi considerado um dos cem brasileiros mais influentes, pela revista *Época*, além de chef e personalidade gastronômica do ano pelas principais publicações especializadas.

Chefs de cozinha são estereotipados nos programas de TV como pessoas extremamente tóxicas e agressivas. Para mudar essa imagem, a gaiana Priscila e eu pedimos para a Helena Galante, editora do *Comer e Beber* e da *Veja SP*, que nos apresentasse profissionais preocupados e cuidadosos com sua equipe para gravar um episódio do nosso programa *Felicidade iLtda*, produzido na rádio Globo. Sem pestanejar, ela indicou Rodrigo Oliveira e o chef do Fasano, Luca Gozzani.

O programa foi super rico e divertido. Fiquei encantado com a trajetória e a liderança do chef do Mocotó, um verdadeiro líder que genuinamente se preocupa com a saúde e o bem-estar dos colaboradores de seus restaurantes, seja dividindo a caixinha igualmente entre garçons e equipe da cozinha, seja formando pessoas, ajudando nos estudos ou investindo no desenvolvimento humano de cada um.

Rodrigo também é um líder ativista: pediu de presente de casamento doações em dinheiro, que foram integralmente revertidas para um projeto social da Gaia+, nossa ONG, voltada para o desenvolvimento socioemocional de crianças e jovens em vulnerabilidade social e professores da rede pública. Tempos depois, ele se tornou conselheiro da ONG. Na primeira semana da pandemia do coronavírus, em 2020, Rodrigo passou a distribuir gratuitamente centenas de marmitas para pessoas em vulnerabilidade social — ressalto que o ramo de gastronomia foi um dos mais atingidos, pois os estabelecimentos tiveram de ficar de portas fechadas, atendendo só pelo sistema delivery.

O que fez Rodrigo alçar voos tão altos?

Certamente qualidades como determinação, humildade e compaixão podem explicar essa linda trajetória, mas vou me ater a uma característica fundamental para todos os líderes que o mundo precisa: a mentalidade de crescimento.

O conceito *mentalidade de crescimento* foi difundido pelo livro *Mindset: a nova psicologia do sucesso*, de Carol S. Dweck, uma das mais importantes especialistas nos campos da personalidade e psicologia social, além de ser professora da Universidade de Stanford.

Podemos acreditar que nossas qualidades básicas, como inteligência e talento, são traços natos, imutáveis, ou seja, "você nasceu assim, será sempre assim". Quem pensa dessa forma tem o que Carol chama de *mentalidade fixa*.

MENTALIDADE FIXA

Pessoas com a *mentalidade fixa* acham que suas características são rótulos — por exemplo, "sou inteligente" — e, por isso, se preocupam demais com críticas e julgamentos, pois acham que isso a define. Dessa forma, evitam entrar em contato com as suas deficiências, seus rótulos negativos, e isso as impede de corrigir ou desenvolver habilidades que precisariam ser trabalhadas.

As pessoas que têm a mentalidade fixa entendem que o fracasso é uma forma de medir sua competência e seu valor, o que as faz paralisar diante de um problema. Não à toa, são aquelas com níveis de depressão mais altos. Para elas, independentemente do esforço dedicado, tudo gira em torno do resultado. Se não for o melhor, não passou de desperdício. Elas também têm mais dificuldades em perdoar os outros, pois um erro cometido fica marcado para sempre e ganha dimensão muito maior do que qualquer acerto que tenha sido alcançado.

"Sou assim" é um pensamento comum dessas pessoas, pois consideram que suas habilidades são imutáveis, que não é possível modificá-las e, por isso, não buscam o autodesenvolvimento.

Muitos líderes com mentalidade fixa vivem em um ambiente em que a hierarquia verticalizada predomina. Precisam a todo instante afirmar sua superioridade e usam a empresa como plataforma de projeção. Segundo Jim Collins, em seu livro *Empresas feitas para vencer*, há líderes que chegam ao cúmulo de preparar a falência da empresa para quando saírem, "afinal, haverá melhor prova de sua grandeza pessoal do que a falência da empresa depois que você a deixa?".

Líderes que cultuam o próprio ego e querem parecer super-heróis não impulsionam a saúde duradoura das empresas. Segundo Carol S. Dweck, a mentalidade fixa ajuda a compreender de onde vêm os egos gigantescos, como funcionam e por que acabam derrotando a si mesmos.

MENTALIDADE FIXA ACHA QUE CARACTERÍSTICAS SÃO RÓTULOS.

MENTALIDADE DE CRESCIMENTO

Por outro lado, pessoas com a *mentalidade de crescimento*, como Rodrigo Oliveira, do Mocotó, acreditam que suas habilidades podem ser desenvolvidas com dedicação e esforço. A inteligência e o talento são apenas os pontos de partida e podem ser desenvolvidos. Essa visão cria um amor pela aprendizagem e uma resiliência que são essenciais para as grandes realizações.

Ao final do programa de rádio que fizemos com o Rodrigo, eu o presenteei com um exemplar do meu primeiro livro, *Onda azul*. Ele não só leu e estudou como — fiquei sabendo depois — comprou vários exemplares para distribuir à sua equipe. Trata-se de uma pessoa fascinada pelo aprendizado.

No entanto, não basta gostar de aprender. De acordo com Carol Dweck, a opinião e a atitude que adotamos a nosso respeito afetam profundamente a maneira como levamos a vida e evoluímos.

Pessoas com mentalidade de crescimento não se rotulam nem se desesperam. Assumem riscos, entendem que os fracassos fazem parte do processo de evolução e continuam a se esforçar. Lidam melhor com as verdades sobre si mesmas do que as pessoas com mentalidade fixa. Olham as críticas como potenciais informações para serem mais bem trabalhadas. Encontram no elogio motivação para se empenhar ainda mais.

Rodrigo, nascido em uma família com cultura machista e patriarcal, cometia, segundo ele, diversos atos machistas no dia a dia sem perceber. Até que conheceu Adriana Salay, que lhe mostrou a importância de mudar seu comportamento e promover políticas afirmativas em seus restaurantes para reduzir o prejuízo histórico imposto pelo sistema patriarcal. Em vez de se defender, Rodrigo assimilou as informações e colocou o novo aprendizado em prática. A responsável pelo restaurante, logo abaixo dele, é uma mulher; em certo momento, o Esquina Mocotó, um de seus estabelecimentos, era composto só por chefs do sexo feminino. Isso porque o restaurante aberto por seu pai não tinha sequer banheiro feminino. As críticas foram ouvidas, foi reconhecida uma deficiência e identificou-se o que precisava ser alterado; tudo isso não impediu que Rodrigo se casasse com Adriana. Provavelmente até contribuiu para eles se aproximarem ainda mais.

Enquanto pessoas com mentalidade fixa elogiam o resultado, as de mentalidade de crescimento elogiam o esforço, dão valor para a experiência, independentemente do que obtiverem. Isso vale tanto para líderes como para pais e mães (estudos mostram que é melhor elogiar o esforço do que as notas, pois dessa forma a criança aprende a importância de persistir em seus atos para atingir um objetivo e ter prazer em todo o processo).[1] Ao elogiar

---

[1] Cf., por exemplo, Kátia Adair Agostinho. **O direito à participação das crianças na Educação Infantil**. *Educativa*: Revista de Educação, v. 16, n. 2, 2013.

a nota, os pais mostram que só o resultado importa, ou seja, a criança é rotulada como sendo aquela nota, sem considerar que esse número depende de outras variáveis. Já ao valorizar o esforço, elogia-se algo mutável que só depende da criança. Isso fará que ela fique ainda mais motivada a continuar a se esforçar e a desenvolver suas habilidades.

Não quero dizer que, esforçando-se, todos alcancem os resultados pretendidos, que basta se empenhar para entrar em uma boa faculdade, por exemplo. Há diversas variáveis que impactam os resultados de nossos esforços, desde o tempo que temos disponível para nos dedicar a um objetivo até o apoio que recebemos de parentes e amigos. Mas, independentemente disso, é fundamental enxergar-se como uma pessoa capaz de aprender (e querer aprender!) para conseguir, de fato, aprender. O autor Malcolm Gladwell sugere que a nossa sociedade dá mais importância às realizações naturais, obtidas sem esforço, do que às que requerem diligência. Gostamos de encontrar o sobrenatural, aquela pessoa que tem um dom inexplicável, como se o jogador de basquete Michael Jordan tivesse nascido driblando e Ayrton Senna pilotando. Poucos sabem, mas o piloto brasileiro de Fórmula 1, conhecido como *rei da chuva* por suas façanhas em pista molhada, enfrentou muitas dificuldades nas primeiras corridas de kart sob chuva. Mas, em vez de ficar parado, a partir do momento em que se deu conta de sua deficiência, resolveu encará-la e, toda vez que chovia, pegava seu equipamento e ia para o kartódromo. O resto da história, conhecemos.

Aproveite a experiência como parte do aprendizado. As pesquisas da psicóloga e autora Carol S. Dweck mostram que podemos acreditar que não vamos mudar, e podemos acreditar que, por meio do esforço, seremos capazes de melhorar nossas habilidades. Em ambos os casos, estaremos certos.

Apesar de todos os prêmios e reconhecimentos, Rodrigo Oliveira não perdeu sua humanidade. Certa vez, ele estava nos ajudando a trazer influenciadores para divulgar a campanha das máscaras #EuCuido — projeto social de produção de máscaras de proteção contra o novo coronavírus —, e eu falei que ele tinha que ser uma das celebridades. Rodrigo respondeu: "Sou só o cozinheiro". Em tom de brincadeira, retruquei: "Você é o chef, e normalmente chefe é quem manda mais". Mas de chefe ele não tem nada; Rodrigo é um líder que o mundo precisa, um líder humano e ativista!

A MENTALIDADE DE CRESCIMENTO NUNCA PARA DE SE DESENVOLVER.

BONS POR NATUREZA

Concordo com o filósofo Jean-Jacques Rousseau quando diz que o homem nasce bom, mas a sociedade o corrompe. Gosto de pensar que a natureza humana é fazer o bem sem esperar nada em troca, mas que, com o decorrer do tempo, desaprendemos isso. À frase do astrólogo Pedro Tornaghi "Adulto criativo é a criança que sobreviveu", faço uma pequena adaptação: "Adulto bondoso é a criança que sobreviveu".

Mas será mesmo que quando crianças ajudamos sem esperar nada em troca?

Nancy Eisenberg e Cynthia Neal, pesquisadoras da Universidade do Arizona, fizeram um estudo com crianças de 4 e 5 anos para entender a motivação de seus comportamentos espontâneos de ajudar, compartilhar e confortar os colegas.

Durante doze semanas, todas as vezes que uma criança fazia uma boa ação, como compartilhar espontaneamente o que tinha ou acolher um amiguinho que estava triste, perguntavam por que ela havia feito aquilo e cadastravam as respostas, dividindo-as em categorias.

Os resultados foram muito interessantes. A principal justificativa foi "porque o outro precisa" ("ele está com fome", por exemplo). Isso quer dizer que a maioria das crianças ajudou a outra por amor, por uma necessidade do outro, não dela. Um quarto das crianças ajudou sem nenhuma justificativa moral, 15% queriam ajudar e 14% disseram que ajudaram pois era bom para ela e para a outra criança. Menos de 5% ajudaram para obter aprovação, e nenhuma criança o fez por medo de punição ou por orientação de alguém.

Olha que lindo! O comportamento positivo das crianças não foi regido por norma ou punição, mas pela bondade espontânea.

Mesmo os bebês reconhecem gestos benevolentes e preferem estar próximos de pessoas que ajudam. Em estudo realizado com crianças entre 6 e 10 meses, foi apresentado aos bebês um teatro de fantoches em que um boneco tenta empurrar ladeira acima uma bola e, na cena seguinte, outro boneco aparece e atrapalha a ação, empurrando a bola para baixo. Posteriormente, foram oferecidos às crianças os dois bonecos e solicitado que elas escolhessem apenas um deles. A grande maioria recusou o boneco maldoso.

Ou seja, nascemos bondosos, como já havia afirmado Rousseau, e mesmo antes de completarmos 1 ano de idade queremos estar próximos de pessoas boas. Mas, com o tempo, trocamos essa admiração por pessoas boas pela admiração por quem tem poder e dinheiro. Por que será? Quem tem poder e dinheiro é necessariamente bom para os outros?

REFLEXÕES

Que tipo de mentalidade você tinha antes de começar a ler este livro: fixa ou de crescimento?

Se líder é a pessoa com capacidade de influenciar nas ideias e ações de outras e se, provavelmente, em algum momento exerceremos liderança, como podemos ser ou saber identificar líderes que o mundo precisa?

Qualquer que seja a resposta, você começou a receber as informações para escolher qual caminho faz mais sentido seguir daqui para a frente: rotular-se e manter-se fixo ou estar em constante evolução?

Como vimos, a primeira característica necessária para ser líder que o mundo precisa é ter a mentalidade de crescimento. A ciência nos ensina que as qualidades humanas e as habilidades intelectuais podem ser aprimoradas por meio do esforço, que o aprendizado é algo dinâmico, sempre em progressão, não um ponto fixo, e que os fracassos fazem parte do processo de crescimento.

CAPÍTULO 2
TIPOS DE LÍDER

"A mais urgente pergunta a ser feita nesta vida é: 'O que fiz hoje pelos outros?'"

Martin Luther King Jr.

LÍDER QUE O MUNDO PRECISA

Se líder influencia, precisamos de uma liderança que influencie de forma positiva. Assim, os líderes que o mundo precisa têm duas características principais: são *humanos* e *ativistas*.

Os Alcoólicos Anônimos, provavelmente a mais longeva iniciativa de recuperação de dependentes químicos do mundo, fundada em 1935 e que ajuda milhões de pessoas no mundo, segue uma metodologia de doze passos para atingir vários objetivos, sendo que o primeiro é admitir o problema que se tem com a bebida alcoólica e o último é ajudar outras pessoas a superar o vício. Trazendo esse método para o tema deste livro, o primeiro passo é reconhecer que as lideranças atuais podem contribuir para os altos índices de ansiedade e depressão nos ambientes corporativos. E o último, que tem como objetivo a "cura" desses males, consiste em ajudar todos que são líderes a superar esse "vício".

Não há mais espaço para fomentar lideranças tóxicas (nocivas aos outros), narcisistas e egoístas, que fazem as pessoas trabalharem para elas em detrimento de si mesmas e do planeta. Essa mentalidade tem causado inúmeros problemas sociais e ambientais.

Devemos fomentar líderes conscientes, que se engajam para tornar o mundo melhor e ajudam outros a serem líderes que o mundo precisa!

Como vimos no primeiro capítulo, a liderança influencia nas ações das pessoas. E é principalmente por isso que é preciso ficar atento às nossas atitudes e às dos outros. Que tipo de líder você quer ser? Um tipo de mentalidade fixa ou de mentalidade de crescimento? Um que apenas enxerga os ganhos materiais próprios ou que possui visão macro e se vê como parte de uma sociedade?

Para ajudar na reflexão sobre essas questões, falaremos neste capítulo sobre duas variáveis presentes no trabalho que estão ligadas aos tipos de líder:

- Objetivo do trabalho.
- Relacionamento pessoal.

OBJETIVO DO TRABALHO

É a razão pela qual a pessoa trabalha, o que a faz levantar de manhã para se dedicar a alguma tarefa. Há dois objetivos principais:

- Dinheiro: pessoas e empresas que têm como prioridade apenas ganhos financeiros são *mercenárias* (não estou entrando na questão ética ou moral).
- Causa: pessoas e empresas que buscam atingir o bem-estar social e ambiental, acima do lucro, são *ativistas*.

Para que trabalhamos? A pergunta é simples, mas a resposta pode ser complexa. É só pelo dinheiro? Para pagar o pão de cada dia? Só por isso? Como nos relacionamos com as pessoas à nossa volta? Somos "orientados pelo resultado" a qualquer custo?

Exploraremos essas perguntas um pouco mais por meio de histórias reais: a de um líder mercenário e a de um ativista. Para preservar a identidade dos envolvidos, os nomes utilizados são todos fictícios.

MERCENÁRIO

Trabalhamos meses para captar recursos para produtores agrícolas com o objetivo de financiar produtores rurais, sendo que vários deles eram de pequeno e médio porte e estavam contando com esse dinheiro para investir na safra que se aproximava. Aquele deveria ser só mais um negócio entre tantos outros, e tudo corria normalmente até que, cerca de um mês antes da concretização do projeto, um executivo do banco contratado para atrair os investidores mandou um recado: "Se não aumentarem nossa comissão, pularemos fora".

Terça-feira, final do dia. Renatinho, diretor da Gaia e um dos caras mais tranquilos com quem já trabalhei, se aproximou com semblante preocupado e contou sobre a conversa que acabara de ter com o executivo do banco: "João, o Marcos disse que, se não aumentarmos a comissão, o banco desistirá do negócio. Se eles caírem fora, não teremos tempo para achar outra instituição, não conseguiremos levantar os recursos necessários e alguns produtores poderão falir".

"Como assim? Estamos trabalhando há vários meses, tudo indo superbem e agora eles fazem essa chantagem só para ganhar mais dinheiro?" Eu estava inconformado. "Exatamente", foi a resposta que eu não queria ouvir.

Ligamos para o Marcos, mas não adiantou nada. Era uma decisão do seu chefe, Denis, um executivo que já tinha tentado passar a perna na Gaia e agora, mesmo não estando diretamente envolvido no projeto, mais uma vez, com sua postura mercenária, achava que estava acima de todo mundo.

Já era tarde da noite quando liguei para Bernardo, um amigo que também é sócio desse banco, e, indignado, expliquei a situação.

De forma ponderada, ele ouviu toda a minha história e disse que no dia seguinte iria verificar o que estava acontecendo.

Quarta-feira de manhã. Em reunião com o Renatinho, começamos a pensar em planos alternativos, mas sem conseguir encontrar uma solução. Cada vez mais apreensivos, já pensávamos como seria avisar os produtores, certos de que teriam os recursos para a safra em que vinham trabalhando há meses, que aquilo não iria mais acontecer e seria preciso que eles procurassem dinheiro em outro lugar. Tudo por causa de um executivo que quebrou sua palavra para ganhar mais.

Cada hora parecia interminável, e apreensão e dúvida cresciam a cada instante. Até que, no início da tarde, Bernardo me retorna confirmando o pedido de aumento da comissão e que ele não podia fazer nada: se o banco não ganhasse 30% a mais do que tinha sido combinado, desistiria do negócio, mesmo que isso significasse a falência de alguns produtores. Não tínhamos de onde tirar esse aumento de custo.

Naquela tarde conversei algumas vezes mais com o Bernardo, tentando reverter a situação. Para mim, aquilo era inaceitável. Como alguém pode ter uma postura tão mercenária e egoísta, sem qualquer empatia?

Lembrei do papo que tive uma vez com o ex-presidente de uma montadora de veículos, que me disse, sem qualquer constrangimento e com um sorriso: "Já quebrei muito fornecedor".

A lógica de sufocar o fornecedor até o limite chega a ser comum em alguns mercados. A falta de empatia assusta. Muitos até podem dizer que o fornecedor não é obrigado a aceitar as condições. Isso seria verdade em um mercado com múltiplas opções, o que quase nunca é o caso. No Brasil, por exemplo, os mercados costumam ser extremamente consolidados, obrigando os elos mais fracos da corrente a se sujeitarem às normas ditadas por poucos privilegiados.

Será que os executivos em busca de mais riqueza e reconhecimento não percebem o mal que podem estar causando a empreendedores que ficam felizes por terem encontrado um cliente grande? E como ficam as famílias dos funcionários da empresa que quebrou?

No final da tarde, veio mais uma ligação de Bernardo. Ele conseguiu reverter a situação. Porém, apesar de o banco ter aceitado realizar o negócio nas bases financeiras inicialmente acordadas, fez mais algumas exigências.

O mês seguinte foi de muita dedicação. O banco fez seu trabalho com má vontade, de forma que o time da Gaia trabalhou por dois. Tínhamos poucos dias pela frente e ainda faltava achar alguns investidores (o que era função do banco), então conversei com o Fábio, meu sócio, e decidimos que nossa empresa iria investir do próprio bolso para viabilizar o negócio. Depois de muitas idas e vindas, e uma boa carga de emoção, entregamos os recursos financeiros aos produtores.

Mas não parou por aí... Quando achávamos que estava tudo certo, o banco cobrou taxas extras sobre o trabalho que não havia feito. Mais uma vez tivemos que acionar o Bernardo, que rapidamente reverteu a situação.

Essa história mostra que, por muito pouco, vários produtores não quebraram. Ficamos felizes em ter resolvido a situação, mas, por causa de um líder mercenário, o percurso foi muito mais complicado do que precisaria ser.

MERCENÁRIOS VISAM O DINHEIRO.

ATIVISTA

Na primeira reunião já me encantei com a mentalidade do Pedro, um português fundador de uma empresa de energia solar. Ele nos visitou porque precisava de recursos para expandir seu negócio. Chegou até a gente pois, assim como a Gaia, possui uma BCorp (Empresa B), ou seja, possui negócios com fins lucrativos, certificados internacionalmente pelo BLab, que têm como visão fazer que o sucesso seja medido pelo bem-estar das pessoas, da sociedade e do meio ambiente. *"Redefinindo o sentido de sucesso na economia"* é um dos lemas desse movimento de empresas que trabalham por um mundo melhor (no capítulo 8, explicaremos melhor o que são as BCorps).

Ser empresário B já é um bom indício de alinhamento de valores e ideais, e com o Pedro não foi diferente. Logo concluímos que trabalharíamos juntos. Se fosse uma empresa tradicional, a discussão inicial seria sobre custos e valores, negociações para ver quem ganha mais... Mas a conversa com o empreendedor português foi na linha de como poderíamos fazer um negócio que tanto impactasse positivamente quanto protegesse o meio ambiente (no caso, por meio do uso da energia solar).

"Pensamos em fazer um parque infantil na comunidade, mas não sei se isso terá muito efeito a longo prazo", disse Pedro.

"E se a gente implantar a metodologia da nossa ONG, a Gaia+, em uma escola pública? Podemos fazer um projeto de um ano visando ao treinamento dos professores e estudantes para lidar melhor com as situações da vida e ser mais felizes, tudo baseado em ciência", sugeri.

Com isso, não seria apenas um negócio ecologicamente sustentável, mas também socialmente impactante. Naquele momento não sabíamos, mas há uma classificação internacional para negócios que juntam o ambiental e o social, os Títulos Sustentáveis, algo até então inédito no Brasil.

Na mesma época, um grande banco de investimentos me chamou para uma reunião para falar de projetos de impacto socioambiental, que além de gerar dinheiro visam a melhoria do mundo.

Fomos eu e o meu sócio, Fábio, curiosos para saber o que aquele banco, tradicionalmente superfrio nos negócios, queria fazer.

Para nossa surpresa, ao chegarmos à reunião encontramos uma sala cheia de interessados. Já havíamos feito dezenas de negócios com esse banco, mas nunca tínhamos sido recebidos por tanta gente, inclusive vários sócios.

"Estou impressionado com o interesse de vocês nesse assunto, nunca imaginei que um dia estaria aqui falando sobre projetos desse tipo", confessei logo no início.

Todos estavam curiosos e, pasmem, humildes — algo super-raro no mercado financeiro —, querendo saber sobre a área dos negócios de impacto. Isabela — que por coincidência mora no mesmo prédio que eu e cujos filhos são amigos de minhas filhas — falou:

"Estávamos pensando em fazer um evento com o tema *investimentos de impacto* para os nossos clientes."

"E se, em vez de uma apresentação, oferecermos uma oportunidade de investimento para seus clientes? E, no evento, mostrarmos para os investidores algo concreto?", sugeriu Fábio.

Concordaram na hora, e ficamos com a lição de casa de mostrar um bom negócio para o banco.

Fábio e eu voltamos andando para a Gaia, meio incrédulos de como o mundo está mudando. Não imaginávamos que um dos bancos ícones do "capitalismo selvagem" estaria interessado em fazer negócios sociais. Porque temos essa visão, muitas vezes nossa empresa era alvo de chacota nesse mercado que pensa essencialmente em dinheiro.

Passados alguns dias, a turma do banco nos ligou pedindo uma reunião. Eles estavam ansiosos pelo projeto e para começarem a trabalhar em algo de impacto. "Bom sinal", pensamos.

Retomamos o contato com Pedro, o empresário da energia solar, e contamos o caso: "O banco é bem forte, nunca fez nada no setor, mas pode ser uma ótima oportunidade. Eles querem trazer investidores de peso para a área socioambiental, e uma das sócias do banco, a Isabela, quer se dedicar a negócios de impacto".

Se aquele era um negócio pequeno para a Gaia, imagina para o banco. Em condições normais, essas pessoas não gastariam um segundo analisando o projeto, mas se envolveram de forma tão incrível que marcaram um café da manhã com grandes investidores.

Chegado o dia, o banco começou o encontro falando sobre o setor de energia, depois Pedro apresentou seu negócio e em seguida falei da Gaia, mostrando-a como uma empresa que coloca as causas sociais e ambientais em primeiro lugar, e fechamos com meu irmão, Eduardo Pacifico, diretor da Gaia+, que emocionou vários dos presentes ao falar da realidade que ele encontra nas escolas públicas brasileiras e do trabalho que temos feito.

Não preciso dizer que, ao final, várias pessoas vieram falar conosco. Encontramos um engajamento bem diferente das frias apresentações tradicionais de investimentos.

Dois meses depois, os investidores estavam colocando dinheiro no primeiro título sustentável do Brasil, em um projeto que, além de retorno financeiro, traz benefícios para o meio ambiente, estimulando o uso da energia solar, e para as crianças de escola pública. Uma nova visão do geralmente frio mercado financeiro.

ATIVISTAS DEFENDEM UMA CAUSA.

QUEM GANHA MAIS?

Em ambas as histórias — a do líder mercenário e a do líder ativista —, a Gaia estava fazendo negócios com o mesmo banco. No primeiro caso, Denis, um executivo com mente restrita que visava apenas seu ganho financeiro, por muito pouco não prejudicou diversos produtores rurais. No segundo, a área liderada pela Isabela conseguiu juntar fortes clientes que se interessaram em investir em um projeto que alia benefícios ambientais e sociais.

Qual executivo é mais valioso para o banco: Denis ou Isabela?

Denis focou no dinheiro a curto prazo com estas consequências:

- Prejudicou a imagem do banco por meio de suas atitudes.
- Quase não ganhou nada, pois, se não fosse a Gaia fazendo o trabalho que o banco deveria ter feito, ele só teria gasto horas de trabalho.
- Eliminou as chances de fazer novos negócios com as partes envolvidas.

Isabela e sua equipe obtiveram outros resultados:

- Geraram uma imagem positiva do banco junto a seus clientes.
- Não tiveram sua remuneração alterada.
- Fortaleceram o vínculo com os demais participantes do negócio.
- Criaram uma relação em que todos ganharam: meio ambiente, estudantes, banco, investidores, empresa de energia solar e a Gaia.

QUAL DAS DUAS SITUAÇÕES GEROU RESULTADOS POSITIVOS PARA TODOS OS ENVOLVIDOS?

O mercenário continua sendo o tipo mais comum nas empresas. Para a pessoa que exerce a liderança mercenária, o que importa é o ganho financeiro, mesmo que isso tenha um custo maior para a sociedade. Infelizmente, tal comportamento é incentivado por muitos chefes, que elogiam e oferecem bônus a funcionários que, num projeto, gastam menos do que o previsto ou arrecadam mais sem se importar com o método utilizado.

Segundo o autor e pesquisador Simon Sinek no seu livro *O jogo infinito*, profissionais mercenários são aqueles que só trabalham por dinheiro, não são leais nem têm senso de pertencimento ou sentimento de que estão contribuindo para algo maior do que apenas seu próprio benefício.

Por mais contraditório que possa parecer, eles afastam oportunidades que poderiam levá-los ainda mais longe. Quando estão em uma posição de superioridade de poder, outros poderão realizar suas vontades, mas na primeira ocasião que tiverem vão se afastar, seja pelo medo de serem passados para trás pelo chefe, seja pelo sentimento de injustiça. Para as pessoas mercenárias, não há colaboração genuína. No âmbito pessoal, muitas vezes elas levam uma vida confortável, mas não se importam com os outros ao seu redor (por exemplo, furam filas e não avisam quando recebem um troco acima do correto).

Trabalhadores mercenários têm a mente voltada para si, são naturalmente mais egoístas, menos empáticos e terão cada vez menos chances de fazer bons negócios.

Profissionais ativistas ganham dinheiro fazendo o bem. Para elas não faz sentido obter lucro sabendo que seu negócio causa prejuízo para a sociedade ou o meio ambiente.

O projeto entre o banco e a empresa de energia solar só foi possível porque Pedro é um líder ativista, que prioriza a causa, não o dinheiro. Isso não quer dizer que não tenha também como meta rentabilizar o negócio, mas, ao abrir mão de recursos para ajudar estudantes de escolas públicas, mostra na prática que, antes do dinheiro, ele busca contribuir positivamente para o mundo em que vive.

Os profissionais ativistas pensam em primeiro lugar na causa que defendem. Eles entendem e veem o dinheiro como uma ferramenta fundamental para atingir um objetivo maior, mais importante. Os recursos financeiros são meio, e não fim.

Gosto de uma analogia que fala que, para os executivos ativistas, os negócios são como um carro e o lucro, o combustível. O carro não existe para ter combustível, mas sem ele não se chega a lugar algum. Assim é com o lucro, que não é prioridade, mas sem ele não é possível atingir os objetivos.

RELACIONAMENTO PESSOAL

É o modo como alguém se relaciona consigo e com os outros. Há dois tipos:

- **Humano** — refere-se a pessoas e empresas que colaboram e valorizam o bem-estar e a evolução de todos.
- **Tóxico** — refere-se a pessoas e empresas nocivas, que causam prejuízo a si mesmas e aos outros e não dão importância às relações interpessoais.

A atitude diz muito mais do que as palavras. Como nos comportamos nos momentos de dificuldade? Nossos comportamentos estão contribuindo com os outros ou sendo nocivos? Se nossas atitudes no trabalho e na vida pessoal fossem descritas em palavras, seriam positivas ou negativas?

Para ajudar você a encontrar as respostas, apresentaremos mais duas histórias reais (com nomes fictícios) com a finalidade de refletir sobre o comportamento de lideranças.

HUMANO

Chegamos, eu e Priscila, que cuida da comunicação da Gaia, para uma palestra uns trinta minutos antes, e fui calorosamente recebido pela diretora de Recursos Humanos, Vanessa, que prontamente me levou para conhecer o escritório da empresa para, em seguida, irmos ao auditório.

Ao nos aproximarmos do local, a recepcionista disse a Vanessa: "Senhora, o auditório está reservado para outro evento. A Ana reservou uma sala de reuniões em que cabem cerca de doze pessoas".

"Como assim? Nós reservamos o auditório. Vou pegar o comprovante", respondeu Vanessa de forma tranquila e com muita certeza. Ela ligou para a secretária, Ana, que fora a responsável pelo agendamento.

Pouco tempo depois, Vanessa se vira para a recepcionista e confirma que a secretária se equivocou e havia de fato reservado a sala menor.

Percebendo o incômodo, sugeri que eu voltasse outro dia.

"Não, vamos dar um jeito, há várias pessoas de outros estados que vieram para assistir à palestra."

Assim, ela pediu para um grupo de funcionários que a ajudasse a transformar parte de uma sala do escritório no local do evento. Enquanto eu e Priscila aguardávamos a sala ficar pronta — aquela mesma, a menor —, Vanessa, a diretora de RH, arrastava mesas e cadeiras e instalava um projetor para transformar o local em um pequeno auditório. Em seguida, chega Ana, a que havia feito a reserva errada.

Durante um segundo mil coisas passaram por nossa cabeça. Como a líder vai reagir? Brigar? Dar uma lição de moral? Ana, com a cara desolada, começou a falar, tentar explicar, mas sem dizer nada; Vanessa se levantou da cadeira, foi em direção à secretária e deu um abraço apertado, acolhedor. Uma cena emocionante.

Ana estava visivelmente angustiada com o ocorrido. Brigar com ela só iria piorar ainda mais a situação, mas, ao ser acolhida, a cooperação e a confiança entre as duas aumentaram.

Naquele dia, eu tive uma aula de liderança!

Logo a sala estava pronta e comecei a palestra contando a todos o exemplo de liderança que eu acabara de presenciar. As duas foram às lágrimas.

HUMANOS PREOCUPAM-SE COM O BEM-ESTAR DAS PESSOAS.

TÓXICO

Em 2016, fui chamado para ministrar uma palestra em um grande evento do LinkedIn, para a qual estava me preparando bastante. Cinco dias antes, achei que seria interessante fazer um ensaio da apresentação para alguns gaianos e gaianas... e foi um fiasco.

"Você parece um robô falando", "não está sendo você", "se solta", foram alguns dos feedbacks que me fizeram tomar a decisão de *desensaiar*. Então, resolvi não falar mais sobre isso até o evento. Como eu conhecia e tinha segurança para falar sobre o conteúdo, achei que o melhor a fazer era deixar rolar.

Chegou o dia, 3 de junho. Estrutura gigante, cerca de quinhentos profissionais de recursos humanos presentes no local e outras centenas on-line.

A primeira palestra do evento foi da representante de uma multinacional, que fez o protocolar. Em seguida, a de um cara do mercado financeiro, que agiu como típico profissional do ramo dele, vestido com um terno e cheio de confiança. Até que chegou a minha vez, de calça jeans, tênis e camiseta.

Falei de valores, humanização, chamei a mestre de cerimônias de surpresa para simular uma disputa de boxe no meio da palestra... Todos riram, eu me diverti, e foi assim que virei palestrante.

Desde então começaram a me chamar para falar em vários lugares, e assim resolvemos testar se as apresentações poderiam virar mais um negócio da empresa, cuja renda iria toda diretamente para o Gaia+. E não é que já na primeira tentativa de cobrar pela palestra deu certo?

Era a convenção anual de certa organização, em um lindo hotel próximo de São Paulo. Cheguei com a Priscila, e fomos bem recebidos pelos organizadores (um deles havia assistido à palestra do LinkedIn). Enquanto esperávamos, nos apresentaram ao presidente, que pareceu um tanto indiferente — "tudo bem", pensei, "ele deve estar preocupado com o evento".

Toda a empresa a postos, e o presidente e o CEO subiram no palco para fazer a abertura da palestra. A princípio, achei meio estranho uma empresa ter um presidente e um CEO. Na minha cabeça são nomenclaturas diferentes para a mesma posição. Nunca tinha visto isso, mas quem sabe não fosse uma forma mais moderna de gestão, ou talvez cada um cuidasse de regiões diferentes, tentei me convencer.

Eles começaram a falar sobre a importância de ter um time forte, em que o mais importante eram as pessoas. Enquanto as palavras diziam uma coisa, o corpo sugeria que não era bem aquilo que acontecia. Eles olhavam para o chão, sem demonstrar qualquer empatia, verdade ou energia na voz. A gestão pode ser moderna, mas nada empolgante, foi minha próxima conclusão.

Assim que acabaram de falar, deram as costas e saíram do auditório. Nessa hora mudei totalmente de opinião e passei a acreditar que essa gestão dupla era mais sede de poder do que modernidade de gestão.

Sem eles no auditório, comecei a minha palestra. Empolgado, fui falando sobre felicidade, gestão humanizada e valores. Os funcionários não tiravam o olho de mim. Eu até me sentia um extraterrestre diante de estudiosos do espaço, tamanho o interesse das pessoas.

Assim que acabei de falar, todos aplaudiram muito e me metralharam com perguntas que, pelo tom, demonstravam como as lideranças da empresa eram tóxicas. Lideranças tóxicas causam danos à equipe, pois não conseguem ver o potencial das pessoas, enxergam somente os pontos fracos. Elas têm perfil abusivo, são autoritárias e podem ser agressivas e arrogantes, não ouvem críticas, querem sempre que sua opinião prevaleça e exercem pressão constante sobre a equipe, dificultando ainda mais o desenvolvimento dos colaboradores. Essas lideranças possuem mentalidade fixa, ou seja, focam em resultados, não no esforço.

E aí veio uma pergunta matadora: "Como podemos implantar valores como os da Gaia na nossa empresa?".

Pensei, respirei fundo e falei: "É muito importante os colaboradores acreditarem nos valores, mas o fundamental é a alta gerência comprar a ideia. Os maiores exemplos de uma empresa devem ser os que estão nos cargos mais altos".

Nesse momento, percebi a decepção de todos. Ser gerido por um líder tóxico é complicado. Imagine por dois.

TÓXICOS TÊM COMPORTAMENTOS NOCIVOS.

TIPOS DE RELACIONAMENTO

Vanessa, a diretora de RH que abraçou sua funcionária após um erro cometido, é uma profissional que busca o bem-estar e a evolução, tanto dela como das pessoas que a cercam. Ela é uma profissional humana.[2] Mesmo diante de um problema, teve um comportamento positivo, acolhedor e transformador.

Acolher o erro não é aceitar passivamente e fomentar o prejuízo, mas efetivamente ensinar. Sempre que alguém bem-intencionado comete um equívoco (e todos os seres humanos cometem vários todos os dias), geralmente nos cobramos muito. E a pior coisa que pode acontecer nesse momento é alguém jogar você ainda mais para baixo. A liderança humana não faz isso: ela está interessada no bem--estar e na evolução de seus liderados.

Lembra daqueles dois presidentes, ou CEOs? Em uma ocasião que deveria ser positiva, de valorização de seus colaboradores, eles demonstraram total indiferença. Executivos com esse perfil tendem a se comportar de forma destrutiva quando confrontados com um erro da equipe. Eles são os chefes tóxicos.

Enquanto a liderança humana age em benefício das pessoas, a tóxica é nociva.

Para qual dos dois tipos você gostaria de trabalhar: para uma pessoa humana ou para uma tóxica?

QUASE VENDA

O que fazer quando você encontra no seu caminho uma liderança tóxica e mercenária? À primeira vista essas pessoas podem ser encantadoras, mas o canto da sereia, como sabemos, é uma grande armadilha.

Em meados de 2010 — a Gaia com um pouco mais de um ano —, o mercado estava reaquecendo após a imensa crise pela

---

[2] Sim, eu sei que todos somos humanos (embora alguns tenham comportamentos que nos remetam mais a alguns animais, mas este não é o assunto deste livro). Com o termo *humano* me refiro a alguém que se preocupa genuinamente com as outras pessoas, fazendo o possível para aumentar o bem-estar delas.

qual o país e o mundo haviam passado, e um banco de investimentos não saía do nosso pé: queria de toda forma comprar a Gaia.

Ao fundar a empresa, meu objetivo era construir algo que fizesse sentido para mim, não ter algo só para vender, mas os executivos do banco responsáveis pela compra de empresas eram tão persuasivos que estavam quase me convencendo de que, se não vendesse para eles, a Gaia não iria sobreviver.

Porém, eu não parava de me perguntar: "Será mesmo?"; "Vale a pena mudar todos os nossos planos?"; "Os papos deles, cheios de esperança e encantamento, são realmente verdadeiros ou só para me convencer?". Dúvidas, dúvidas e mais dúvidas. O que fazer?

O argumento dos executivos do banco era de que o mercado estava cada vez mais competitivo, e se a Gaia não tivesse um grande suporte financeiro não aguentaria por muito tempo. De fato eles tinham razão, nossos concorrentes eram muito mais bem capitalizados. Apesar de o primeiro ano da empresa ter sido muito bom, banqueiros eram muito mais experientes e conheciam mais de negócios do que eu.

Fizeram uma proposta indecente. Propuseram muito dinheiro, muito dinheiro mesmo. Achei uma quantia tão alta que nem questionei (algo ingênuo de minha parte, pois banco sempre oferece menos do que está disposto a pagar), pois não achava justo pedir ainda mais.

Definidas as condições gerais da venda da Gaia, marcamos uma reunião no banco para falar com três sócios da instituição e, depois, com a equipe que assumiríamos. Fomos eu e a minha sócia na época.

Ao chegar ao elegante e intimidador escritório, tive o primeiro choque. Queriam uma reunião só comigo, e minha sócia deveria esperar na recepção. Fiquei desconcertado. Como assim? Deixar uma pessoa do lado de fora esperando? Meio sem reação, simplesmente aceitamos. Total falta de respeito. Atitude de alguém tóxico.

A reunião começou, e um dos maiores acionistas do banco, James, executivo de meia-idade, com uma roupa que deveria ter o preço do meu carro, com o nariz empinado, começou a mudar as condições que o banco já havia proposto. Fazia isso falando com firmeza e se impondo, com um jeito que não deixava dúvida sobre suas intenções de tirar vantagem.

Bancos de investimento são instituições com muitas pessoas mercenárias, que fazem tudo para ganhar mais dinheiro, normalmente dentro da lei, mas, às vezes, até deixando a ética de lado.

Eu já estava muito incomodado com o fato de terem excluído a minha sócia da conversa e, ao ouvir aquele papinho malandro, com toques de arrogância, agradeci e disse que não faria o menor sentido fecharmos essa venda com ele.

Um dos participantes, o que vinha conduzindo as negociações, tentou de toda forma contornar a situação, mas naquele momento ficou muito claro que eu não queria conviver naquele clima de um tirar vantagem do outro.

Sem dúvida, não aceitar a proposta foi uma das melhores decisões que tomei. Se o executivo fosse um bom ator, eu não teria percebido que estava diante de alguém tóxico e mercenário.

Alguns anos depois, essa mesma pessoa tóxica-mercenária, que se enquadra na categoria *miserável*, saiu desse banco, em que era um dos controladores, e fundou um concorrente.

DIAGRAMA DE GAIA

Nossas vivências e aprendizados formam nossos pensamentos e nossas crenças, que, por sua vez, conduzem nossas ações e geram resultados.

Certa vez, estávamos conversando com uma gaianinha — como chamamos carinhosamente as crianças que participam da ONG

Gaia+ — que nos contou que, antes de entrar no projeto, brigava com outras meninas, chegando até a bater a cabeça delas na parede e inventar e espalhar mentiras a respeito delas. Mas, depois de ter aprendido sobre valores e de ter passado a conviver com os professores da Gaia+, mudou completamente e, hoje em dia, brinca de dar aula para essas mesmas meninas, ensinando... o quê? Valores. Isso com apenas 11 anos de idade, menos de um ano participando do projeto social e morando em uma casa hostil, em que brigas eram frequentes.

Da mesma forma que a gaianinha antes reproduzia as atitudes que via em casa, chefes que tiveram experiências ruins quando eram liderados tendem a repetir os comportamentos vivenciados, continuando esse círculo vicioso. Seja em termos de tratamento humano, seja nos objetivos dos negócios.

Dito isso, chegamos ao Diagrama de Gaia, o modelo conceitual que norteia este livro e resume o comportamento que pessoas ou empresas (líderes ou não) podem ter:

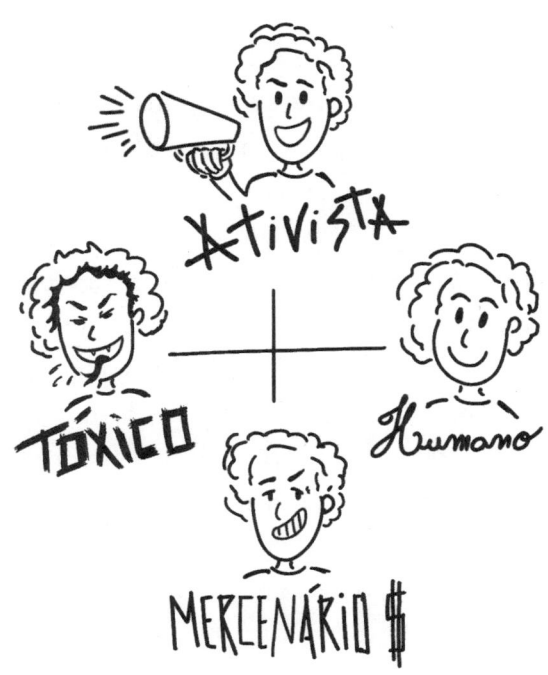

Como o comportamento de organizações é definido segundo as atitudes das pessoas, todas as classificações da imagem valem também para profissionais e organizações (empresas, cooperativas, ONGs ou outros tipos de grupos com uma finalidade específica).

Analisando o Diagrama de Gaia, vemos que é possível uma pessoa ser mercenária, mas também se preocupar com o bem-estar dos que estão à sua volta, assim como uma ativista pode ser tóxica nas suas relações. Ou um mercenário tóxico não estar preocupado com as pessoas nem com o mundo. Por fim, há aquela que todo mundo quer ter como líder, ativista e humana, que se preocupa tanto com os indivíduos como com a sociedade. Assim, chegamos às categorias presentes no diagrama:

- **Miseráveis:** pessoas e organizações que são tóxicas e mercenárias. Alguns bancos de investimento, escritórios de advocacia e certas empresas de bebidas alcoólicas se enquadram bem nesse tipo. O mundo está se transformando, e esse tipo de empresa e de pessoa terá cada vez menos espaço. Pela minha experiência, a maior parte das organizações está nesta categoria, porém muitas delas já entenderam a necessidade de sair desse lugar, pois não é sustentável, tanto social como financeiramente.

- **Egoístas:** pessoas e organizações que são mercenárias, mas que contribuem para o bem-estar de seus colaboradores. Algumas empresas de agrotóxicos e de refrigerantes estão neste segmento.
- **Mártires:** pessoas e organizações ativistas, mas tóxicas. Há ONGs e laboratórios de pesquisa que trabalham em benefício do planeta, porém seus colaboradores se veem em um ambiente de trabalho hostil e danoso.
- **Lideranças que o mundo precisa:** pessoas e organizações ativistas e humanas. Fazem a diferença no mundo, tornam a vida de todos melhor e o planeta, mais sustentável e habitável. São aquelas que buscam o objetivo deste livro!

Dentro de uma organização, é possível ter grupos em diversas categorias; há empresas miseráveis com equipes egoístas, mártires ou mesmo líderes que o mundo precisa.

Além disso, as situações podem apresentar diferentes intensidades à medida que o tempo passa. Dentre as miseráveis, há desde empresas com níveis altos de toxicidade e extremamente mercenárias até aquelas que, apesar de nocivas, estão em um nível mais brando de danos às pessoas e à sociedade. Portanto, algumas empresas e pessoas são mais miseráveis do que outras. Aliás, "são", não. Estão! Felizmente o tempo é fluido, e foi justamente por acreditar que é possível mudar que decidi escrever este livro.

Isto posto, como esta é uma obra que mistura teoria e casos reais, vamos conhecer histórias que se encaixam em cada um dos quadrantes.

ORGANIZAÇÕES MISERÁVEIS

Embora eu não tenha números para comprovar, posso dizer, sem medo de estar mentindo — afinal, trabalhei com muitas pessoas desses lugares —, que a grande maioria dos bancos de investimento compõe-se de empresas miseráveis. Nelas, as pessoas basicamente são avaliadas por sua capacidade de gerar lucro. Passar por cima de alguém, ser ríspido e fazer jogo político fazem parte da rotina de quem trabalha nessas instituições, que priorizam duas ferramentas de retenção de talentos: bônus financeiro anual e promessa de bônus ainda maiores nos anos seguintes.

Uma reportagem da *Veja São Paulo*, de 13 de dezembro de 2019, acompanhou a rotina de alguns executivos que trabalham nesses lugares mercenários e tóxicos. Um dos entrevistados deu um depoimento para a revista que resume bem a situação: "É um dia a dia puxado, temos gastrite, insônia, mas no fim a gente se acostuma".

Pela minha forma de encarar a vida, nunca nutri admiração por essa cultura, mas o fato é que eu atuo no mercado financeiro, então não tem muito jeito: de vez em quando preciso trabalhar com organizações que têm esse perfil.

Em uma dessas situações, a Gaia trabalhava com um banco para a estruturação de captação de recursos para um shopping center. Em determinado momento, notei que a instituição estava usando uma fórmula diferente para calcular os juros dos recursos, e que o shopping teria um custo mais alto do que esperava. Percebendo que o banco queria tirar vantagem da inexperiência do cliente, eu fui transparente e expliquei para o diretor financeiro do shopping os detalhes que ele não tinha percebido.

Imagine um homem com raiva. Foi assim que o executivo do banco me ligou para tirar satisfação de por que eu havia aberto o jogo com o cliente. Essa é uma atitude típica de um profissional mercenário — que olha o dinheiro acima de tudo — e tóxico, que possui comportamento nocivo. Um executivo miserável em um banco miserável.

Enquanto no Triodos Bank (daqui a pouco você conhecerá melhor essa instituição) a relação entre o maior e o menor salário é de dez vezes, no maior banco privado do Brasil essa relação é, pasme, de três mil vezes.

No Triodos, cerca de 40% dos cargos executivos são ocupados por mulheres. Nos bancos brasileiros, apenas 8%, segundo reportagem de *O Globo* de outubro de 2018.

É como aquela história dos dois irmãos que controlavam um conhecido banco brasileiro e um deles costumava dizer à sua equipe: "Os negócios sempre têm de ser bons para as duas partes, para mim e para o meu irmão". Apesar de tentar ser cômico, é uma triste visão mercenária, sem falar que é danosa para a sociedade.

ORGANIZAÇÕES EGOÍSTAS

Certa empresa foi eleita por 19 anos como uma das melhores para trabalhar no Brasil. Segundo seu líder de Recursos Humanos da América do Sul, "a preocupação diária com o desenvolvimento de pessoas está na essência da empresa e em sinergia com os nossos valores. Nós estamos sempre em busca de novas ações que permitam ao colaborador um desenvolvimento profissional e comportamental estruturado com o equilíbrio entre trabalho e qualidade de vida".

Entre suas políticas está a que, após o retorno da licença-maternidade, toda colaboradora é reembolsada em até um salário-mínimo e meio para despesas decorrentes com creche ou babá durante 24 meses. A empresa também foi premiada pelas boas práticas aos funcionários com algum tipo de deficiência pela Secretaria de Estado dos Direitos da Pessoa com Deficiência de São Paulo.

De acordo com o *Guia Você S/A* de 2017, essa empresa apresentou o segundo maior índice de felicidade dentre todas as empresas de seu setor do país.

Analisando seu aspecto humano, certamente ela se enquadra na categoria humana. No entanto, se por um lado as flores são bonitas, por outro os espinhos machucam. E é o que acontecia ali. Nos seus negócios, ela pode ser considerada a típica empresa mercenária, que coloca o dinheiro à frente das causas, da sociedade.

Tanto é que, com o passar dos anos, pesquisas e denúncias divulgaram uma série de danos causados por essa empresa à sociedade como um todo.

Em 2013 foram realizados protestos simultâneos contra ela em várias partes do globo, e a companhia chegou a ser condenada diversas vezes.

Ainda assim, em 2016, a empresa foi adquirida por outra por dezenas de bilhões de dólares. E, apesar de ter alterado o nome, a compradora não mudou as práticas tóxicas.

ORGANIZAÇÕES MÁRTIRES

Organizações mártires são ativistas que defendem fortemente uma causa, acima do dinheiro, mas são tóxicas, nocivas às pessoas que lá trabalham. Pode até parecer contraditório que uma empresa seja ativista e tóxica, mas existe.

Uma ONG que atua junto à sociedade civil e começou a ganhar destaque no início da década de 2010 é um exemplo de organização mártir. Dentre suas ações estão projetos que visam a conexão de pessoas por meio da comunicação para expansão de conhecimento, inovação e tecnologia, a fim de transformar a realidade de uma parcela da sociedade que convive constantemente com a discriminação e a violência.

No entanto, dentro dessa organização a realidade é outra. Clarice, uma ex-funcionária, compartilhou algumas situações que viveu e presenciou durante o período em que trabalhou lá.

Justo essa empresa, que incentivava a comunicação como meio de empoderamento, desencorajava a interação e a troca saudável entre suas funcionárias. Ao contrário, as gestoras da ONG estimulavam um ambiente de competitividade com sensação constante de desconfiança e ameaça. As funcionárias não podiam, por exemplo, conversar sobre seus salários, e as cobranças por resultados cada vez melhores eram sempre baseadas na comparação entre os índices de produtividade de cada uma delas.

Não raras vezes, uma das gestoras ficava jogando no celular enquanto algum projeto era apresentado; justificava-se dizendo que o assunto não lhe interessava. Lembra daquele presidente e do CEO que abriram o evento do qual eu participei, mas logo depois saíram do auditório? São comportamentos iguais, atitudes de líderes tóxicos.

Um dos casos relatados — e não é um dos mais fortes que Clarice compartilhou — aconteceu no Dia do Talento, um evento mensal que a ONG criou para que as funcionárias falassem sobre ou ensinassem algo que elas conheciam bem e gostavam de fazer fora do horário da empresa. Clarice foi a primeira a falar, e sua apresentação fez um enorme sucesso, sendo muito aplaudida.

Assim que os aplausos diminuíram, uma das gestoras da ONG, no meio de todas as demais funcionárias, fez o seguinte comentário:

"É impressionante que tudo o que você se propõe a fazer fora da empresa, você faz brilhantemente, só aqui que não". Imagine o constrangimento de Clarice. Imagine como o ambiente ficou carregado.

Mesmo alguns anos após ter saído desse lugar e ter trabalhado muito para superar as situações pelas quais passou, Clarice ainda sente algumas sequelas daquele período, que afetou, principalmente, seu lado emocional. E ela diz que foi uma das menos abaladas por aquela chefia, pois há colegas de trabalho que viveram situações semelhantes ou muito piores.

Esse é só um exemplo, já que há diversas outras ONGs e empresas no Brasil que são mártires. Apesar do ativismo, oferecem a seus colaboradores ambientes extremamente tóxicos.

ORGANIZAÇÕES QUE O MUNDO PRECISA

É verdade que pensar em um banco ativista, que coloque a causa antes do lucro, exige certa criatividade. Mas tenho, sim, uma história para contar sobre isso — e não é ficção.

Em 2016, fui convidado para assistir à palestra de Joan Melé sobre bancos éticos. Por ter achado o assunto interessante, não só fui conferir como fiquei encantado com o que conheci.

Joan é ex-diretor do Triodos Bank, um banco holandês fundado em 1980 que pensa na causa antes do lucro, que pensa no bem-estar das pessoas. Para o Triodos, dinheiro é um meio, não um fim. Sua missão é fazer que o dinheiro seja um recurso para viabilizar mudanças sociais, ambientais e culturais positivas. E, ainda assim, sem deixar de ter bons lucros e de ser sustentável financeiramente.

O mundo financeiro passou por uma enorme crise entre 2007 e 2009, durante a qual quase todas as instituições precisaram de ajuda governamental para sobreviver. Adivinha qual foi um dos poucos bancos que não foi diretamente afetado pela instabilidade? Sim, o

Triodos Bank não foi afetado e, além disso, cresceu mais de 20% a cada ano.

"Você conhece o Triodos?", perguntei para uma conhecida que mora na Espanha.

"Sim, adoro o banco, mas demorei muito para conseguir abrir minha conta lá", ela respondeu.

"Como assim?", perguntei confuso.

"Há períodos em que eles não aceitam novos clientes, pois querem ter certeza de que vão investir nosso dinheiro em projetos bons. Não adianta captar recursos para colocar em qualquer lugar", foi a resposta dela, uma verdadeira aula.

Já imaginou um banco que não aceita seu dinheiro pois está em busca de bons projetos em que pode investir? Toda instituição financeira tem basicamente duas atividades: receber recursos e investi-los. De um lado está quem tem dinheiro sobrando, de outro quem precisa de dinheiro. O Triodos só empresta dinheiro para pessoas e organizações que fazem o mundo melhor e atuem em um dos seguintes setores: ambiental, cultural e social (inclui habitação).

Mas uma empresa que o mundo precisa não se restringe ao ativismo. Também é uma empresa humana, que se preocupa com o bem-estar dos seus colaboradores. No Triodos, a relação entre o salário mais alto e o mediano é de 5,6 vezes e, como falado antes, a relação entre o maior e o menor salário é de dez vezes. Cerca de 40% de seus gestores são mulheres, em um mercado prioritariamente masculino. O banco também tem programas de treinamento e contratação de refugiados, uma classe minoritária que enfrenta muita dificuldade em encontrar trabalho na Europa.

Em um setor em que as taxas de rotatividade de funcionários giram em torno de 30%, a do banco holandês apresenta sistematicamente números inferiores a 10%.

Como manter essa cultura por 40 anos? O Triodos Bank não tem acionistas diretos, possui um conselho, que é responsável por manter a cultura, a missão e os valores da instituição. Já os investidores, que compram recibos que dão direito ao lucro, não podem interferir na gestão do banco.

Enfim, essa é uma empresa que o mundo precisa.

EMPRESAS QUE MATAM

Apesar de esta ser uma obra otimista que apresenta caminhos para pessoas e empresas viverem melhor, a realidade atual é, em muitos casos, bastante preocupante: algumas organizações são tão tóxicas, tão tóxicas, que estão matando seus colaboradores. No Japão, até existe uma palavra específica para a morte causada por excesso de trabalho, *karoshi*. Forte, né?

Apesar de pouco falado, a forma de trabalho é uma causa relevante de morte. Segundo o pesquisador Jeffrey Pfeffer, o trabalho está entre as cinco principais causas de morte nos Estados Unidos. A principal são as doenças cardiovasculares. E olhe só: segundo a American Heart Association, o trabalho tem um impacto relevante nas mortes por essas doenças.

Pelo menos 120 mil mortes por ano nos Estados Unidos estão relacionadas à forma como as empresas gerenciam seus trabalhadores, segundo pesquisa do professor da Universidade de Harvard Joel Goh e seus colegas.

Se você se identifica com a frase: "Eu trabalho muitas horas, mas isso está longe de me matar", fique atento. Estudos mostram que quem trabalha onze ou mais horas por dia tem 2,5 vezes mais chances de sofrer depressão, além de longas horas de trabalho aumentarem a mortalidade em quase 20%. Essa cobrança de constante produtividade muitas vezes também causa danos fora do ambiente profissional. Pessoas que reportam conflito na família e no trabalho apresentam 90% mais chances de terem problemas de saúde física.

Empresas mercenárias contribuem para esse quadro: alguém ainda tem dúvida de que fabricantes de refrigerante, cigarro e produtos industrializados causam danos à humanidade? Isso sem falar nas que agem de forma mais silenciosa, discreta, colocando em risco milhões de espécies de seres vivos, inclusive a nossa.

O sexto relatório publicado pelo Painel Intergovernamental sobre Mudanças Climáticas (IPCC), de 1880 a 2012, mostra que a temperatura média global provavelmente aumentará, podendo até exceder 1,5 °C até 2040. Caso esse aquecimento continue, secas severas, inundações e ondas de calor intensas devem se tornar cada vez mais frequentes. Segundo estimativa do Banco Mundial, até 2050 a população exposta a inundações fluviais e costeiras deverá ser de 1,3 bilhão. Arquipélagos como Ilhas Maldivas, Ilhas Salomão, Kiribati, Tuvalu, entre outros, podem desaparecer.

Devido à gravidade da situação, mais de 190 países tornaram-se signatários do Acordo de Paris, firmado em 2015, e se comprometeram a reduzir as emissões de gás carbônico a fim de conter o aquecimento global, deixando essa elevação abaixo de 2 °C, preferencialmente abaixo de 1,5 °C. Em 2020, a COP26, a maior e mais relevante conferência sobre o clima do planeta, reuniu os mais importantes líderes mundiais a fim de analisar as conquistas e os desafios do Acordo de Paris e rever as metas para "estabilizar as concentrações de gases de efeito estufa na atmosfera". Mesmo a atualização dos compromissos dos países e a mobilização de lideranças mundiais em relação às mudanças climáticas sendo fatos positivos, isso ainda não é suficiente para refrear os danos que nós, seres humanos, temos causado ao planeta e muito menos reverter a situação.

Somente as vinte maiores empresas de combustíveis fósseis do mundo emitiram 35% de todo o dióxido de carbono e metano relacionado à energia em todo o mundo, de acordo com pesquisa divulgada pela Thomson Reuters em 2019. A Petrobras, para nossa decepção, faz parte dessa lista.

Se essas empresas são tão danosas, por que ainda existem? Como os governos não criam políticas mais duras em prol da vida humana?

Em vez de o governo interceder junto a essas empresas, o que vemos é o contrário. Um levantamento descobriu que as cinco maiores empresas de petróleo e gás listadas na bolsa de valores dos Estados Unidos gastam quase 200 milhões de dólares por ano fazendo lobby para adiar, controlar ou bloquear políticas para combater as mudanças climáticas. Atitude de uma empresa mercenária.

O MARKETING JÁ ENTENDEU O CAMINHO

O mundo está percebendo e valorizando cada vez mais os caminhos ativista e humano. Já pensou pagar 5,25 milhões de dólares por trinta segundos de anúncio na TV? Foi isso que diversos anunciantes pagaram para expor suas marcas no intervalo do Super Bowl 53, a final do campeonato de futebol norte-americano de 2019 da National Football League (NFL).

Se você tivesse todo esse dinheiro, o que faria para fortalecer a sua marca em apenas trinta segundos? O que acha que a Microsoft, que comprou um espaço no Super Bowl, fez?

- Mostrou as novas funcionalidades do editor de texto?
- Apresentou a resolução do novo game?
- Propôs um aplicativo para as empresas?

Qualquer uma dessas respostas estaria certa se estivéssemos falando de um anúncio feito entre o final dos anos 1990 e o final dos anos 2000. Mas em 2019 a Microsoft optou por algo diferente. Seu anúncio, escolhido pela *Paste Magazine* como o melhor dentre todos os comerciais divulgados no Super Bowl desse ano, tinha como protagonistas crianças com deficiência.

A empresa estava lançando um controle de videogame que permite que pessoas com diversos tipos de deficiência joguem. O comercial mostrava pais orgulhosos e crianças empolgadas, que emocionaram a plateia. Certamente esse anúncio atingiu não só as crianças com deficiência, mas todos que assistiram a ele, o que fortaleceu a marca como uma ativista, que se preocupa com a causa, além, claro, de mostrar que é uma empresa de tecnologia de ponta. Não por acaso, o nome do anúncio é: *Todos nós vencemos!*

Várias outras marcas usaram seu espaço no Super Bowl para falar de causas. Por exemplo, o Bumble — um aplicativo de relacionamentos, amizades e emprego —, cujo anúncio *Dê o primeiro passo* contou com a tenista Serena Williams falando sobre feminismo e a força da mulher; e o jornal *The Washington Post*, que mostrou a importância da informação para manter a liberdade no anúncio intitulado *Democracia morre na escuridão*.

No Super Bowl de 2020 não foi diferente. A Microsoft mais uma vez não falou de software, mas de diversidade, ao mostrar a história de Katie Sowers, treinadora do San Francisco 49ers e primeira mulher a comandar uma equipe no Super Bowl. Feminismo também foi o tema do anúncio da P&G que falou sobre as conquistas espaciais das mulheres. A marca de cervejas Michelob não mencionou o sabor de sua bebida, mas anunciou que apoia e desenvolve fazendas orgânicas.

Note que nenhuma delas falou que tem o melhor produto ou serviço, mas todas tentaram se apresentar como ativistas. Ao abraçarem causas, querem mostrar que estão indo em direção à categoria de empresa que o mundo precisa.

No Brasil, não é diferente. E os bancos, que costumam ter altos níveis de rejeição da população, especialmente por conta das taxas de juros abusivas que cobram dos clientes, perceberam isso. Em anúncio do final de 2019, o banco Itaú apresentou a história de uma ex-catadora de lixo, Rosangela, cujo filho, Thompson, estuda em uma das melhores universidades do mundo. Em nenhum momento o banco fala sobre investimentos ou taxa de juros, apenas emociona estimulando a leitura por crianças e, assim, leva a mensagem que utiliza seus recursos também para financiar causas sociais. E qual mensagem uma gigante do ramo de bebidas que no início dos anos 2000 era conhecida por sua cultura mercenária e tóxica e chegou a pagar indenizações milionárias por assédio moral quer passar quando faz um anúncio mostrando que a empresa comercializa uma água cujo lucro obtido é doado integralmente a projetos de acesso à água potável?

Não estou aqui para julgar se essas empresas são ou não genuínas em suas propagandas e atitudes, mas o fato é que desejam transmitir que possuem um lado ativista. Até empresas mercenárias em sua essência têm a necessidade de fazer projetos que contribuam para a melhoria do lugar em que vivem (mesmo que seja apenas para abater os tributos que pagam ao governo, ou para se mostrarem como social e ambientalmente responsáveis).

Além de ativistas, as empresas estão tentando se posicionar como humanas. A Gaia é o próprio exemplo: em 2016, nosso escritório mudou de endereço e aproveitamos a oportunidade para fazer uma decoração diferente, com o jeito Gaia de ser e fazer. Colocamos um tobogã entre os andares, a que demos o nome de ToboGaia, e uma rede suspensa com três metros de altura em que as pessoas podem deitar ou até fazer reuniões enquanto as demais trabalham no andar de baixo. Por ser lúdico e inusitado, muita gente queria nos visitar para conhecer nossa decoração.

Conforme o tempo foi passando, mais e mais escritórios, especialmente empresas de tecnologia, tornaram-se "descolados", inserindo no escritório mesa de pingue-pongue, pufes espalhados e até tobogãs.

Um dia, fiquei sabendo que uma pessoa que tinha acabado de ser contratada por uma startup, enquanto fazia o reconhecimento do escritório, ouviu do funcionário do RH: "Não se iluda, o trabalho é tão corrido que dificilmente você conseguirá aproveitar essa área de lazer e, se vier, fica até chato, pois vão ver que não está trabalhando". Então, por que investem em ambientes de lazer se não querem que os funcionários os utilizem? A minha hipótese é a de que, com esses espaços, esperam transmitir uma imagem de empresa consciente, preocupada com o bem-estar dos funcionários, quando, na verdade, seu foco é somente obter bons resultados financeiros a curto prazo.

Mostrar que são "humanas" é vantajoso, mas algumas das que aparecem nos rankings de melhores empresas para trabalhar são empresas tóxicas. Acontece que, como ouvi uma vez de um grande executivo, no mercado atual todo dia um consumidor consciente toma o lugar de um que ainda não entendeu as demandas da sociedade. O mesmo vale para os colaboradores. Isso significa que, a longo prazo, empresas que não cumprem o que anunciam tendem a afastar bons funcionários e consumidores (que, aliás, caminham juntos). Por isso, o único caminho para a empresa prosperar a longo prazo é ser humana e ativista. Ser uma empresa que o mundo precisa.

Como se pode perceber, há diversos líderes tóxicos por aí, mas é possível que todos se tornem lideranças humanas, e é sobre isso que falaremos no próximo capítulo.

LIDERANÇA E A ARTE DE DESMOTIVAR

Algumas pessoas têm facilidade — parece até que nasceram com esse "dom" — para desmotivar; outras podiam ser agradáveis de trabalhar enquanto lideradas, mas quando se tornaram líderes se aprimoraram na "arte de desmotivar".

Não sabe o que é ter uma liderança desmotivadora? Veja dez ações de uma pessoa que tem tendência a desmotivar as outras:

1. Sempre pede algo urgente, mas diz que valoriza o planejamento.
2. Faz piadas preconceituosas, mas diz que todos são iguais, que não enxerga cor, orientação sexual ou gênero.
3. Culpa as pessoas pelos erros, mas diz que valoriza o trabalho em equipe.
4. Critica em público, mas diz que promover um ambiente de trabalho agradável é importante.
5. Faz cara feia quando um funcionário pede para ir a um evento dos filhos, mas diz que valoriza a união familiar.
6. Assume a responsabilidade pelas conquistas da sua equipe, mas diz que reconhece o esforço de todos.
7. Dá prazos curtos para a realização de tarefas, demora para analisá-las, mas diz que valoriza o tempo dos outros.
8. Faz sua equipe ser a última a saber das mudanças, mas diz que a transparência pauta as relações.
9. Estimula a competição dentro da equipe, mas diz que estão todos no mesmo barco.
10. É inconsistente e incoerente: diz uma coisa e faz outra.

REFLEXÕES

Tente lembrar como eram as empresas em que já trabalhou e visualizar o quadrante em que cada uma se encontrava. Faça o mesmo com seus líderes. Reflita se você já se comportou de forma tóxica.

É importante fazer essa reflexão e perceber os diferentes ambientes em que já circulou, os diferentes colegas com quem já trabalhou, o tipo de pessoa que você já foi.

E hoje? Como é a empresa em que você trabalha atualmente? E os líderes? E você? Que tipo de chefe ou colega de trabalho acredita ser atualmente? O que acha que precisa melhorar?

Uma pessoa ou organização não é inserida no Diagrama de Gaia de forma fixa. Ele mostra uma jornada dinâmica, sempre em movimento, tendo em vista não apenas a busca de um fim, mas aproveitando cada etapa do caminho que está sendo percorrido.

PARTE 2

EIXO HUMANO

CAPÍTULO 3

ENTENDENDO AS PESSOAS TÓXICAS

"Não permita que nenhum homem o faça
descer tão baixo a ponto de sentir ódio."

Martin Luther King Jr.

CHEFES TÓXICOS X LÍDERES

Tanto a dupla composta por presidente e CEO, que não se preocupavam com seus funcionários, quanto James, o executivo do banco de investimentos que queria comprar a Gaia, apresentaram comportamentos prejudiciais para suas equipes e para a própria empresa. Todos eles eram chefes tóxicos.

As pessoas podem apresentar diversos tipos de comportamento tóxico. Ao longo deste capítulo, vamos entender melhor quais são esses comportamentos e o impacto que causam, de forma que você possa identificá-los nos outros e até em si mesmo.

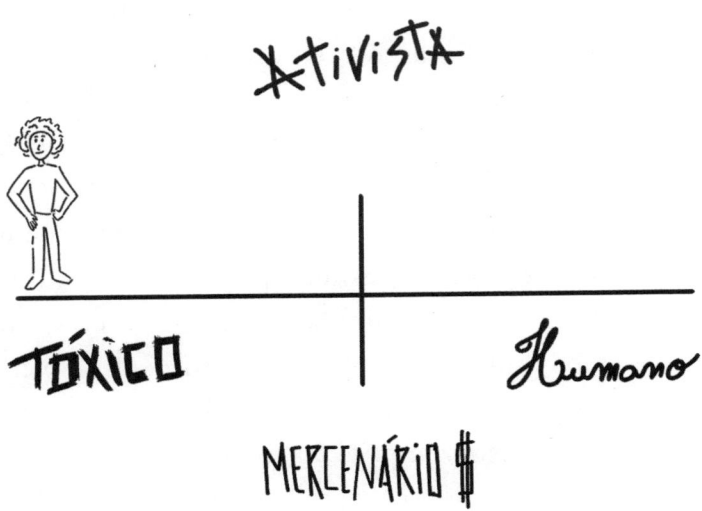

Conviver com pessoas tóxicas, seja no trabalho, na família ou em nossos círculos sociais, pode ser muito pior do que se imagina, pois tais seres comprometem o potencial de quem convive com eles. Segundo uma série de dados que apresentarei a seguir, tratando especificamente do ambiente de trabalho, uma pessoa tóxica é capaz de reduzir a performance de suas equipes e aumentar consideravelmente o pedido de demissão de bons funcionários. Pior: pessoas tóxicas quase nunca sabem que são assim, não veem maldade ao disseminar fofocas, não percebem que estão estimulando disputas nada saudáveis, não param para refletir que estão forçando alguém a trabalhar até mais tarde sem necessidade e estão prejudicando todos os envolvidos.

É PRECISO RECONHECER AS PESSOAS TÓXICAS PARA PODER SE PROTEGER.

Importante dizer que não trato aqui de funcionários que, além de apresentarem comportamento tóxico, têm baixo rendimento — pessoas assim tendem a ser dispensadas em pouco tempo. Meu foco são as pessoas que, embora entreguem trabalhos de qualidade questionável, são mais produtivas do que seus colegas. Com isso, mantêm-se na empresa, recebem promoções, crescem na carreira, progridem em uma trajetória individual que prejudica não só os demais funcionários como a organização.

Certa vez, um funcionário da Gaia veio comentar, no meio de um bate-papo, sobre um empréstimo que havíamos feito para um diretor. Como essa era uma questão confidencial, pois estávamos ajudando a resolver um problema financeiro pontual e não queríamos que ninguém soubesse, questionei-o sobre quem lhe havia contado isso. Para minha surpresa, havia sido um sócio minoritário da Gaia que, de maneira tóxica, espalhou a informação.

Antes de tomar qualquer atitude, perguntei a esse sócio se isso procedia, mas ele negou ter repassado a informação. Diante desse impasse e da situação desagradável, optei por fazer uma reunião com nós três para esclarecer o ocorrido. Depois de um bom tempo de conversa, o sócio minoritário disse que não se lembrava muito bem, mas que ele poderia mesmo ter falado. Não necessariamente por isso, mas também por isso, nenhum dos dois está mais na Gaia.

Há uma frase que diz que as pessoas aceitam determinados empregos por causa das empresas, mas pedem demissão por causa dos chefes. Essa máxima pode ser confirmada e ampliada por uma pesquisa da Cornerstone segundo a qual a simples entrada de uma pessoa tóxica em uma equipe de vinte pessoas aumenta em 54% as chances de um bom membro da equipe pedir demissão.

Quem você acha que comete mais atos tóxicos: os chefes ou as pessoas que não são hierarquicamente superiores?

Certamente os chefes deveriam ser exemplos de conduta, porém, de acordo com pesquisa do Workplace Bullying Institute de 2017, os superiores hierárquicos foram responsáveis por 61% dos casos de assédio moral, maus-tratos e condutas abusivas. Outra pesquisa, esta realizada por Tony Schwartz e Christine Porath com mais de 20 mil pessoas de vários países, revelou que mais da metade (54%) dos funcionários afirmou que regularmente é desrespeitada pelos chefes. De acordo com esse estudo, aqueles que sempre eram respeitados pelas lideranças eram 55% mais engajados, apresentavam 72% mais confiança e segurança, além de terem melhor saúde (especialmente mental), bem-estar e satisfação em seus empregos.

Uma das autoras do estudo, Christine Porath, ficou intrigada e conduziu outra pesquisa para entender o motivo de essas lideranças serem tóxicas. Olhe só o resultado: mais de 60% disseram que se comportam de maneira desrespeitosa pois estão sobrecarregadas e não têm tempo para ser agradáveis. Como se respeito exigisse tempo extra. E cerca de 25% afirmam que não têm um modelo de líder respeitoso em sua organização, estão apenas se comportando como os demais — esse resultado explica muitas situações.

Segundo Porath, a grande maioria das pessoas tóxicas é assim por falta de autoconsciência, que, resumidamente, não é só saber que você existe, mas também ter consciência de tudo o que está à sua volta e consciência de sua existência, ter percepção de si, de sua personalidade, incluindo seus pontos fortes, fracos, pensamentos, crenças e emoções.

Apenas 4% dentre os entrevistados afirmam que não são respeitosos porque é divertido. No geral, as pessoas tóxicas não percebem que estão tendo atitudes nocivas. Elas podem até ter boas intenções, mas não têm a sensibilidade para ver como suas ações são percebidas. "Na maioria das vezes, as pessoas não percebem que são tão destrutivas", declarou Porath em artigo da *Harvard Business Review*.

Quando olhamos de fora, custamos a acreditar que uma pessoa não percebe o dano que está causando à equipe. Mas às vezes ela vive e está imersa nessa realidade há tanto tempo (talvez desde o nascimento) que é muito difícil refletir sobre os próprios pensamentos e ações. Ela adquire uma cegueira comportamental.

Se formos honestos com nós mesmos, perceberemos que todos estão sujeitos a ter comportamentos tóxicos em algum momento, e é por isso que a autoconsciência é tão importante. Reconhecer uma atitude ruim é o primeiro passo para evitar que ela se repita.

Assim, recebemos a boa notícia de que é possível reverter um ambiente tóxico.

O que você faria se fosse convidado para ser CEO de uma empresa odiada por seus funcionários? Em 2002, a Campbell Soup

Company foi considerada pelo Instituto Gallup, respeitada empresa de pesquisa de opinião, como a companhia com pior engajamento dos funcionários da história dentre as quinhentas maiores organizações dos Estados Unidos. Não bastasse essa fama, ou talvez por causa dela, a empresa havia perdido metade do valor de mercado, as vendas estavam em declínio, os negócios em colapso e passava por uma série de demissões.

Foi esse desafio que Doug Conant, um experiente executivo do mercado de alimentos, topou ao aceitar o convite para conduzir uma reviravolta na Campbell. Em entrevista para a *Forbes*, Conant disse: "Você não pode esperar que uma organização tenha um desempenho alto, a menos que os funcionários estejam pessoalmente engajados"; e continuou: "e eles não estarão pessoalmente engajados a menos que acreditem que você (a liderança) esteja pessoalmente envolvido na tentativa de melhorar a vida deles".

Duas atitudes mostram como o executivo trabalhou para mudar o ambiente da companhia. Ele colocou um pedômetro no cinto (na época não havia *smartwatch*) e estabeleceu o objetivo de dar 10 mil passos por dia pelos escritórios ou fábricas, interagindo de forma efetiva com o maior número possível de funcionários. Além de cuidar da própria saúde (essa é a quantidade de passos recomendada pela Organização Mundial de Saúde para uma pessoa ser considerada fisicamente ativa), ele se aproximou de quem mantém a empresa viva.

Doug também passou escrever à mão vinte cartas por dia para os funcionários, todas personalizadas, celebrando as contribuições de cada um. Durante seu mandato como CEO, escreveu mais de 30 mil cartas de agradecimento a seus 20 mil funcionários.

Aproveitou todas as oportunidades para se conectar com as pessoas e fazê-las se sentir ouvidas e valorizadas. Os resultados apareceram. Em 2010, os funcionários estavam estabelecendo recordes de desempenho, e tanto os ganhos da empresa como o valor das ações cresceram de forma sustentável durante toda a gestão do executivo.

Doug não é chefe, é líder!

PSICOPATAS

O que você acha de um profissional que aparenta ter carisma, criatividade, bom pensamento estratégico e habilidades de comunicação? Nada mau, né? Mas muito cuidado: segundo estudo liderado pelo psicólogo norte-americano Paul Babiak, os psicopatas do mundo corporativo apresentam todas essas desejadas características. O perigo é que, usadas de forma negativa, são bastante danosas para seus pares. É comum associarmos os psicopatas a personagens de livros, filmes e séries, como se fossem construções das mentes criativas de escritoras, escritores e roteiristas, mas eles estão muito mais próximos de nós do que imaginamos.

Na sociedade, a incidência de psicopatia gira em torno de 1%, porém em cargos de liderança esse número, apesar de divergente, é muito maior. Segundo essa mesma pesquisa de Babiak, cerca de 4% dos líderes norte-americanos possuem traços de psicopatia. Já uma pesquisa feita pela Universidade de Bond, na Austrália, indica que esse número chega a 21% dos presidentes das 261 empresas pesquisadas, proporção similar à encontrada nos presídios. Essa informação é bem forte!

Se eles são carismáticos, bons comunicadores, então por que seriam danosos?

Psicopatas geralmente tentam fazer algo bem-feito para eles mesmos, mas não necessariamente para as pessoas ao seu redor. São pessoas que colocam sua ambição acima de tudo e não têm escrúpulos na hora de usar os outros para levar vantagem. Em empresas, normalmente sobem na carreira por meio de manipulação, bullying e intimidação. No início da pandemia do coronavírus, conhecidos empresários chegaram a dizer que não iriam parar de trabalhar ou fechar seus escritórios só por causa de umas 6 ou 7 mil mortes que poderiam acontecer e que, se fosse necessário, fariam demissões e iriam para a casa de praia curtir. Não podemos dizer que eles sejam psicopatas apenas com base nessa atitude, mas isso sem dúvida é um comportamento, no mínimo, bastante tóxico.

Há uma forte ligação entre psicopatia e impulsividade disfuncional, incluindo comportamento criminoso e violento. Segundo Dow Fowler, professor emérito da Universidade de Iowa, os psicopatas têm déficit de emoções desagradáveis, como ansiedade e medo; isto é, eles não sentem intensamente essas emoções, e a falta de receio faz que estejam mais dispostos a correr riscos.

E empreendedores são essencialmente tomadores de risco, como demonstra estudo feito pela Universidade de Cambridge. Vivo isso, a constante exposição a riscos, há muitos anos, e, por mais que a coragem precise fazer parte do dia a dia, é importante sempre considerar o potencial de perda em cada decisão. Um empreendedor psicopata não mede os riscos, por isso se expõe muito mais. Na maior parte das vezes dá errado, mas os que acertam viram ídolos e passam a ser ouvidos por todos, mesmo que, a longo prazo, não deem um bom retorno financeiro para suas empresas.

Apesar de haver alguns que conseguem se destacar e trazer grandes lucros aos cofres da companhia, muitas vezes fazem isso passando por cima das pessoas, e até há evidências que mostram que alguns não adquirem bons retornos. Em um estudo feito pelas universidades de Denver e Berkeley, gerentes de fundos de investimento com características psicopatas tiveram uma performance pior que seus colegas. Foram comparados traços de personalidade de 101 profissionais com seus investimentos e retornos financeiros entre 2005 e 2015; a conclusão a que se chegou foi de que as pessoas com tendência a psicopatia produziram os piores resultados.

Agora, uma pergunta importante: como identificar uma pessoa psicopata?

Segundo o psicólogo forense Nathan Brooks, os sinais clássicos que ajudam a identificar a psicopatia são: dificuldade de apresentar empatia e falta de sinceridade. Outra característica-chave é que geralmente essas pessoas possuem relacionamentos curtos e superficiais, pois têm facilidade em descartar os outros sem cerimônia.

Cabe aqui um alerta. O fato de ser psicopata, apesar de ser um forte preditor de comportamentos antissociais, não pode ser visto como uma certeza, algo determinístico. James Fallon, professor de Psiquiatria de Comportamento Humano da Universidade da Califórnia-Irvine, fazia um experimento em que observava imagens cerebrais de assassinos e utilizava sua própria família como grupo de controle (pessoas isentas de tais comportamentos), até que descobriu que o próprio cérebro era de uma pessoa com fortes características criminais. Imagine o susto!

Pesquisando um pouco mais, ele descobriu que sua família tinha sete pessoas acusadas de assassinato, apesar de ele nunca ter se envolvido em nenhum delito nem ter a menor propensão para isso.

Após se aprofundar nas pesquisas, o professor concluiu que a infância tem papel importante no comportamento dos psicopatas. Como ele teve uma criação com muito amor, conseguiu reverter a situação e passou a ter alto nível de empatia cognitiva (compreender o outro), mesmo que com baixa empatia emocional (sentir o que o outro sente). Portanto, uma criação amorosa pode salvar vidas. Apesar de devermos estar alertas para o potencial perigo dos psicopatas, a compaixão transforma as pessoas e é fundamental para construirmos um mundo melhor.

O CUSTO DE QUEM É TÓXICO

Os pesquisadores Minor e Housman fizeram um estudo, publicado pela Universidade de Harvard em 2015, com mais de 50 mil trabalhadores de onze empresas para entender as características dos funcionários tóxicos e dos "acima da média" e as consequências de seus atos, inclusive financeiramente. Por "acima da média" entendem-se os profissionais que agregam tanto valor que, sem eles, a empresa teria de contratar mais funcionários ou pagar horas extra aos existentes a fim de atingir o mesmo nível de produtividade.

Os dois pesquisadores calcularam a economia que os profissionais "acima da média" trazem para a empresa e compararam com o ganho que se tem ao evitar um tóxico. Para fazer o cálculo do custo que esse profissional nocivo causa, consideraram as despesas que a empresa tem ao repor funcionários que saíram por causa do tóxico. Na conta não foram considerados potenciais litígios, penalidades regulatórias e morais, e além disso a pesquisa recolheu apenas dados numéricos, sem levar em consideração que, talvez, um funcionário da empresa que saiu por causa de uma liderança tóxica pudesse ser mais produtivo e ficar mais satisfeito em outra posição, sob outra gestão.

Em um dos exemplos citados, um profissional que estava entre os 25% melhores trazia uma economia de 1,9 mil dólares; quem estava entre os 5%, de 3,8 mil dólares; e o 1% mais produtivo, de 5,3 mil dólares. Já a economia de se evitar um funcionário tóxico era de 12,5 mil dólares.

Esses números variaram caso a caso, mas em todos eles percebia-se que evitar pessoas tóxicas era mais vantajoso financeiramente do que contratar profissionais pertencentes ao 1% mais produtivo.

RANKING "ACIMA DA MÉDIA"	ECONOMIA	
	Contratar "Acima da média"	Evitar "Tóxico"
Top 25%	$ 1,951	$ 12,489
Top 10%	$ 3,251	$ 12,489
Top 5%	$ 3,875	$ 12,489
Top 1%	$ 5,303	$ 12,489

Foi esse mesmo estudo que sugeriu o que apontei antes: as pessoas tóxicas tendem a produzir mais, porém com qualidade inferior. E, mesmo que tóxicos produzam mais, sua equipe produz menos. É o que afirma outro estudo, conduzido pela Cornerstone e publicado pelo líder de RH do Vale do Silício John Sullivan, segundo o qual a presença de um funcionário tóxico causou uma queda de produtividade entre 30% e 40% no desempenho da equipe.

QUEM PODE SE TORNAR TÓXICO

Pessoas e ambientes tóxicos são, infelizmente, comuns, apesar de todos os danos que causam para os outros e para as empresas. Ainda bem que, assim como diversas doenças podem ser evitadas, também é possível identificar quem tem mais chances de se tornar nocivo e agir antes que seja tarde.

Para ajudar nessa identificação, os pesquisadores Minor e Housman sugeriram preditores de comportamentos tóxicos, isto é, características das pessoas com mais chances de vir a ter um comportamento prejudicial aos colegas e à empresa. O interessante é que algumas dessas características são até fomentadas por "gurus" de autoajuda.

PREOCUPAR-SE MUITO CONSIGO E POUCO COM OS OUTROS

Empatia é a capacidade psicológica de sentir o que a outra pessoa está sentindo em determinada situação. Basicamente, é se colocar no lugar do outro, como exploraremos mais para a frente. Pessoas com baixa empatia tendem a não se importar com o efeito que seus comportamentos causam nos outros, sejam eles positivos ou prejudiciais, apresentando mais chances de terem um comportamento tóxico. Essas pessoas estão muito mais preocupadas consigo mesmas e não demonstram preocupação nem interesse pelos outros.

Quando a falta de empatia vem acompanhada de egoísmo, a situação fica pior. Egoístas estão sempre olhando só para o próprio umbigo, vendo quais serão seus ganhos e suas perdas. Portanto, baixa empatia e alto egoísmo são fortes sinais de que tal pessoa pode se tornar tóxica.

Você se lembra do episódio que contei, no capítulo 2, do executivo de banco Denis que estava preocupado apenas em aumentar sua comissão, sem se importar com o que havia sido combinado anteriormente e, principalmente, sem qualquer preocupação com o prejuízo que diversos produtores rurais teriam de enfrentar caso o acordo com o banco e a Gaia não se concluísse? Denis é o exemplo de uma pessoa egoísta e com baixa empatia.

SER MUITO AUTOCONFIANTE

Estudos mostram que pessoas muito autoconfiantes superestimam suas habilidades e as chances de serem bem-sucedidas. Elas acreditam que são tão essenciais para seu empregador que podem se comportar como quiserem, inclusive de forma antiética. Acreditam que sua má conduta será relevada em função da qualidade de seu trabalho, que nem sempre é tão boa assim.

Em um estudo realizado pela Cornerstone, foi solicitado que funcionários autoavaliassem suas habilidades técnicas em diversas áreas para serem comparadas com seus desempenhos reais, o que produziria uma medida acima ou abaixo da confiança.

A pesquisa concluiu que pessoas que apresentaram uma relação maior entre confiança-capacidade, isto é, que se achavam muito melhores do que realmente eram, tinham 43% mais chances de ter comportamento inescrupuloso.

Além disso, segundo o pesquisador Dylan Minor, pessoas com excesso de confiança subestimam a probabilidade de serem flagradas fazendo algo antiético. Ele sugere que as que relataram confiança excessiva sobre suas habilidades em planilhas, por exemplo, podem também superestimar sua capacidade de ocultar atrasos ou trapacear em cartões de ponto. Eu nunca havia pensado por esse ponto de vista, mas vale a reflexão. Pequenos atos podem ser indícios de que uma pessoa tem propensão a agir de outras maneiras inescrupulosas.

DIZER QUE SEGUE REGRAS

Por mais contraditório que possa parecer, pessoas que falam muito que seguem as regras tendem a ter uma mentalidade mais maquiavélica e, consequentemente, a ser tóxicas. É como se o simples fato de não haver um documento oficial proibindo algo tornasse um comportamento ou uma atitude aceitável.

Segundo o estudo já citado da Cornerstone, funcionários que se consideram "seguidores de regras" são 33% mais propensos a se tornarem funcionários tóxicos. Para analisar essa propensão, os pesquisadores apresentaram pares de frases e pediram para as pessoas assinalarem apenas aquela com que concordassem mais. Por exemplo:

Com qual das duas frases você concorda mais?
1. Eu acredito que as regras são feitas para ser seguidas.
2. Às vezes é necessário quebrar as regras para realizar alguma coisa.

Segundo os pesquisadores, as pessoas que endossaram rigidamente o respeito às regras eram, ironicamente, as mais suscetíveis a infringi-las.

Pelo que observo no meu dia a dia, cheguei à conclusão de que ética deve estar acima das leis, pois de nada adianta cumprir a lei se você for desrespeitoso com os outros, protegendo-se de acusações de má conduta sob o argumento de que não fez nada de ilegal. Talvez não seja ilegal, mas pode ser tóxico. Por isso, entendo que agir com respeito e empatia é tão importante quanto seguir as leis.

CONVIVER COM PESSOAS TÓXICAS

Este preditor talvez seja o mais óbvio: estar em um ambiente de trabalho tóxico. Vários estudos encontraram correlações de comportamentos tóxicos entre colegas. Pessoas tóxicas não só repelem bons profissionais como contaminam o ambiente, deixando-o propício a espalhar o veneno da discórdia e do desânimo.

Segundo estudo de Francesca Gino, Shahar Ayal e Dan Ariely, comportamentos antiéticos são contagiosos: conviver com pessoas que trapaceiam aumenta as chances de outra também trapacear. Dessa forma, as empresas tóxicas acabam se tornando formadoras de lideranças tóxicas. Não à toa, o professor de Ciência da Administração Bob Sutton, da Universidade de Stanford, dá esta valiosa dica para quem está prestes a aceitar uma vaga: analise bem as pessoas com as quais vai trabalhar, pois são grandes as chances de você vir a ser como elas, e não elas como você.

Na Gaia, não toleramos comportamentos tóxicos. Já dispensamos pessoas com esse perfil justamente ao notar como elas começam a contaminar o que está à sua volta, tornando tudo nocivo. Depois de cada demissão, percebemos em pouco tempo a melhora das pessoas que estavam sendo negativamente influenciadas.

Ao identificar um comportamento tóxico, conversamos uma, duas, três vezes com o colaborador, e somente quando não vemos mudança de comportamento é que demitimos. Minha experiência é que a grande maioria não muda, mas já vi casos de pessoas que entenderam que estavam tendo atitudes prejudiciais e passaram a agir de outra maneira.

PESSOAS TÓXICAS TÊM EXCESSO
DE CONFIANÇA E NÃO TÊM EMPATIA.

FORMANDO CHEFES TÓXICOS

Autoconfiança, egocentrismo, alto grau de produtividade, apreço extremo por seguir regras: você reconhece essas características em você ou em algum colega?

Claro que algumas pessoas podem ter essas características e ser líderes humanas, mas pesquisas demonstram que quem possui todas elas têm mais chances de ser tóxicas.

"Socorro!", é o que você deve estar pensando caso tenha se identificado, ou se pensa que elas se encaixam em um amigo ou um parente, ou se tiver um chefe assim.

Calma, não há motivos para se desesperar. Vamos analisar a situação, e assim você poderá fazer as mudanças necessárias!

REFLEXÕES

Em algum momento de nossa vida todos podemos ter comporta-mentos tóxicos. O problema é quando não nos damos conta disso e continuamos a reproduzir essas atitudes; afinal, em geral, pessoas tóxicas não se consideram tóxicas. Agora que você já conhece os preditores de pessoas tóxicas, pense nas suas atitudes e relações e responda:

- Será que você é nocivo com alguém? Analise as expressões das pessoas com quem conversa; elas podem revelar muito so-bre como suas atitudes impactam os outros.
- Você, ao cobrar demais por resultados, esquece o ser humano com quem está trabalhando? Lembre-se que, muitas vezes, um abraço é mais efetivo que um empurrão.
- Você acha que as pessoas à sua volta estão sendo tóxicas? Como você se sente após uma reunião com elas?
- Gosta da forma como as pessoas à sua volta tratam você e outros profissionais?
- Acredita que sua forma de agir e a dos outros são empáticas?

Por um momento, reflita se você ou as pessoas à sua volta estão tendo comportamentos tóxicos, seja com comentários que fazem mal a alguém, seja boicotando pessoas, ou mesmo julgando sem se preocupar como o outro está se sentindo.

Se você chegou à conclusão de que tem atitudes tóxicas e precisa mudar, encontrará no próximo capítulo algumas dicas para facilitar essa transformação e se tornar um líder mais humano.

CAPÍTULO 4

MELHORANDO A RELAÇÃO COM OS OUTROS (E COM VOCÊ)

"Uma das coisas importantes da não violência é que não busca destruir a pessoa, mas transformá-la."

Martin Luther King Jr.

DIA DIFÍCIL

Chegou o dia daquela apresentação que pode mudar o rumo de sua carreira (para o bem ou para o mal). Ansiosa, você fica rolando na cama de um lado para outro durante toda a madrugada, mas quase ao amanhecer cai no sono e… acorda atrasada, pula da cama sem pensar, não há tempo para tomar café da manhã, apesar de se lembrar (e lamentar) que essa seja uma refeição "sagrada" para seu dia começar bem, coloca a roupa rapidamente e se culpa incessantemente: "Nunca consigo chegar no horário". Já no carro, liga o rádio, e os apresentadores estão comentando sobre o aumento da taxa de

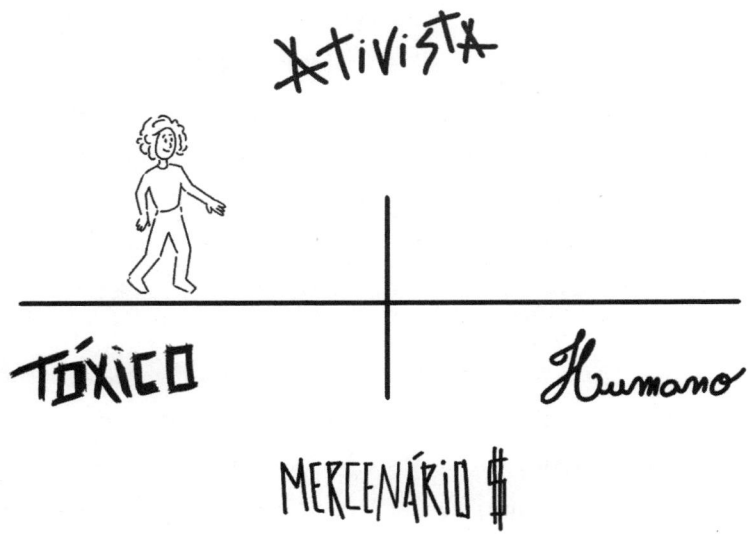

desemprego e da miséria no país. O trânsito não ajuda, a reunião já começou, mas ainda faltam dez minutos para chegar ao destino. Você já pensa que vai contribuir para o aumento do desemprego. O celular toca, é a secretária. Seu coração dispara, você atende e já começa a explicar o atraso quando ela a interrompe e informa que o presidente da empresa teve um imprevisto e pediu para adiar a reunião para o período da tarde.

Com o nível de estresse lá em cima, chega ao escritório achando que todos estão julgando seu atraso. Então uma pessoa da sua equipe se aproxima com uma expressão amedrontada e conta que cometeu um erro, fez uma transferência financeira para uma conta errada, que, se não resolvido, poderá gerar um grande prejuízo para a empresa.

O que você faria nesse momento?

a. Depois de levar às mãos à cabeça com raiva, exigiria explicações do funcionário. Perguntaria como ele pôde errar, se certificaria de que ele tem consciência do prejuízo que causou e daria cinco minutos para que apresentasse uma solução.

b. Sua cabeça esquenta, você sente seu coração bater mais forte e fala alto: "Quero falar com a equipe inteira agora, parem o que estão fazendo e venham!". Nessa reunião de emergência, listaria todos os prejuízos que um simples erro pode causar.

c. Senta-se à sua mesa, toma um copo de água, faz uma rápida meditação. Quando a poeira abaixa e você percebe que está mais calma, tenta achar uma solução.

A não ser que a decisão tenha de ser tomada imediatamente, a melhor escolha para não ser tóxico é pedir um tempo para se acalmar e pensar sobre o assunto. Quando imersos na emoção, nos encontramos no chamado *período refratário*, em que nossa capacidade de compreender a realidade pode ficar comprometida. É por esse motivo que não devemos tomar decisões em um momento de estresse.

Um estudo muito interessante sobre isso, citado por Jane Porter, da *Chicago Booth Review*, foi feito por pesquisadores de seis universidades norte-americanas envolvendo mais de 2 mil jovens de escolas públicas localizadas nas áreas mais pobres de Chicago. Por um ano, os adolescentes participaram de sessões semanais para aprender técnicas de meditação com a finalidade de conseguir controlar suas emoções e não agir automaticamente em momentos de tensão. Durante o programa, os participantes apresentaram redução de 44% nas detenções por crimes violentos e de 36% para outros delitos.

Quem nunca, no calor de uma discussão com alguém querido, disse algo de que se arrependeu depois? Pois saiba que, nesse momento, você foi tóxico.

Seguindo nossa caminhada pelo eixo humano do Diagrama de Gaia, vamos agora conhecer maneiras de lidar com pessoas tóxicas e como não ser tóxico, usando uma teoria que pode mudar a forma de agir.

AMBIENTE ESCOLAR TÓXICO

Agosto de 2018. Eduardo Pacifico, o Dudu, meu irmão e fundador da Gaia+, iria começar o projeto Gaia+ Valores em uma escola pública, na periferia de Goiânia, para falar de habilidades socioemocionais e meditação.

O primeiro dia estava reservado para a apresentação das ideias gerais do projeto aos professores. O encontro estava marcado para as 9 horas, Dudu estava na porta da sala no horário combinado, mas os professores, que haviam se reunido para discutir assuntos internos da escola antes do encontro, ainda conversavam. Do lado de fora, Dudu aguardava seu momento de entrar quando começou a ouvir berros e xingamentos vindos de dentro. Assustador. Abrem a porta às 9 horas e 20 minutos, e, ao entrar, ele sente o clima tenso, com os professores de semblante fechado. A diretora o apresenta, duas professoras viram de costas, outros pegam o celular. Quase ninguém olha para ele. Logo no início da apresentação, um professor pede a palavra e faz uma pergunta em tom desafiador. Dudu, experiente em sala de aula, se sai bem, e continuaria sua fala se não tivesse sido interrompido por uma professora, a mais visivelmente contrariada, que levanta e começa a gritar:

"Vocês ficam trazendo esse lixo para nós! Não queremos ninguém aqui. Não tenho nada para aprender com você."

E, batendo o pé, sai. O clima, que era ruim, piorou. Utilizando o bom humor, Dudu contorna a situação e consegue concluir a apresentação. Algumas poucas professoras agradecem. E, para agilizar a história, depois de seis meses, no final do projeto, a Gaia+ foi homenageada pela escola. A professora que saiu indignada no primeiro encontro chorou emocionada e disse quanto a vida dela havia mudado, como seus relacionamentos melhoraram com o projeto.

Foi a prova de fogo para saber se conseguiríamos pôr em prática o conceito que ensinamos: *Comunicação Não Violenta*. E conseguimos comprovar que pessoas podem sair de sua toxicidade.

COMUNICAÇÃO NÃO VIOLENTA – UMA NOVA FORMA DE ENXERGAR O MUNDO

A primeira vez que ouvi sobre Comunicação Não Violenta (CNV), não me interessei. Apesar de ter enfrentado situações complexas durante minha caminhada como empreendedor, considero que sou uma pessoa gentil e pacífica, não só no sobrenome. Porém, após alguma insistência do meu irmão Dudu, resolvi comprar o livro do criador dessa teoria, Marshall Rosenberg, *Comunicação Não Violenta*, e mergulhar nos seus aprendizados.

Compreender e vivenciar a CNV ajuda não só a lidar melhor com pessoas tóxicas, mas especialmente com nós mesmos. A CNV é baseada em três pilares: autoconexão, empatia e honestidade.

Autoconexão

Trata-se de colocar uma lanterna para verificar como está sua vida interna. O que está vivo em você? O que sente? Onde sente? É para sair um pouco do racional e do intelectual, que supervalorizamos, e voltar para o sentir. Como está seu corpo? Como está sua postura ao ler estas palavras? Está com uma sensação agradável, neutra ou desagradável? Alguma parte de seu corpo chama sua atenção?

Se você não sabe lidar com sua vida interna, será muito mais difícil lidar com outras pessoas, especialmente as que têm comportamentos tóxicos. É a mesma lógica das máscaras de oxigênio que caem automaticamente no avião se acontece alguma pane. Mesmo que esteja com seu filho ou sua avó, primeiro você deve colocar a máscara em você. Depois ajudará a colocá-la nas outras pessoas. Isso não é egoísmo, é autocuidado, e só assim é possível cuidar do outro. No caso da pane do avião, essa é a forma mais segura de garantir que você terá oxigênio suficiente para também ajudar a quem precisa.

Empatia

Será que você realmente ouve as outras pessoas ou, enquanto elas falam, já pensa nas respostas e, assim que o interlocutor faz uma pausa para respirar, você engata a falar? Será que está realmente presente, física e mentalmente, enquanto as pessoas conversam com você?

Nas aulas da Gaia+, realizamos uma atividade de escuta empática. Os professores das escolas públicas se dividem em duplas e damos dois minutos para cada um falar. Enquanto uma pessoa fala, a outra deve apenas ouvir, sem comentar nem questionar. Quando o tempo acaba, os papéis se invertem, e quem ouviu passa a falar por dois minutos sem ser interrompido. Por mais que pareça um exercício simples, essa prática é transformadora. "Nunca me senti tão ouvida", "Consegui elaborar meus pensamentos e me aprofundar como nunca na vida", "Me conectei com a outra pessoa de maneira real", "Esses minutos foram mais intensos que todas as conversas da última semana" são alguns relatos comuns.

Honestidade

Falar com coragem e autenticidade consigo mesmo e com os outros, sem criticar ou culpar ninguém. Saber o que está vivo dentro de você e assumir a responsabilidade. Está sendo honesto consigo e com os outros, ou costuma sempre se justificar e se esquivar?

A CNV AJUDA A CONSTRUIR RELACIONAMENTOS MAIS HARMONIOSOS.

Segundo Rosenberg, a CNV pode ser efetivamente aplicada, por exemplo, em:
- relacionamentos íntimos
- famílias
- escolas
- trabalho
- relações de terapia e aconselhamento
- negociações diplomáticas e comerciais
- disputas e conflitos de qualquer natureza

Embora possamos não considerar violenta a maneira como falamos, as palavras têm muita força e podem levar à dor e à tristeza, seja para os outros, seja para nós mesmos.

A CNV é uma oportunidade de reformular a maneira como nos expressamos e ouvimos as pessoas. Em vez de reações habituais e automáticas, as palavras tornam-se respostas conscientes baseadas na percepção do que estamos vendo, sentindo e desejando.

Com o estudo de Rosenberg, aprendemos a identificar de onde vêm os sentimentos e as emoções e a articular claramente o que desejamos, bem como a entender o comportamento e as necessidades dos outros, mesmo que, em muitos casos, até essa pessoa não tenha clareza. Muito além de um processo de linguagem, a CNV aumenta as chances de obter o que se deseja; por exemplo, comunicar-se com um chefe tóxico de maneira mais tranquila.

Além dos três pilares, o modelo da CNV é composto por quatro elementos:

1. **Observar sem julgar** — diferenciar os fatos das opiniões.
2. **Reconhecer sentimentos** — perceber o que sente diante de uma situação. Por exemplo, se surge mágoa, alegria ou irritação.
3. **Identificar necessidades** — compreender que o sentimento é a resposta a uma necessidade e conseguir identificá-la.
4. **Pedir** — realizar o pedido de forma clara e específica.

Através da CNV conseguimos ouvir melhor, nos conectar mais, ser ouvidos e criar ambientes mais agradáveis, coisas de que todos nós temos necessidade.

Tenho certeza de que você irá adorar praticá-la!

OBSERVAR SEM JULGAR

Classificação e comparação são formas de julgamento que estimulam a violência, e nossa linguagem está impregnada dos dois. "Você é o melhor", "ela é mais inteligente", "ele sempre demora mais que todos os outros" são alguns exemplos. Sem falar nas listas, sempre subjetivas, que estampam capas de revista: "os executivos mais influentes", "CEO do ano", dentre tantos outros rankings. Muitas vezes, influenciados por acontecimentos prévios, julgamos o comportamento de uma pessoa sem considerar as diversas variáveis por trás de seus atos, o que pode nos fazer perder boas oportunidades.

Voltando ao exemplo do começo deste capítulo, em que você acordou atrasado. Fato: você acordou atrasado. Mas logo depois julgou que *nunca* consegue chegar no horário e já considerava certa sua demissão quando, na realidade, o que aconteceu foi que, por mais que tenha atrasado naquele dia, provavelmente isso não é uma prática diária, senão já teria sido demitido. Também o fato de o desemprego ter aumentado não quer dizer que você seria dispensado da empresa.

Ao separarmos o que é fato do que é opinião ou juízo, passamos a ter uma visão mais clara da situação.

Vamos fazer um exercício. Classifique cada uma das frases como Fato ou Opinião:

1. Ontem, a minha chefe estava com raiva de mim sem nenhum motivo.
2. Marcelo não pediu minha opinião durante a reunião.
3. Maria trabalha demais.
4. Antônio sempre chega atrasado.
5. Antônio chegou atrasado cinco vezes no mês passado.

Os itens 1, 3 e 4 são opiniões. Você acha que a sua chefe não tinha nenhum motivo para estar com raiva, mas, do ponto de vista dela, pode haver vários motivos. Ou talvez nem era com você, ou talvez nem com raiva ela estivesse. O item 3 também é opinião, porque "trabalhar demais" é um conceito subjetivo; para uns, trabalhar dez horas por dia é normal, enquanto para outros oito horas é muito.

O item 4 é uma opinião devido à palavra *sempre*; salvo se realmente ele nunca respeita o horário, se literalmente chegar atrasado ao trabalho quatro vezes na semana, ele ainda pode argumentar que não é sempre, pois uma vez na semana ele é pontual.

Os itens 2 e 5 são fatos. Durante a reunião, é fato que o Marcelo não pediu minha opinião; indiscutível, assim como o número exato de atrasos do Antônio.

Como separar fatos e opiniões impacta a comunicação? Vamos a mais um exercício para facilitar o entendimento. O que você prefere ouvir:

1. Você não sabe fazer relatórios!
2. O relatório que você fez não continha tais informações necessárias. Por favor, lembre-se de inseri-las nas próximas vezes.

Provavelmente deve ter escolhido a opção 2, não apenas por ser menos agressiva, mas também por ser construtiva e ensinar algo. Ela é encorajadora. Foi passado um conhecimento e dada a oportunidade para você se tornar melhor. Há um caminho a ser seguido. A primeira frase não ajuda, apenas causa angústia.

Quando confundimos fato com opinião, as pessoas podem ouvir como crítica e criar uma resistência contra o que estamos falando. Portanto, ao lidar com alguém que teve uma atitude que, na sua opinião, foi tóxica, sempre que possível se atenha apenas aos fatos. Dessa maneira, provavelmente você vai conseguir mostrar com mais clareza o que deve ser feito (ou evitado) e conseguirá atrair um aliado.

Por diversas vezes na Gaia, precisei conversar com pessoas que tiveram comportamentos tóxicos. Antes de começar o papo procuro criar uma conexão, falando de alguma amenidade, perguntando como ela está, para deixar o papo leve e a pessoa não se "armar" logo de primeira. Em seguida, apresento os fatos. Quando a pessoa fica na defensiva, é sinal de que dificilmente mudará de atitude. Já nos casos em que você percebe que ela entendeu e se arrependeu, as chances de aprendizado e mudanças são muito maiores.

Separar o *ser* do *estar* também ajuda a lidar com situações difíceis. É muito diferente ouvir "você é mal-humorado" de "ontem você estava mal-humorado". A primeira frase não abre para o diálogo, é um julgamento que coloca uma característica na pessoa, um rótulo. Ela *é* mal-humorada, e ponto-final. Não há possibilidade de mudar. Na segunda frase, percebe-se uma abertura para o diálogo e para a mudança. Talvez a pessoa exponha o que aconteceu com ela que a deixou mal-humorada, talvez perceba que *estava* mal-humorada, sim, mas que era por um determinado motivo, e não foi justo jogar aquela frustração em cima de outra pessoa.

Assim, o primeiro passo é separar fatos de opiniões, o *ser* do *estar*. Observe o comportamento de uma pessoa: se ela grita, faz piadas constrangedoras, é irônica, fala uma coisa na frente de alguém, mas outra quando está longe etc. Isso são fatos. Ao ter uma conversa sobre atitudes tóxicas, não diga "você é assim", mas "você está tendo comportamentos assim".

DIFERENCIE FATO DE OPINIÃO.

RECONHECER SENTIMENTOS

Pare agora o que está fazendo e comece a contar quantos sentimentos você sabe nomear.

É sério, faça isso. Vou até dar uma dica: é comum as pessoas confundirem emoções com sentimentos. Segundo o neurocientista português António Damásio, apesar de muito parecidos, as emoções são reações instintivas, como choro e riso, e os sentimentos normalmente refletem nosso estado diante de uma emoção, por exemplo, tristeza e alegria. A emoção é difícil de esconder, pois é instintiva. Já os sentimentos podem ficar guardados dentro de nós sem que ninguém nunca desconfie deles.

E aí, fez a lista? Quantos sentimentos anotou?

Pela experiência de nossos projetos sociais pelo Brasil, se você passou de dez está na elite da elite! Se passou de vinte é quase um PhD em sentimentos, e se anotou trinta ou mais pode pular esta seção! Brincadeira, viu? Continue a leitura, pois apresentarei informações interessantes a seguir.

A maioria das pessoas tem dificuldade em identificar sentimentos, pois somos analfabetos sentimentais. Quantas vezes falaram com você a respeito dos sentimentos? Quando ensinaram, com bases científicas, como lidar com frustração, raiva ou ansiedade?

Aprendemos tantas coisas na vida, mas não sabemos lidar com sentimentos, que andam com a gente o dia todo.

No caso do início do capítulo — estar atrasado para uma reunião importante —, alguns dos possíveis sentimentos envolvidos na situação eram culpa, vergonha, tensão, todos justificáveis diante da situação em que se encontrava. Sentimentos são naturais e superimportantes. Imagine que, se você não sentisse medo, poderia se pendurar na janela do prédio, não usaria cinto de segurança e por aí vai.

Na infância, é muito comum ouvirmos frases como "engole esse choro", "não tem motivo para ficar triste", "não deveria sentir medo". Apesar de (algumas vezes) haver boa intenção por trás dessas frases, essa educação foi nos distanciando do nosso mundo íntimo. Aprendemos a nos culpar por alguns sentimentos e, por isso, tentamos escondê-los. Consequentemente, temos gerações de analfabetos emocionais.

Evolutivamente os sentimentos são fundamentais, pois trazem informações. Por exemplo, a tristeza, mesmo com toda a carga negativa como costuma ser vista, é importante para a nossa evolução e traz benefícios. A tristeza proporciona momentos de reflexão sobre nós mesmos, permitindo questionar sobre o que queremos, do que gostamos, como lidar com frustrações e, ao fazer essas constatações, encontrar formas de avançar. Nem sempre é fácil, eu sei, mas a tristeza nos impulsiona a desenvolver a autoconsciência.

A raiva também pode dar indício de por que enfrentamos certas situações desse modo e se é possível mudar — mudar a situação ou a maneira como a vemos e reagimos. Por exemplo, quando enviamos uma mensagem para alguém, mas a pessoa demora para responder e começamos a ficar nervosos, será que esse sentimento não vem do desejo de querer controlar a situação ou de estar se sentindo ignorado?

Não existem sentimentos bons ou ruins, mas sim sentimentos agradáveis e desagradáveis. Embora não seja agradável se sentir irritado ou mesmo apático, pode ser bastante útil. No começo da Gaia, fiquei muito frustrado ao ouvir de alguns grandes executivos que a empresa não iria para a frente se não tivesse um sócio muito capitalizado. Mas soube usar essa frustração como motivação para mostrar que era possível criar um negócio humano e próspero.

Certa vez, ouvi uma palestra do professor Tal Ben-Shahar em que ele dizia que só dois tipos de pessoa não sentem emoções desagradáveis: os psicopatas e os mortos. Ele vai além: ao bloquear os sentimentos desagradáveis, reduzimos as chances de aproveitar os sentimentos prazerosos. É como se sufocando um, o outro fosse junto. Sentimentos desagradáveis fazem parte até mesmo de uma vida plena e feliz.

Os sentimentos também têm papel fundamental no autoconhecimento e na compreensão de outras pessoas. *Através dos sentimentos, entendemos as necessidades.* Essa frase é tão importante que não basta destacar, por isso repito: *Através dos sentimentos, entendemos as necessidades.*

Sentimento desagradável é o resultado de uma necessidade não atendida; já os agradáveis são consequência de necessidades atendidas.

Pense em algo importante para você. Por exemplo, ir à apresentação de balé de sua filha. Se é importante, é uma necessidade. E se por algum acaso não conseguir ir — se não conseguir atender a essa necessidade —, certamente ficará infeliz.

SENTIMENTOS NÃO DEVEM SER IGNORADOS.

IDENTIFICAR NECESSIDADES

O psicólogo norte-americano Abraham Maslow, no livro *Teoria da motivação humana* (*A Theory of Human Motivation*), apresenta a Hierarquia das Necessidades, segundo a qual os seres humanos são motivados por demandas. Essa teoria é representada pela Pirâmide de Maslow, que, apesar de bastante difundida, ainda é interpretada de maneira incompleta e incorreta.

Inicialmente, Maslow definiu cinco estágios de necessidades que compõem a pirâmide; porém, alguns anos depois, o psicólogo expandiu e incluiu mais três, totalizando oito níveis de necessidade. São eles:

1. **Biológicas e fisiológicas:** ar, comida, bebida, abrigo, calor, sexo, sono.
2. **Segurança:** proteção, ordem, estabilidade.
3. **Amor e pertencimento:** amizade, intimidade, confiança, aceitação, carinho.
4. **Estima:** dignidade, conquista, domínio e independência (estima interna); status e prestígio (estima externa).
5. **Cognitivas:** conhecimento, entendimento, curiosidade, exploração e previsibilidade.

6. **Estéticas:** beleza (em si e ao redor), equilíbrio.
7. **Autorrealização:** realização do próprio potencial, crescimento pessoal.
8. **Transcendência:** experiências místicas e com a natureza, servir outras pessoas, ciência, fé religiosa e propósito (valores que ultrapassam o eu).

Releia os oito níveis e reflita em que ponto você se encontra em cada um dos estágios. Quais estão totalmente satisfeitos e quais precisa desenvolver?

O psicólogo dividiu os oito níveis em dois grupos: necessidades de deficiência e necessidades de crescimento. Os quatro primeiros estágios fazem parte das necessidades de deficiência, surgem devido à privação e se tornam mais fortes conforme forem negados. Por exemplo, quanto mais tempo uma pessoa fica sem comida, mais fome ela terá. Já as necessidades de crescimento (do quinto ao oitavo) não decorrem da falta, mas do desejo de evoluir como pessoa, de se tornar um ser humano melhor.

Inicialmente, Maslow afirmou que as pessoas deveriam satisfazer as necessidades de deficiência antes de progredir para atender às necessidades de crescimento. Porém, anos depois, notou que a ordem das necessidades não é rígida, mas sim flexível, e depende de circunstâncias e diferenças individuais. Portanto, você pode ter uma necessidade de deficiência não atendida, por exemplo, carência de segurança e estabilidade (nível 2), mas ainda assim estar evoluindo na autorrealização (nível 7).

Também é possível que certas ocorrências interrompam o crescimento. Algumas experiências — divórcio e demissão, por exemplo — podem alterar a ordem de prioridade das pessoas, o que é absolutamente normal.

E como as necessidades se relacionam com os sentimentos? Quando uma necessidade não é atendida, temos um sentimento desagradável. Quando conseguimos satisfazer uma necessidade, temos um agradável.

Imagine-se na seguinte situação:

Um belo dia seu chefe chega no escritório e passa direto por você, sem olhar nem cumprimentar. Justo naquele dia em que você havia chegado bem cedo e realizado suas tarefas. Nesse momento, por não ter atendida uma necessidade de pertencimento e reconhecimento, surge um sentimento desagradável: a frustração.

Agora imagine a mesma situação, porém com um detalhe diferente: você ainda não entregou um relatório que deveria ter finalizado no dia anterior. Ao avistar seu chefe, seu desejo é ser invisível, então o fato de ele ter passado reto gera um agradável sentimento de alívio.

Repare que a atitude do seu chefe foi a mesma nas duas situações, de modo que não foi por causa dele que você se sentiu frustrado ou aliviado. O que levou você a ter um ou outro sentimento foi sua necessidade, que era diferente em cada caso.

E assim chegamos a uma das principais conclusões da CNV: o que os outros dizem e fazem pode ser o estímulo, mas não a causa dos nossos sentimentos. A causa dos sentimentos é sempre uma necessidade atendida ou não (releia várias vezes até incorporar totalmente esse conceito). Ou, como disse Rosenberg, "a raiz da raiva é a interpretação".

Ou seja, a raiva é causada pela forma como você interpreta determinada situação, está carregada de prejulgamentos — formulados de acordo com suas crenças e vivências —, ao mesmo tempo que pode ser resultado de uma impotência de fazer alguma coisa ou de controlar uma pessoa ou situação. E isso acontece com todos os sentimentos.

O sentimento que teve ao ver que seu chefe tinha passado direto também poderia ser diferente caso você estivesse alegre ou triste naquele dia. Por exemplo, se alguém criticar seu relatório — consideremos que isso foi feito respeitosamente — num dia em que você está alegre, a probabilidade de simplesmente agradecer e ver uma oportunidade para melhorar é muito maior do que se estiver chateada, quando pode estar necessitando sentir segurança e acolhimento.

Imagine agora que recebemos uma mensagem negativa, como "você não vai participar da reunião estratégica da empresa". Há quatro opções possíveis de como podemos nos sentir:

1. Culpar o outro por não valorizar nosso trabalho.
2. Culpar a nós mesmos por não sermos bons o suficiente.
3. Estar ciente dos nossos sentimentos e necessidades (autoempatia).
4. Estar ciente dos sentimentos e necessidades do outro (empatia com o outro).

Ao ouvirmos uma crítica, podemos passar pelos quatro estágios acima. Se alguém diz que não participaremos de uma reunião, podemos começar procurando culpados ("meu time é horrível, esse funcionário é preguiçoso"). Depois, passamos a nos culpar ("sou realmente um fracasso", "não sei liderar"). Em seguida, podemos ir para a autoempatia ("estou frustrada com o feedback, pois sinto necessidade de ter meu esforço reconhecido"). E, finalmente, chegar à empatia pelo outro ("por que será que ele acha isso? Qual é a necessidade dele que não foi atendida?"). Nesse último estágio, damos o "chute empático" sem a pretensão de acertar, só com o intuito de começar a compreender a motivação da outra pessoa e tentar criar conexão com ela. Pode ser que ela ache que a reunião será longa e que, se participarmos, não conseguiremos finalizar algum projeto importante.

Cabe a nós buscar ativamente, sempre que possível, chegar à opção 4 para encontrar soluções. Mas não podemos parar por aí...

Mais um caso. Estávamos há oito anos com um crédito problemático na Gaia. O cliente ficou inadimplente, a Gaia também errou no processo, e no fundo todos tinham um pouco de razão. Inicialmente os advogados tomaram conta do caso, mas não tiveram sucesso. Após alguns anos de tratativas frustradas, o cliente contratou uma advogada para entrar na Justiça contra a gente. Paralelamente começamos a negociar um acordo, por e-mail, mas o cliente negou diversas propostas. Até que um dia, ao verificar com o nosso jurídico os processos em aberto da Gaia, me deparei com esse caso. Então, pedi para marcarem uma reunião on-line para ouvir a outra parte.

A reunião estava marcada para as 14 horas. Faltando dez minutos, o cliente pediu para adiar para as 15h30. Pontualmente no horário, eu estava on-line; pediram mais cinco minutos, aguardei.

Quando finalmente a conversa começou, agradeci genuinamente pelo tempo deles e avisei que tinha uma outra reunião às 16 horas, portanto teríamos apenas 25 minutos. "Queria pedir desculpas pelos erros da Gaia, dizer que tenho toda a intenção de resolver essa situação, mas a primeira coisa que gostaria é de ouvir vocês", eu disse.

Eles contaram todas as dores do processo, as idas e vindas e mostraram boa vontade em encontrar uma solução amigável. Nesse momento, já tínhamos criado a conexão e um ambiente de colaboração, sem absolutamente nenhum embate. Perguntei o que seria bom para eles: "Queríamos que vocês devolvessem o que pagamos, sem nenhuma correção", responderam o cliente e a advogada. Naquele momento, pairou uma dúvida na minha mente; afinal, a última proposta que tínhamos feito era pagar um valor maior que esse e eles haviam recusado. Para não ter dúvidas, repeti os valores e eles confirmaram meu entendimento. Agradeci e combinamos que a área operacional da Gaia iria cuidar dos trâmites para pagar o mais rápido possível.

Um problema de oito anos resolvido em 25 minutos, por um valor inferior ao que tínhamos ofertado antes. Qual a mágica? Nenhuma, apenas atendemos às necessidades que eles tinham de ser ouvidos e de que assumíssemos os nossos erros. Fizemos a escuta empática e criamos conexão. Simples e poderoso.

COMPREENDA AS NECESSIDADES.

PEDIR

Imagine que você chega a um restaurante pela primeira vez, se vira para o garçom e diz: "Garçom, estou com muita fome e sede; por gentileza, poderia me trazer comida e bebida?". Qual a chance de você receber algo que realmente desejava?

"Não faz o menor sentido, eu nunca faço isso", você deve estar pensando. Será? Repare quantas vezes não pedimos de forma eficaz o que queremos, não deixamos clara nossa intenção. É comum ouvir e dizer: "Seja um bom líder!" (ou pai, mãe, irmão, aluno…) e "refaça isso, ficou ruim". Pedir para que a pessoa seja uma boa líder não diz muita coisa. Para uma pessoa, talvez seja necessário escutar mais a equipe; para outra, pode ser preciso ensinar, estar mais presente ou até motivar mais. Já na segunda frase, ficou claro que não gostaram de um trabalho, mas o que não está bom? Digamos que se trate de um relatório; onde está o problema? No estilo de escrita? Nos gráficos? No tamanho? Todo ele?

Se não soubermos pedir, a comunicação não está sendo efetiva e dificilmente o objetivo será alcançado.

Mas é possível aprender a se comunicar melhor. O primeiro passo é diferenciar pedido de exigência. Como? Você pode seguir uma regra simples e básica: se uma pessoa, ao ter sua solicitação recusada, passar a criticar, julgar ou fazer a outra se sentir culpada, não é pedido, é exigência. Não faça exigências disfarçadas de pedido. Se é uma exigência, não pergunte, peça (com educação, sempre).

Segue um exemplo, para ficar mais fácil de entender:

"Carlos, poderia ligar para a Cristina e confirmar a reunião?", você pergunta.

"Não consigo fazer isso agora", ele responde.

Se nesse momento seu pensamento é: "Como assim? Nunca faz o que te peço", você não fez um pedido, mas sim uma exigência.

Muitas vezes fazemos exigências com cara de pedido. Ao pedirmos, damos à outra pessoa a opção de falar *sim* ou *não*, abrindo portanto espaço para o diálogo.

Voltando ao exemplo da ligação, o interlocutor poderia ter falado qual era sua necessidade e ouvir de Carlos quais eram as dele. Talvez Carlos, naquele momento, estivesse fazendo algo urgente e não pudesse parar, mas ligaria dali a poucas horas. Se a reunião fosse no dia seguinte, não haveria problema. O objetivo não é ganhar uma discussão, mas buscar estratégias que satisfaçam as necessidades de todos os envolvidos. Afinal, como disse Rosenberg, "toda agressividade é uma expressão trágica de uma necessidade não atendida".

Mas como fazer um pedido de modo eficaz? Para isso, devemos seguir quatro regras:

1. Saber o que se pede.
2. Usar linguagem positiva.
3. Expressar clara e especificamente.
4. Falar o que se quer, não o que não quer.

"Garçom, gostaria de uma lasanha com molho vermelho, sem presunto, e um copo de suco de laranja com duas pedras de gelo." Note que, falando dessa maneira, a chance de você conseguir o que deseja é muito maior do que a do pedido genérico feito alguns parágrafos antes.

Para fixar o conceito, classifique cada um dos pedidos a seguir como claro e específico ou confuso.

1. Maria, diga uma coisa que posso melhorar na próxima reunião.
2. José, não seja uma pessoa tóxica.
3. Marcos, não levante o tom de voz comigo.

O item 2 é confuso. O que significa para você ser menos tóxico? Que tipo de atitudes tóxicas José está tendo? Ele levanta o tom de voz, faz fofocas, piadas que incomodam?

Já os itens 1 e 3 são específicos. Ao solicitar que Maria diga o que pode ser melhorado na reunião e que Marcos não levante o tom de voz, não há dúvida sobre o que se deseja.

A comunicação é uma ferramenta importante para alcançar um objetivo e criar um ambiente harmonioso e empático. Aqui vale retomarmos o exemplo no qual avisaram que você não iria participar da reunião de estratégias da empresa. Seguindo a CNV, é importante:

1. **Diferenciar fato de opinião**
   Fato é que você não participará da reunião.
2. **Perceber os seus sentimentos e os da outra pessoa**
   Por que você ficou incomodado com isso?
3. **Entender as necessidades dos envolvidos**
   Tente compreender por que era importante para você parti-

cipar dessa reunião, e também quais foram os motivos que levaram a outra pessoa a dizer que você não estaria presente.

4. **Comunicar de forma clara, específica e positiva**

Em vez de ficar remoendo por que foi excluído, se achando injustiçado ou que seu trabalho não está à altura, pedir esclarecimento sobre a situação fará que você pare de gastar energia com suposições e aja em cima de fatos.

PEÇA DE MODO CLARO E EFICAZ.

Como apresentado antes, muitas vezes a pessoa tóxica não sabe que está sendo tóxica, e a forma como você se comunica com ela pode fazer toda a diferença na evolução pessoal de ambos e da relação.

REFLEXÕES

Ao lidar com pessoas com atitudes tóxicas, procure diferenciar fato de opinião, perceber os seus sentimentos e os da outra pessoa e, com base neles, entender as necessidades de ambos e se comunicar de forma clara, específica e positiva.

Reflita: seus pedidos são pedidos ou exigências? Ao conversar com alguém, você está mais preocupado em falar ou ouvir?

A comunicação, seja com os outros, seja com você mesmo, é fundamental para determinar em que ponto você ou a empresa se encontra no Diagrama de Gaia e se está se movimentando na busca por relacionamentos saudáveis e humanos. Saber se comunicar é um exercício que deve ser praticado constantemente, portanto nunca pare de refletir como estão seus relacionamentos e o que pode ser melhorado.

CAPÍTULO 5

O QUE NOS MOVE?

"Se um homem não descobriu nada pelo
qual morreria, não está pronto para viver."

Martin Luther King Jr.

MOTIVAÇÃO QUE FAZ MORADIA

Caminhando pelo eixo humano, já passamos pelas pessoas tóxicas e já aprendemos, com a Comunicação Não Violenta, como lidar melhor com os outros e com nós mesmos. Mas não basta combater o que não está bom; temos de buscar algo positivo, temos de ter propósito.

Entender e vivenciar o que nos move para um ponto positivo, de onde vem essa energia, o que está por trás dessa busca é essencial para se tornar um líder que o mundo precisa.

Mas, antes de trazer respostas, vou contar uma história.

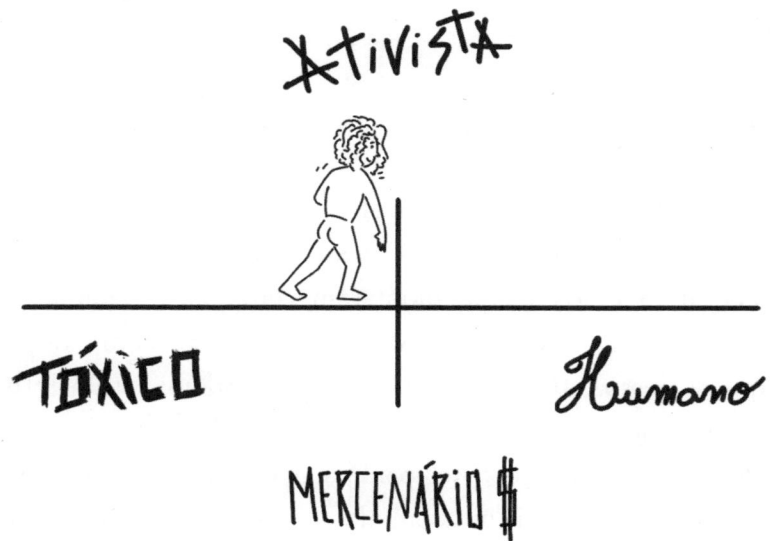

Era para ser mais uma reunião como outra qualquer. Entrei na sala, e uma conhecida apresentou o rapaz que a acompanhava: "O Marco é um premiado empreendedor de impacto e está estruturando uma operação financeira incrível que pode transformar a vida de milhares de pessoas, mas já bateu à porta de várias empresas financeiras e nenhuma se interessou. Acho que o projeto tem a cara da Gaia".

Com a expectativa bem alta, sentei-me corretamente na cadeira para ouvir a proposta. Marco, que posteriormente viria a se tornar um grande amigo, é daquelas pessoas que transmitem sabedoria ao falar, sempre ponderado, parece que escolhe as palavras com cuidado para conectar ideias.

"A situação da moradia para milhares de pessoas no Brasil é extremamente delicada. Se por um lado temos entre 4 e 5 milhões de pessoas sem casa para morar, há um número pelo menos três vezes maior que vive em condições desumanas", explicou o empreendedor. Ele contou que cerca de 15 milhões vivem em barracos, casas úmidas, sem janelas, muitas vezes com banheiros precários, o que, além de ser um problema de saúde pública, tira a dignidade dos que sobrevivem nesses locais.

Segundo Marco, algumas grandes empresas eram especializadas em construção de casas populares e havia linhas de financiamento para primeira moradia, mas não tinham recursos nem empresas olhando para a reforma de construções precárias. A partir desse diagnóstico, três empreendedores sociais e líderes que o mundo precisa, Fernando, Lelo e Igiano, montaram a empresa Programa Vivenda, com a missão de reformar casas de comunidades em cinco dias, sem que as pessoas tivessem de sair da sua residência, transformando completamente as moradias. O problema, ele explicou, é que os moradores não tinham recursos para pagar a reforma à vista, que em média custava 5 mil reais por cômodo (várias casas têm apenas um).

Depois de expor a situação, ele veio com o desafio: "Precisamos montar uma estrutura financeira e captar recursos para viabilizar a reforma de casas em grande escala, atingindo cerca de 8 mil famílias".

Até aquele dia eu não fazia ideia do tamanho desse problema, mas o discurso do Marco me sensibilizou profundamente, e na hora, meio que sem pensar em como, disse: "A gente vai colocar isso de pé. Conte com a Gaia". A Vivenda, assim como a Din4mo — empresa que desenvolve e investe em negócios de impacto socioambiental da qual o Marco também é sócio — e a Gaia, era uma Empresa B (possui certificação de empresas que trabalham por um mundo melhor), e esse seria o primeiro negócio do Brasil envolvendo três empresas com esse selo.

Cerca de dois anos depois, estávamos comemorando a realização da primeira "debênture do bem",[3] como foi chamada a operação em uma reportagem do jornal *Valor Econômico*. Conseguimos impactar milhares de famílias, algumas passaram a fazer refeições com todos os membros da casa juntos (antes nem tinham onde colocar uma mesa), as calçadas ficaram mais limpas (os moradores passaram a cuidar mais do entorno de suas residências), além de diversas outras histórias de pessoas que resgataram a autoestima (essa é a maior recompensa que poderíamos receber).

Analise rapidamente esta situação: dois anos de trabalho de graça, dezenas de desafios, menor negócio feito pela Gaia até então. Qual é o nível de motivação que tivemos nesse trabalho? Se respondeu "motivação altíssima", acertou. Poucos negócios nos trouxeram tanta realização como aquele.

---

[3] **Debênture é um título financeiro usado por empresas para captar recursos.**

O que essa operação financeira e um trabalho de voluntariado têm em comum? Em ambos, o que nos move é algo intrínseco, que está dentro de cada pessoa envolvida: o propósito.

Não pretendo estimular que empresas trabalhem de graça; esse projeto só foi possível porque outros negócios da Gaia o suportaram financeiramente. Mas esse caso — sem nenhum ponto fictício — é um exemplo de que pode haver motivação mesmo sem retorno financeiro.

IKIGAI

Segundo a cultura japonesa, o que nos move, o que nos faz levantar da cama não é o despertador, mas sim o *ikigai*, que, em tradução livre, significa *valor* ou *propósito da vida*. É a força impulsionadora do comportamento humano.

Vamos iniciar desfazendo um mito. Talvez você já tenha visto este diagrama:

Apesar de lindo, esse diagrama é um dos causadores da *proposite*, palavra popularmente criada para denominar o desejo de ter propósito em tudo o que se faz, mesmo nas tarefas mais básicas, causando enormes frustrações, pois é muito difícil viver o tempo todo dessa forma.

Ao olhar a figura, normalmente as pessoas acham que faz todo o sentido, mas logo percebem que poucas vezes (ou nenhuma) conseguiram trabalhar em algo que junte todos esses itens, e acabam ficando desmotivadas em vez de inspiradas.

Em pesquisa realizada em 2010 pelo Central Research Services com mais de 2 mil japoneses, apenas 31% tinham o seu *ikigai* no trabalho, enquanto os demais encontraram seu propósito em outras áreas de sua vida.

É claro que todos adorariam trabalhar em algo diretamente ligado ao seu propósito, mas, como vimos, isso nem sempre é possível, e não há problema nisso. O trabalho também está ligado a outras necessidades das pessoas — como pagar contas do dia a dia — e pode facilitar a realização de atividades que motivam e de que você goste.

IDENTIFICANDO AS NOTAS DE SUA VIDA

Imagine que você adora tocar piano e que seu sonho é viver da música, mas por morar no Brasil, um país que não incentiva as artes, e não ser um grande pianista você sabe que dificilmente conseguirá isso. No entanto, é muito bom com números, fez faculdade de contabilidade e é um bom profissional na área. Ao compreender que o trabalho com contabilidade permite que você tenha tempo e dinheiro para, nas horas vagas, tocar piano, passa a ter propósito no trabalho. Ser um bom funcionário é o que permite ser músico amador sem ter a preocupação de conseguir alunos ou concertos para pagar suas contas.

Estudo de Kennan Sheldon e Linda Houser-Marko revela que, quando nos envolvemos em atividades significativas, mesmo que breves, a experiência se espalha para outras áreas que não estão diretamente interligadas. Nessa linha, segundo o professor Tal Ben-Shahar, autor de *Seja mais feliz*, não é preciso ter e encontrar propósito o tempo todo. Fazer uma ou duas horas por semana de algo significativo já ajuda muito a gerar felicidade e sucesso.

Líderes que o mundo precisa ficam felizes ao saber que pessoas de suas equipes têm hobbies que conseguem conciliar com o trabalho. O fato de a pessoa conseguir se dedicar a atividades que ama traz senso de realização, levando a felicidade tanto para o ambiente de trabalho como para o familiar.

O PROPÓSITO NÃO PRECISA ESTAR DIRETAMENTE LIGADO AO TRABALHO.

BENEFÍCIOS DO PROPÓSITO

Uma vida com propósito é uma vida com sentido. Ter propósito traz vários benefícios. Segundo o professor da Universidade de Stanford, William Damon, no livro *O que o jovem quer da vida?*, o propósito fornece à pessoa a alegria nos bons momentos e a resiliência em tempos difíceis.

Estudos e pesquisas[4] mostram que o propósito age no sistema biológico, psicológico e nas relações sociais. Para quem tem dúvida se vale a pena buscar propósito, listo a seguir benefícios já comprovados.

---

[4] **Cf., por exemplo, o artigo de Ribeiro, Yassuda e Neri, Propósito de vida em adultos e idosos: revisão integrativa.** *Ciência & Saúde Coletiva*, v. 25, n. 6, 3 jun. 2020.

Benefícios biológicos
- melhor sistema imune
- melhor funcionamento cerebral
- maior resistência contra a doença de Alzheimer
- menor nível de inflamação sistêmica
- melhor perfil do colesterol (colesterol "bom", HDL mais alto)

Benefícios psicológicos
- mais otimismo
- afetos positivos
- sensação de satisfação de vida
- maior resistência contra estresse, ansiedade e depressão
- maior felicidade

Benefícios sociais
- vida sexual mais ativa
- maior participação social
- menor sensação de solidão

Ter um propósito comum também pode resolver conflitos. Em discussões, muitas vezes as pessoas se apegam às suas opiniões e esquecem do objetivo maior. Isso é muito comum em debates políticos, em que candidatos se acusam como se o adversário desejasse o pior para o país quando, no fundo, ambos normalmente querem a mesma coisa: um lugar melhor e mais justo para viver.

O propósito age como amortecedor contra os grandes riscos de adoecimento, além de ser um trampolim para a felicidade e o bem-estar das pessoas. No eixo humano, o propósito impulsiona a busca por relações mais humanas.

DICAS PARA ENCONTRAR PROPÓSITO

Apesar de ser importante encontrarmos sentido no que fazemos, isso não pode se tornar uma obsessão, pois podemos cair na *propositite* e acabar frustrados e ansiosos. A busca pelo propósito deve ser algo leve e divertido. Para ajudar você, vamos às dicas de Yukari Mitsuhashi, autora do livro *Ikigai*.

1. Você pode ter um ou vários *ikigais*, e eles podem mudar. (A possibilidade de ter vários propósitos e que eles mudem de acordo com a fase de vida traz leveza.)
2. Não precisa estar relacionado necessariamente ao trabalho.
3. Deve ser específico e do seu dia a dia. A linguagem clara e eficiente também ajudará a encontrar seu propósito.
4. Dar é mais poderoso do que receber. O *ikigai* envolve uma ação: você deve fazer, não receber.
5. Pode ser composto de pequenos momentos. Contribuir com pessoas com quem trabalha, apoiando, aconselhando, pode ser um propósito no seu trabalho.
6. Não precisa ser grandioso, como acabar com os preconceitos; pode estar em atividades cotidianas simples.

Pare por alguns instantes e reflita: que atividades dão prazer para você e se enquadram nas dicas acima? Como você pode se organizar para ter mais tempo para fazê-las durante a sua semana?

ALERTAS DO PROPÓSITO

Como vimos, trabalhar com propósito e buscar um sentido no que fazemos é benéfico para a nossa saúde e a das nossas relações. Mas tudo isso se perde se não houver intenção e ação genuína.

Tive uma conversa muito esclarecedora a esse respeito com Alexandre Pellaes. Alexandre é pesquisador e professor de temas relacionados ao futuro e significado do trabalho, doutorando em Psicologia Organizacional no Instituto de Psicologia da USP e dedica suas pesquisas à transformação de modelos de gestão e práticas humanizados de liderança. Segundo ele, você não terá um retorno positivo se, na realização do propósito:

- fizer um trabalho malfeito
- sugar recursos (naturais, físicos ou emocionais)
- buscar lucros excessivos
- proteger privilégios
- fizer discursos de vingança e destruição
- aproveitar desgraças para a autopromoção
- tirar vantagens, ainda que pequenas, e enganar pessoas

Pellaes defende que devemos dar muita atenção a *como* realizamos o trabalho e nos conectamos com as pessoas. E é isso que as organizações e as pessoas mártires não fazem: elas são ativistas, mas propagam um ambiente tóxico.

Tal Ben-Shahar afirma que atingir a meta do propósito não é o mais importante, e sim a busca para chegar ao senso de propósito. Assim, você pode ter como meta "mudar o mundo", mas o que fará diferença é a jornada até lá. Metas e objetivos devem ser só um ponto para você saber para onde está caminhando; é a direção, o caminho que está sendo percorrido, que deve ser aproveitada. É o presente que importa, é a experiência atual que nos preenche verdadeiramente.

Portanto, aproveite a caminhada. Sim, trace uma meta, tenha um objetivo e dê um passo de cada vez, siga em direção ao que deseja, mas lembre-se sempre de que é a realização diária que fará você se sentir satisfeito.

NÃO ADIANTA TER PROPÓSITO E SER TÓXICO.

COMPROMETIMENTO E SIGNIFICADO

William Damon desenvolveu um gráfico em que relaciona o significado de uma atividade e quanto nos comprometemos com ela.

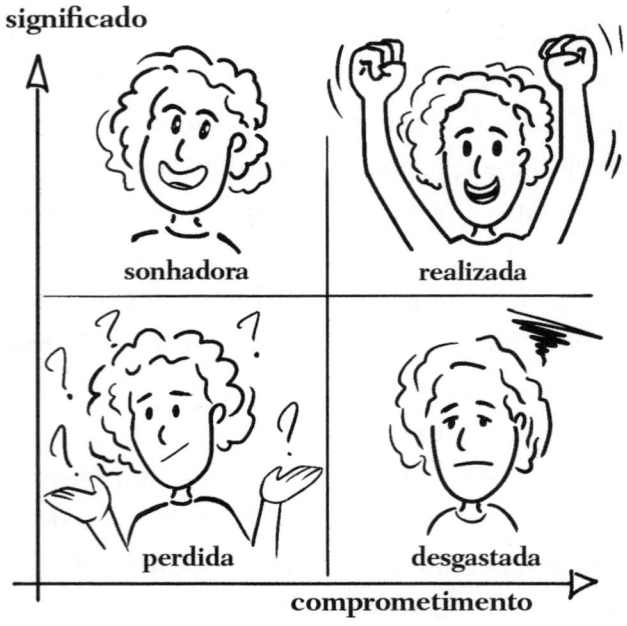

Pessoas com baixo grau de propósito e de comprometimento são as *perdidas*, não realizam nem sabem o que querem. Seguem aquela máxima da música de Zeca Pagodinho, "Deixa a vida me levar", o que é muito ruim, pois se não sabem para onde estão indo, não podem reclamar se não chegarem a um lugar que seja satisfatório. Algumas empresas e alguns órgãos públicos são recheados de pessoas assim.

Pessoas com algum grau de propósito mas com baixo comprometimento estão na categoria das *sonhadoras*. Querem muito, fazem pouco. Situações assim são bastante vistas em startups movidas apenas por propósito: querem genuinamente mudar o mundo, porém muitas vezes faltam pé no chão, compromisso e entrega. Por isso, ficam só sonhando.

Já as que apresentam grande comprometimento com pouco significado são as *desgastadas*. Grande parte das pessoas miseráveis, segundo o Diagrama de Gaia, está nessa categoria. Pense nas grandes empresas em que executivos estão muito comprometidos em obter cada vez mais lucros, mas não se cuidam e passam por cima de quem for para atingir o objetivo. Eles estão desgastados.

Ao juntarmos comprometimento com propósito, temos a interligação perfeita das pessoas *realizadas*, e aí se encontram líderes que o mundo precisa. Nessa categoria estão várias Empresas B, que têm o propósito muito forte alinhado com suas entregas, como é o caso da própria Gaia.

É importante salientar que é normal a migração entre as categorias, porém o mais relevante é identificar onde se está na maior parte do tempo. Por exemplo, podemos, em uma semana muito puxada, nos sentir completamente desgastados, mas, tendo consciência disso, trabalhar para ir ao quadrante superior.

DEDIQUE-SE A ATIVIDADES COM PROPÓSITO E COMPROMETIMENTO.

TAREFA X CARREIRA X VOCAÇÃO

Um interessante estudo conduzido pela pesquisadora Amy Wrzesniewski dividiu as pessoas de acordo com a motivação de trabalhar. Ela descreveu três tipos de orientação:

1. **Tarefa** — A motivação do trabalho é o salário; trabalhar é uma necessidade, algo que se tem de fazer. Quem considera o trabalho como uma tarefa não vê a hora de chegar o final de semana ou a aposentadoria.

2. **Carreira** — A motivação é o dinheiro e o crescimento profissional. Está sempre em busca da próxima promoção ou de aumento, como se fosse uma corrida, uma competição. A expectativa é obter poder e prestígio. As pessoas desta categoria acham que serão felizes no dia em que atingirem o que consideram o nível ideal, mas ao chegarem lá provavelmente ainda não estarão felizes e aumentarão a expectativa para obter ainda mais poder.

3. **Vocação** — A motivação é o trabalho em si, que, em vez de uma tarefa ou uma corrida, é visto como uma lição, uma missão, um privilégio. Tem um sentido intrínseco. Apesar do que possa parecer, quem encara o trabalho dessa forma também tem dias difíceis, dias ruins.

Por uns instantes, reflita como você encarava seu trabalho há alguns anos. Como o vê hoje? Perceba que, durante nossa jornada, podemos variar de níveis. Mesmo quem trabalha por *vocação* pode querer aumento, sucesso, reconhecimento. Podemos ter um pouco de cada nível, mas sempre um será o dominante.

Unindo o estudo de Wrzesniewski e o gráfico de Comprometimento e Significado, de Damon, quem olha o trabalho como uma tarefa, sem propósito nem comprometimento, está no quadrante Perdido; quem olha como carreira, no Desgastado; já quem olha como vocação está no Realizado, pois tem um propósito e está comprometido com ele.

Mas isso quer dizer que as pessoas cujo propósito não está diretamente no trabalho apenas enxergam a vida profissional como tarefa ou carreira? Nem sempre. Lembre-se do exemplo do contador que gosta de tocar piano: apesar de o propósito de sua vida não estar ligado às atividades de contabilidade do dia a dia, ele é um bom profissional e usa seu trabalho para que tenha meios de se dedicar àquilo que realmente o satisfaz. Assim, mesmo que tenha um propósito fora do trabalho, é possível encontrar sentido no que faz e reconhecer que isso é um meio para alcançar um objetivo. Neste caso, o trabalho estará na categoria vocação.

Em um estudo de 2001 com pessoas responsáveis pela limpeza de um hospital, os pesquisadores Wrzesniewski e Dutton concluíram que as que consideravam o trabalho como vocação não só achavam (com toda a razão) que contribuíam para a melhoria da saúde dos pacientes como também eram mais felizes em comparação aos demais colaboradores que viam o trabalho apenas como tarefa.

Reflita sobre esta frase: o modo como o trabalho é encarado depende mais de nós do que dos outros?

As categorias de motivação no trabalho também podem ser transpostas para outras áreas da vida. Por exemplo, mães e pais, cuja maior responsabilidade é, sem dúvida, criar e educar seus filhos, podem ser divididos da seguinte forma:

Tarefa: tenho de fazer jantar, ler uma história, dar banho.

Carreira: tenho de fazer isso, pois pesquisas mostram que, com esses cuidados, a criança será bem-sucedida.

Vocação: que privilégio é passar essas horas com a pessoa mais importante da minha vida… Que delícia poder me dedicar a essa criança e ver a emoção nos seus olhos e sorrisos!

Quem busca olhar o que faz como vocação é muito mais feliz, aproveita melhor os momentos bons e passa de forma mais fácil pelas situações difíceis. Assim, é possível dar significado à vida.

OLHE ALÉM DAS TAREFAS QUE REALIZA.
COMO ELAS IMPACTAM O MUNDO?

PEDREIROS

Breve história sobre como o trabalho pode ser encarado:

Um homem, andando pela rua, avistou alguns trabalhadores e questionou: "O que vocês estão fazendo?"

O primeiro respondeu: "Estou colocando um tijolo sobre o outro".

O segundo disse: "Eu estou fazendo uma parede".

Já o terceiro falou: "Estou construindo uma linda catedral; provavelmente não estarei vivo quando ela estiver pronta, mas me enche de gratidão ter o privilégio de fazer parte dessa história".

Quem olha o que faz como vocação encontra sentido no seu trabalho.

PONTOS FORTES OU PONTOS FRACOS

O que você acha mais importante: focar nos seus pontos fortes ou nos pontos fracos?

Normalmente, nas avaliações de desempenho, os gestores passam rapidamente pelos pontos fortes e gastam a maior parte do tempo olhando os pontos que uma pessoa precisa melhorar.

Imagine a seguinte cena: o treinador do PSG chama o craque Lionel Messi para conversar: "Messi, você tem grande habilidade, está fazendo gols, mas é um péssimo goleiro. Por ter estatura baixa, deve aprimorar seus saltos e ter mais firmeza com as mãos".

Apesar de ser uma situação surreal, é o que acontece em muitas empresas. Isso quer dizer que não é preciso melhorar os pontos fracos?

Devemos melhorar nossas deficiências até o ponto em que elas não atrapalhem o crescimento. Digamos que Messi não goste de cobrar pênaltis — o que não é o caso. Por ser algo necessário, pois algumas vezes o jogo requer, ele precisa treinar a cobrança, porém não faz sentido ele se dedicar a ser um bom goleiro.

Segundo o autor e "pai da teoria da administração" Peter Drucker, apenas quando você opera com suas forças pode construir excelência.

Na Gaia, numa dessas avaliações de funcionários, vimos que Aline, uma profissional superalinhada com os valores da Gaia, se destacava muito no apoio humano e na ajuda aos outros, mas deixava a desejar na sua tarefa principal, que era no departamento financeiro. Até que um dia, refletindo, sugerimos que ela mudasse para a Área VIP (Área de Valores Integrando Pessoas, nosso departamento de recursos humanos), que cuida de gaianos e gaianas. A partir de então ela deslanchou. Em vez de insistirmos que ela desenvolvesse mais habilidades em finanças, pegamos uma característica positivamente forte dela e a realocamos.

Ao focar nos pontos fracos, no melhor dos casos você será uma pessoa mediana (e não muito feliz). Gastamos mais energia para sair da incompetência e chegar à mediocridade do que para caminhar da boa performance à excelência.

O FOCO DEVE SER NO QUE VOCÊ É BOM!

Pesquisa realizada pelo Gallup, com mais de 1 milhão de pessoas, concluiu que a maioria das que não focam nos seus pontos fortes não é tão feliz e bem-sucedida quanto aquelas que se dedicam a melhorar no que realmente são boas!

Ao verificar os pontos fortes e fracos e tentar descobrir em quais atividades uma pessoa se destacaria positivamente, é preciso levar em conta as forças que ela possui. Tal Ben-Shahar afirma em seu livro *The Joy of Leadership* que há dois tipos de força — a de *performance* e a de *paixão* —, e o encontro delas seria a *zona de pico*, que indica o que deve ser levado em conta para o melhor aproveitamento das características pessoais.

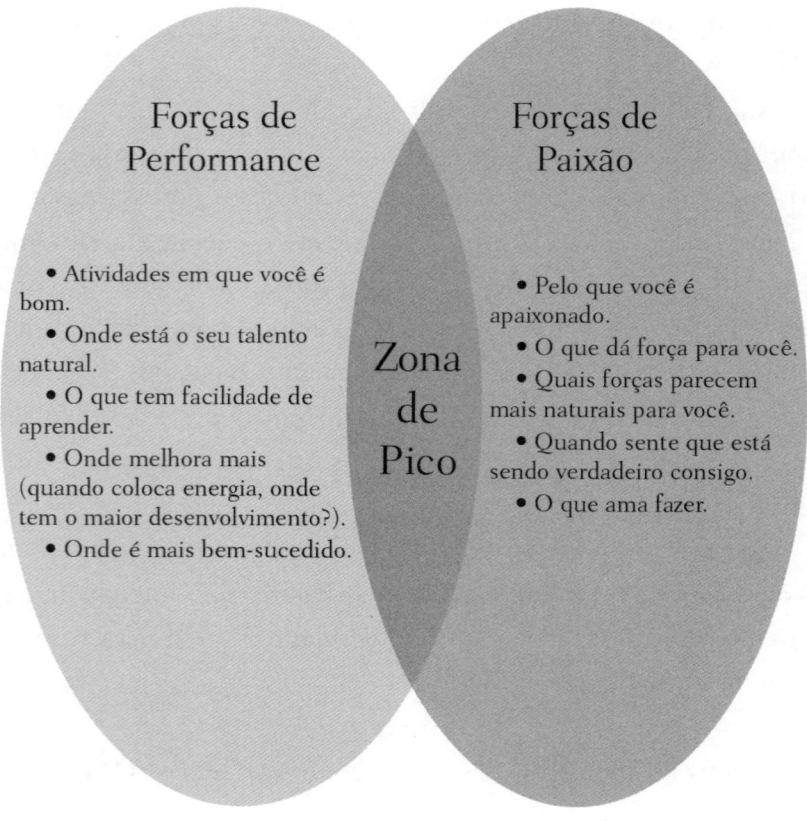

Forças de Performance

- Atividades em que você é bom.
- Onde está o seu talento natural.
- O que tem facilidade de aprender.
- Onde melhora mais (quando coloca energia, onde tem o maior desenvolvimento?).
- Onde é mais bem-sucedido.

Zona de Pico

Forças de Paixão

- Pelo que você é apaixonado.
- O que dá força para você.
- Quais forças parecem mais naturais para você.
- Quando sente que está sendo verdadeiro consigo.
- O que ama fazer.

Em algumas atividades nos destacamos; outras, apesar de não sermos tão bons em executar, gostamos muito de fazer. A zona de pico está na interligação das duas. Cultivamos nossas forças quando juntamos talento e esforço. Que tal listar as suas forças e descobrir um pouco mais sobre você?

DESCUBRA SUA ZONA DE PICO.

REFLEXÕES

Com base nesses aprendizados, que tal parar um pouco para refletir sobre os seus propósitos de vida? Liste suas forças de paixão e de performance, pense em como você pode encarar seu trabalho como uma vocação (encontrando um sentido para ele) e se consegue juntar o comprometimento com significado em ações da sua vida.

Conhecer suas características, seus gostos e suas vontades é um passo imprescindível na caminhada para ser um líder que o mundo precisa.

CAPÍTULO 6

POR DENTRO DA FELICIDADE

"Quem não procura a felicidade é mais provável que a encontre, porque quem procura esquece que a maneira mais certa de ser feliz é buscar a felicidade para os outros."

Martin Luther King Jr.

POR QUE FELICIDADE?

Se você chegou até aqui, tenho certeza de que não deseja conviver com pessoas tóxicas e, muito menos, que deseja ter esse comportamento. Seguindo nossa jornada, vimos que um líder humano é uma pessoa feliz! Vamos explorar agora o que contribui para a felicidade dessas pessoas e empresas.

O desejo de ser feliz é o único objetivo que une as pessoas do planeta. Já pensou nisso? Mas, afinal, o que é felicidade?

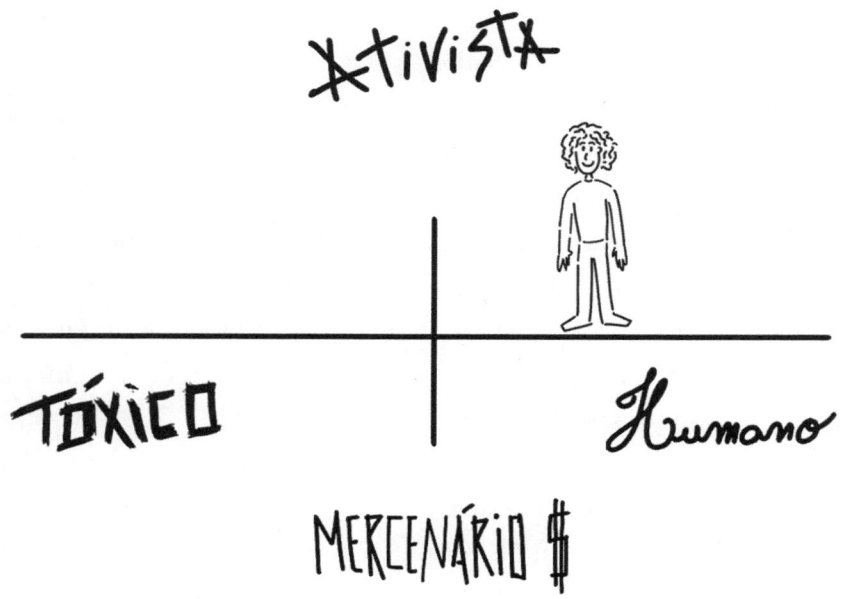

Depois de estudar muito e conhecer diferentes autores, escolhi a versão de Tal Ben-Shahar sobre felicidade como sendo a que mais faz sentido para mim.

Felicidade é a experiência de bem-estar presente em cinco elementos que nos compõem:

- **Espiritual:** estar presente nas atividades que se propôs a realizar, focar no presente para apreciar a vida enquanto ela acontece. (Não está ligado a religião ou fé.)
- **Físico:** ter consciência de que o corpo é o meio que nos faz estar presente e permite alcançar metas, por isso é preciso cuidar dele com alimentação, movimento, repouso e hábitos saudáveis.
- **Intelectual:** estar aberto a novas experiências, não se limitar a visões preconcebidas e se engajar em aprender algo que motive, não necessariamente ligado à área profissional.
- **Relacional:** ter relacionamentos de alta qualidade, construtivos e harmônicos com pessoas confiáveis que sabem ter atitudes de reciprocidade.
- **Emocional:** experimentar e viver emoções positivas a fim de aumentar a sensação de bem-estar.

No livro *Seja mais feliz*, Tal Ben-Shahar faz uma reflexão interessante. Se você perguntar para qualquer pessoa o porquê de ela querer fazer algo e repetir a pergunta seguidas vezes, certamente todas chegam à mesma resposta: o desejo de ser feliz. Pode demorar, mas em algum momento essa será a resposta.

Imagine que alguém quer muito fazer um curso de dança. Por quê? Porque conhecerá pessoas novas. Por quê? Porque poderá fazer apresentações. Por quê? Porque será mais feliz. Em uma, duas ou dez perguntas, sempre chegaremos à resposta "quero ser feliz".

No entanto, a felicidade sempre deve ser olhada como um caminho, nunca como um fim. Esta frase é superimportante, leia, releia e absorva: *A felicidade sempre deve ser olhada como um caminho, nunca como um fim.*

E o que a felicidade tem a ver com exercer uma boa liderança?

Diversas pesquisas publicadas no *The Journal of Positive Psychology*, publicação científica exclusivamente dedicada à psicologia positiva, que busca comprovações para questões relacionadas a felicidade, realização e desenvolvimento do indivíduo, sugerem que as pessoas mais felizes se preocupam mais com causas relevantes e têm mais energia para agir, são mais motivadas.

Segundo o pesquisador Kostadin Kushlev e sua equipe, em artigo publicado no periódico mencionado anteriormente, "existe uma crença ingênua de que talvez não devamos nos concentrar em tornar as pessoas mais felizes ou aumentar seu bem-estar porque elas não serão motivadas a fazer nada, mas nossas descobertas sugerem o oposto: ser mais feliz vincula a mais ação, não menos".

Essas descobertas mostram que ser feliz pode dar o combustível necessário para fazer o bem no mundo, a ser líderes ativistas e humanos.

TODOS QUEREM SER FELIZES.

PESSOAS FELIZES VIVEM MAIS

Os pesquisadores Anthony Bardo e Scott Lynch, da Universidade de Kentucky, fizeram um estudo a fim de verificar se a felicidade impacta a expectativa de vida das pessoas. Para que os resultados fossem confiáveis, tiveram de encontrar um grupo de pessoas que vivem exatamente da mesma forma, comem os mesmos alimentos, têm o mesmo poder aquisitivo e a mesma rotina. Difícil, né? Mas necessário, já que todas essas variáveis também podem influenciar a expectativa de vida.

E não é que eles encontraram? Fizeram o estudo com freiras: elas se alimentam igual, têm a mesma rotina e o mesmo poder aquisitivo, e até se vestem com roupas semelhantes.

Os pesquisadores analisaram autobiografias escritas pelas freiras ao entrar no convento e as dividiram em quatro grupos de felicidade, de acordo com a positividade de cada uma, e chegaram às seguintes conclusões:

- As freiras mais felizes viveram, em média, dez anos mais do que as menos felizes.
- Dentre as mais felizes, 60% atingiram os 80 anos de idade, contra apenas 25% das menos felizes.
- 54% das mais felizes atingiram 94 anos, contra 15% das que pertenciam ao grupo menos feliz.

Esse estudo mostra o incrível elo entre felicidade e expectativa de vida!

Vários estudos sugerem que pessoas felizes tendem a ser mais bem-sucedidas, inclusive financeiramente.[5]

"Legal", você deve estar pensando. "Quero ser feliz, mas como faço?"

Agora que falamos dos benefícios que a felicidade traz para uma pessoa, podemos dar mais um passo importante para a felicidade e a construção de líderes que o mundo precisa.

---

[5] **É o que mostra o artigo "A felicidade não vem depois do sucesso. É o contrário", de Lisa C Walsh, Julia K Boehm e Sonja Lyubomirsky para o jornal Nexo. Ver mais em: https://www.nexojornal.com.br/externo/2019/06/01/A-felicidade-n%C3%A3o-vem-depois-do-sucesso.-%C3%89-o-contr%C3%A1rio. Acesso em 10 dez. 2021.**

PESSOAS FELIZES VIVEM MAIS E SÃO
MAIS BEM-SUCEDIDAS.

ATITUDES, NÃO CIRCUNSTÂNCIAS

Uma das maiores mentiras que contamos para nós mesmos é "serei feliz quando...", acreditando que a felicidade ainda é algo a ser alcançado e que basta atingir esta ou aquela meta e tudo ficará colorido. Infelizmente, muitos profissionais se utilizam dessa crença para explorar as pessoas vendendo cursos, livros e teorias que prometem algo que pode nunca acontecer.

No livro *A ciência da felicidade: como atingir a felicidade real e duradoura* (em inglês, *The How of Happiness: A New Approach of Getting the Life You Want*), a autora, Sonja Lyubomirsky, apresenta dados extremamente úteis sobre felicidade.

Antes de ver os números obtidos pela psicóloga, responda qual é o percentual (de um total de 100%) de importância que você dá para cada uma das três variáveis da felicidade:

a) Circunstâncias da vida: beleza, riqueza, saúde, emprego ou casamento.
b) Genética: características herdadas de sua família.
c) Atividades intencionais: como agimos.

Já deu seu palpite? Então, eis os números obtidos pela pesquisa: apenas 10% da felicidade se deve a circunstâncias da vida. Também surpreende o peso da genética, 50%, sobre a qual não podemos fazer nada. Chegamos, então, ao que realmente está em nossas mãos, as atividades intencionais, que respondem por 40% da felicidade. Se, por um lado, genética e circunstâncias não são controladas exclusivamente por nós, por outro, atividades são.

ATITUDES TÊM PESO MAIOR NA FELICIDADE DO QUE AS CIRCUNSTÂNCIAS.

No mesmo livro, Sonja apresenta características de pessoas felizes:

- Destinam bom tempo para nutrir e aproveitar o relacionamento com família e amigos.
- Sentem-se confortáveis em expressar gratidão pelo que recebem.
- São normalmente as primeiras pessoas a oferecer ajuda aos outros.
- São otimistas quando imaginam o futuro.
- Saboreiam os prazeres da vida e tentam viver o presente.
- Têm hábito de praticar exercícios físicos.
- São comprometidas com metas e ambições de longo prazo.
- Passam por tragédias, estresse e crises, mas se fortalecem para enfrentar esses desafios.

Acredito que essas características se autoalimentam. Ou seja, ter tempo de qualidade com a família certamente nos faz bem, e isso ajudará a tornar um dia difícil em um bom dia!

No final da década de 1990, a felicidade começou a ser estudada dentro da psicologia. Liderado por Martin Seligman, na época, presidente da Associação Americana de Psicologia (APA) , o estudo da psicologia positiva trouxe dados e informações científicas sobre o que faz o ser humano prosperar. É sobre isso que falaremos a seguir.

OS DEZ VALORES

Início de 2013, almoço com o Rogério, um amigo que trabalhava em um grande banco de investimentos. Papo vai, papo vem, e ele me diz que tinha acabado de ler um livro com a cara da Gaia.

Voltei para o escritório e, no meio da tarde, recebo uma entrega de Rogério: a obra *Satisfação garantida*, de Tony Hsieh. Meu amigo mal sabia o impacto que isso causaria na minha vida e no futuro da Gaia.

Satisfação garantida conta a história da Zappos, uma empresa que vende tênis pela internet, algo não muito inovador; porém o que me encantou foi a forma como trata seus funcionários e encara a felicidade. Foi ali que conheci a psicologia positiva, que viria a ser, para mim, um grande campo de estudo pessoal e aplicação na prática.

Com essa leitura, compreendi que o que existe de mais importante em uma empresa são os valores, não as pessoas. Por mais estranha que essa frase possa soar, principalmente vindo de alguém que defende uma empresa humana, a verdade é que as pessoas passam, enquanto os valores ficam (nem preciso dizer que só estou considerando empresas que cumprem os próprios valores). Por exemplo, se a empresa tiver como valor "Espalhe gentileza, engrandeça as relações", ela sempre contará com pessoas humanas e valorizará os funcionários.

Foi pensando nisso que, no início de 2013, os valores da Gaia foram implantados. Nenhuma consultoria foi contratada, muito menos foi utilizada alguma fórmula mágica. A forma de criá-los e implementá-los foi: eu bolava o valor, o apresentava aos guardiões de Gaia (grupo de cinco pessoas formado para difundir os valores) e, em seguida, fazíamos uma reunião com toda a empresa para aplicá-lo e apresentar a atividade de "fixação" que seria feita nas semanas seguintes. Um a um, após nove meses, concluímos os dez valores que mudariam para sempre a empresa.

1. Pratique a gratidão.
2. Sorria e faça sorrir.
3. Vá além e surpreenda.
4. Viva com garra.
5. Comunique-se sincera e honestamente.
6. Crie valor, gere resultado.
7. Simplifique, faça mais com menos.
8. Fortaleça o grupo, unidos vamos mais longe.
9. Espalhe gentileza, engrandeça as relações.
10. Celebre.

Sabemos que é muito fácil cair na rotina e, diante dos problemas, passar a se comportar da forma mais cômoda, às vezes deixando de lado os princípios da empresa. Assim, para garantir que nossos valores não serviriam apenas para decorar a parede, criamos rituais que os fortalecessem de tempos em tempos.

VALORES FAZEM EMPRESAS FELIZES!

RITUAIS

Ritual é um conjunto de atos e práticas que visam celebrar o fechamento de ciclos ou fortalecer uma cultura, muito usado por religiões, atletas, famílias e empresas.

Por exemplo, o ritual de almoçar na casa dos meus avós paternos todos os domingos fortaleceu os meus vínculos familiares. Fazer doações de brinquedos no antigo Hospital do Câncer contribuiu para o desenvolvimento da minha compaixão. Tomar uma ducha fria depois do banho pela manhã faz eu me sentir com mais energia!

É importante que rituais tenham frequência definida, que pode variar. Alguns são diários, outro anuais, mas há a certeza de que eles acontecem de tempos em tempos.

No âmbito empresarial, os ritos servem não apenas para fechar ciclos e fortalecer a cultura da empresa como também para engajar e aprofundar vínculos entre todos os colaboradores. Na Gaia, estamos constantemente criando rituais para fortalecer — e não nos esquecermos jamais! — os dez valores da empresa. Com o tempo, percebemos que alguns rituais caem na rotina e perdem o efeito inicial, por isso mesmo os que estão dando certo são sempre aprimorados. O exercício de criação, por si só, já energiza o processo ritualístico.

Comunique-se, Love Week e Sr. Gentileza são alguns dos diversos rituais presentes no dia a dia da Gaia.

COMUNIQUE-SE
Feedback tem de ser dado na hora, pois é uma das melhores formas de corrigir o rumo e ajustar comportamentos antes que se perca o controle. Porém, não é só chegar e comunicar: é importante estimular momentos de reflexão. O ritual Comunique-se entra justamente para atender a essa necessidade.

Quem participa
- Comunicado: recebe o feedback.
- Três Comunicadores: dão o feedback.
- Área VIP: alguém do nosso departamento de Valores Integrando Pessoas.

Como funciona
- O Comunicado fala como está se sentindo na empresa, como enxerga seus desafios e conquistas e o que mais qui-

ser mencionar. Nesse momento, muitas informações relevantes são captadas sobre a pessoa e o andamento da empresa. Mas atenção: esse deve ser um ambiente em que o Comunicado se sinta seguro e confiante para falar o que quiser, caso contrário não será uma conversa honesta e não valerá de nada.

- Os Comunicadores fazem perguntas e comentam sobre como o Comunicado está vivendo e aplicando os valores da Gaia.

Todos passam por esse ritual: como Comunicados, quatro vezes por ano; e outras tantas como Comunicadores. A pessoa da Área VIP participa da conversa para garantir que o Comunicado esteja em ambiente seguro. É um exercício simples mas muito rico, tanto para quem recebe e dá o feedback quanto para a empresa. Assim, os valores da empresa são relembrados e pensados como podem e devem ser aplicados. Porém, apesar de muito útil para todas as partes, não substitui o feedback do líder, que deve ser constante durante toda a jornada de cada colaborador.

Com o Comunique-se, praticamos, principalmente, o valor "Comunique-se sincera e honestamente", sem deixar os demais de lado

LOVE WEEK

Essa semana é a menos produtiva do nosso ano. Mas também é a mais produtiva — logo, logo, você entenderá! —, a mais divertida e que mais faz as pessoas fortalecerem os vínculos entre si.

Quem participa
- Anjo: deve fazer o bem para seu Ser Humano.
- Ser Humano: recebe os agrados angelicais.

Como funciona

- Em uma segunda-feira por ano, colocamos o nome de todas as pessoas da empresa em um saco e cada uma sorteia o nome de alguém. Ao sortear, você se transforma no Anjo de quem foi sorteado, que será seu Ser Humano. Dessa forma, todos serão Anjos e Seres Humanos.
- Durante os cinco dias seguintes, o Anjo deve agradar muito a seu Ser Humano sem que ele perceba quem é você. Vale tudo: pode pedir ajuda para outros Anjos, amigos fora da empresa, família... O que importa é fazer o bem para o Ser Humano, fazer que ele se sinta bem.
- No quinto dia, ou seja, na sexta-feira, todos os anjos são revelados.

Nessa semana, é comum chegar à Gaia e ver as mesas de trabalho repletas de doces, porta-retratos com a família, cestas de café da manhã...

Em uma das Love Weeks, quando tive a oportunidade de ser o Anjo do Rodrigo Shyton, um dos mais antigos gaianos, pedi para a mãe dele gravar um vídeo dizendo quanto ela amava o filho e tinha orgulho dele, contando algumas histórias e desejando um futuro feliz. O vídeo ficou bem legal. Mas, como os Anjos são anônimos, eu não podia simplesmente enviar o vídeo. A estratégia foi pedir para a Aline, da VIP, chamar várias pessoas para a copa da Gaia (inclusive, claro, o Shyton) e colocar o áudio da mãe falando. No começo, ninguém entendeu o que estava acontecendo, até ouvirem a mulher falar o nome do filho, que se derramou em emoção, assim como os demais que estavam lá.

Em outra ocasião, a minha Anja Monique, que sabe que eu gosto muito de brincadeiras e jogos, preparou desafios diários para eu fazer — desde convencer um gaiano ou uma gaiana a dançar comigo, até pegar dez notas de dinheiro fictício (preparadas carinhosamente com o meu rosto) que estavam presas na rede do escritório. A cada prova, eu ganhava um novo desafio. Foi divertido demais. Conforme eu cumpria minhas tarefas, postava no Instagram, e uma legião de pessoas passou a acompanhar a semana de gincanas.

Com a Love Week, vivenciamos os valores gaianos: "Pratique a gratidão", "Sorria e faça sorrir", "Vá além e surpreenda", "Crie valor, gere resultado", "Simplifique, faça mais com menos", "Fortaleça o grupo", "Espalhe gentileza, engrandeça as relações", e "Celebre". Praticamente todos os valores da empresa.

Durante uma semana por ano todos nós da Gaia temos a prioridade de fazer o bem para um Ser Humano. Os negócios da empresa continuam, mas esses cinco dias são usados para aprofundar ainda mais os vínculos de todos nós, espalhando gentileza e nos fortalecendo como equipe. Pode ser uma semana menos produtiva nos negócios, porém os ganhos são muito maiores, influenciando inclusive em nossa produtividade nas semanas seguintes.

SR. GENTILEZA

O Sr. Gentileza é um troféu ambulante que reconhece e estimula a gentileza entre as pessoas. Trata-se de um simpático boneco que comprei em um posto de gasolina e roda pela empresa há vários anos.

Quem participa
- Sr. Gentileza: dispensa mais apresentações.
- Gaianas e gaianos.

Como funciona
- Quem está com o Sr. Gentileza fica em sua companhia por dois dias, quando terá de repassá-lo para alguém que lhe fez uma gentileza.

- A passagem de mãos do Sr. Gentileza é fotografada e divulgada nas mídias sociais.
- O troféu gentil fica exposto na mesa do ganhador por dois dias, quando terá de dar para outra pessoa gentil.

Pode parecer simples, mas é um ritual poderoso. Quem recebe o Sr. Gentileza fica verdadeiramente feliz e sente-se ainda mais estimulado a espalhar mais gentileza pela empresa.

Com o Sr. Gentileza, vivenciamos, além de "Espalhe gentileza, engrandeça as relações", os valores "Pratique a gratidão" e "Fortaleça o grupo".

Esses são apenas alguns dos rituais que usamos para fortalecer os valores da Gaia, mas sempre estamos criando formas de vivenciar a aprimorar a nossa cultura. A criação de ritual já virou um ritual.

A CIÊNCIA EXPLICA

Pesquisadores da Universidade da Califórnia, em Riverside, fizeram um experimento muito parecido com a Love Week, mas também ligado ao Sr. Gentileza. Durante um mês, um grupo de colaboradores da Coca-Cola da Espanha deveria fazer ao menos cinco atos de gentileza por semana.

Após o experimento, tanto os *anjos* como os *seres humanos* (eles não usaram essa nomenclatura, mas os papéis eram os mesmos) relataram maior bem-estar e satisfação de suas necessidades psicológicas básicas.

Os anjos sentiram maior senso de competência e autonomia, maior satisfação com a vida e com o trabalho, além de menos sintomas de depressão. Os seres humanos sentiram maior autonomia e felicidade.

E olha que legal: os seres humanos passaram a realizar mais atos de gentileza com outras pessoas, comprovando a máxima "gentileza gera gentileza".

GRATIDÃO

Não é à toa que "pratique a gratidão" foi escolhido como o primeiro valor da Gaia.

A palavra *gratidão*, muitas vezes usada de forma banal em posts das redes sociais, representa um sentimento que é capaz de transformar vidas, fortalecer amizades e aumentar em muito os níveis de felicidade das pessoas. Gratidão é a sensação de apreciar algo bom, normalmente resultante dos esforços de outra pessoa, e no contexto profissional ajuda bastante a criar um ambiente acolhedor.

Por exemplo, quando a pessoa que está na liderança é tóxica, ela não costuma reconhecer a dedicação e as conquistas de sua equipe, e por isso muitos colaboradores acabam saindo da empresa; saem por falta de reconhecimento, não por causa do salário. Reconhecimento nada mais é do que uma forma de expressar a gratidão. Líderes gratos costumam ter equipes mais engajadas, produtivas e leais.

Gosto muito de fazer um exercício bem simples. Por um instante, pare e reflita o que possibilitou que você esteja vivendo este exato momento, provavelmente sentada lendo este texto. Alguém que você não conhece fez o sofá ou a cadeira em que está sentada, construiu o imóvel onde se encontra. Este livro só existe por causa do trabalho de uma editora de livros e de várias experiências de vida que eu tive. O dinheiro que possibilitou que você comprasse a obra ou os objetos à sua volta foi adquirido com a colaboração de gestores, funcionários, clientes e talvez familiares. Pense nas pessoas, conhecidas e desconhecidas, envolvidas para que este seu momento fosse possível.

Agora, de forma silenciosa, sinta gratidão por todas essas pessoas. Sem elas você estaria em outro lugar, fazendo outra coisa.

A beleza da gratidão está no fato de ser algo que pode ser aprendido. Ao intencionalmente parar para pensar ou escrever — segundo o pesquisador Robert Emmons, escrever é melhor do que só pensar, pois ao traduzirmos pensamentos em linguagem concreta nos tornamos mais conscientes deles, aprofundando seu impacto emocional —, treina-se o cérebro a enxergar as coisas boas da vida, e com isso as pessoas ficam mais felizes.

Há diversos estudos que comprovam os benefícios da gratidão, que vão desde físicos, como pressão arterial mais baixa, até comportamentais, como maior produtividade. Na área do trabalho, encontramos a gratidão mais presente em líderes mais humildes e com mentalidade de crescimento e notamos, pelo Diagrama de Gaia, que é um grande impulsionador para as pessoas deixarem de ser tóxicas e passarem a ser humanas.

O psicólogo social da Northeastern University David DeSteno, em pesquisa que liderou em 2019, adicionou mais um item à lista de benefícios da gratidão: a honestidade. No estudo, ele concluiu que, quanto mais agradecidos os participantes, menor a probabilidade de trapacearem.

Por sinal, gratidão e honestidade estão presentes em um dos valores da Gaia: "Comunique-se sincera e honestamente".

PESSOAS GRATAS SÃO MAIS FELIZES.

A VISITA INESPERADA

Na Gaia, incentivamos as pessoas a fazer exercícios de gratidão por meio de dois recursos: o *jornal da gratidão* e a *visita da gratidão*.

JORNAL DA GRATIDÃO

Como funciona: escreva todos os dias pelo menos três coisas pelas quais é grato.

Objetivo: fazer as pessoas se sentirem mais felizes por mais tempo.

Dica: seja específico e não repita os itens.

VISITA DA GRATIDÃO

Pense em alguém e escreva uma carta lembrando dos momentos bons que tiveram juntos e de como essa pessoa foi importante para você. Agradeça de forma sincera tudo o que ela representou na sua vida. Em seguida, visite-a (mas não avise o motivo) e leia a carta para ela.

Já fizeram isso comigo e já fiz com outras pessoas. Não importa se você lê ou ouve a carta: é impossível não se emocionar.

Certa vez, um gaiano roqueiro, todo tatuado, resolveu fazer uma visita da gratidão a um integrante da sua banda e nos contou como foi a experiência. Ao chegar à casa do amigo, disse:

"Mano, quero ler uma cartinha pra você".

Assustado, o amigo respondeu com ar de desespero:

"Calma, não vai dizer que essa é uma carta de despedida e você quer se matar".

O gaiano caiu na gargalhada e explicou que essa era uma atividade incentivada pela empresa. Ao lerem a carta, os dois se emocionaram. Imagine dois roqueiros heavy metal chorando por aquele momento de gratidão.

CONTRA A COMPETIÇÃO INTERNA

O oitavo valor da Gaia é: "Fortaleça o grupo, unidos vamos mais longe". Nós explicitamente desestimulamos a competição interna, tanto para o bem-estar do ambiente, que fica mais leve, quanto para o fortalecimento da equipe.

Em uma batalha, quem ganha: os cooperativos ou os individualistas?

No livro *A revolução do altruísmo*, o estudioso Matthieu Ricard sugere que tanto em ambientes competitivos como dentro de algumas empresas as pessoas que cooperam menos e se aproveitam mais dos outros tendem a ser mais bem-sucedidas. Em organizações que estimulam a competição interna, é comum pessoas individualistas e egoístas se sobressaírem.

Porém, quando a disputa é entre grupos, aqueles que ajudam mais no coletivo são os mais fortes. No decorrer da evolução das espécies, os grupos mais cooperativos foram os que sobreviveram.

Jack Welch, um dos mais aclamados CEOs do século XX, foi o criador da Regra 20-70-10. Ao final de cada ano, ele premiava os 20% melhores funcionários de cada equipe, mantinha os 70% medianos e demitia os 10% piores. Suponha que você trabalhe em uma equipe de dez pessoas e saiba que dois serão premiados e um demitido. Como me disse o neurologista Fabiano Moulin, esse sistema incentiva as pessoas a ser egoístas para sua própria sobrevivência na empresa, além de impactar negativamente a saúde mental da equipe.

Grupos com muitos egoístas prosperam menos, pois cada um está mais preocupado consigo do que com o crescimento coletivo. Os eventuais altruístas não conseguem influenciar positivamente os demais e, no final, são explorados pelos outros ou se afastam. Esse tipo de grupo ficará estagnado ou fadado ao fracasso.

Antes de entrar na Gaia, Renato Barros passou por muitas empresas. A primeira impressão ao olhar o seu currículo era de que ele não conseguia se firmar em nenhum lugar. Mesmo assim, resolvemos apostar. Ele não só permaneceu na Gaia, onde está há muitos anos, como se tornou uma referência no agronegócio brasileiro.

Brinco que Renatinho é um dos gaianos mais bonzinhos e altruístas, e certamente esse é o motivo de ele não ter suportado empresas que estimulam o comportamento individualista.

Um modelo feito pelos matemáticos Wilson e Sober sugere que, com o passar do tempo, os grupos altruístas prosperarão cada vez mais, de forma que em algum momento serão maioria.

O grande problema é que, mesmo em sociedades altruístas, os egoístas se aproveitam para tirar vantagem e muitas vezes ganham poder, tornam-se chefes e podem desestabilizar a organização. Obviamente, líderes que o mundo precisa são colaborativos!

AJUDE OS OUTROS

O prazer gerado ao ajudar os outros é mais duradouro do que quando nos ajudamos. No artigo "Pessoas demoram a se adaptar ao brilho caloroso da doação" (em inglês, "People Are Slow to Adapt to the Warm Glow of Giving"), Ed O'Brien e Samantha Kassirer divulgaram o resultado de uma pesquisa que contou com 96 pessoas. Os pesquisadores deram 25 dólares para cada uma para serem gastos por cinco dias e as dividiram em dois grupos: um poderia usar o dinheiro como quisesse em algo para si; o outro deveria usar para dar alguma coisa a outra pessoa.

O grupo que gastou o dinheiro consigo teve seu nível de felicidade reduzido durante os cinco dias; os que gastaram o dinheiro com outras pessoas mantiveram níveis mais altos de felicidade durante o estudo.

Isso não quer dizer que não devemos gastar com a gente, nem deixar de nos cuidar, mas mostra que ajudar traz um grande bem-estar.

GASTAR COM OS OUTROS TRAZ MAIS
FELICIDADE DO QUE GASTAR SÓ CONSIGO.

INCENTIVE A DIVERSIDADE

Naquele dia, eu participaria de um painel na Rede Mulher Empreendedora, com cerca de setecentas mulheres na plateia. Um pouco antes de eu entrar, estava colocando o papo em dia com Daniela Botaro, líder de diversidade e inclusão da Oracle, e Alexandre Pellaes, psicólogo e especialista em psicologia do trabalho, dois grandes amigos que iriam participar comigo da conversa, e acabei não prestando atenção na palestra anterior.

A conversa entre amigos foi interrompida ao ouvirmos muitas palmas, muitas mesmo. Olhamos para a plateia e as mulheres estavam todas de pé, algumas chorando. Olhei para o palco e não tinha mais ninguém lá.

Perguntei à Dani se ela sabia quem havia palestrado.

"Era a Maite Schneider, uma transexual incrível. Vocês não se conhecem?", ela perguntou.

Respondi que não. Na realidade, por ter sido criado na bolha conservadora e heteronormativa do mercado financeiro, nunca havia tido contato com transexuais.

Passados alguns meses, foi planejado gravar um episódio sobre diversidade para o programa de rádio *Felicidade iLtda*. Priscila e eu pensamos na hora em chamar a Maite. Além dela, convidamos dois outros nomes de peso: Rachel Maia, mulher negra, caçula de sete filhos que estudou em escola pública, foi CEO da Pandora e, na época, era CEO da Lacoste no Brasil; e Marc Tawil, que, além de amigo e empresário engajado, apresentava o quadro #diversidade na mesma rádio.

Maite chegou à rádio com o sorriso e o astral que contagiam qualquer ambiente, um carisma enorme com todos. Começou o programa num ritmo impressionante, papo fluindo como se todos fossem grandes amigos há décadas. Espontaneamente, Rachel soltou: "Que mulher é essa?!". E aplaudiu, de tão impressionada que estava com as histórias e os aprendizados que Maite estava nos dando. Das dezenas de programas que fizemos na rádio Globo, esse foi o único em que não segui o roteiro de sempre, que era composto por três quadros fixos. O papo fluía tão gostoso que resolvi deixar solto. Algumas pessoas me disseram, posteriormente, que ouviram o programa no podcast mais de uma vez, de tão impactante que foi.

Além de conhecer melhor os desafios e as vivências de uma mulher trans, fiquei chocado com alguns dados. A expectativa de vida de um transexual no Brasil é de apenas 35 anos, e esse número não tem nada a ver com genética ou gênero. Muitas vezes essas pessoas são expulsas de casa, não conseguem estudar e muito menos ter emprego. Por completa falta de opções, grande parte acaba se prostituindo e entrando no mundo das drogas.

Parto do princípio de que, se tenho uma informação e não faço nada, estou sendo conivente com a situação. Ainda durante o programa, prometi a Maite que a Gaia iria contratar um transexual naquele ano, 2019.

Um pouco depois, surgiu na Gaia uma vaga na área de Primeiras Impressões (quem recebe os clientes), e foi combinado que ela seria ocupada por pessoas da chamada "minoria em oportunidade", isto é, que não necessariamente representam uma minoria em termos numéricos, mas que definitivamente encontram menos oportunidades. Por exemplo, embora os negros sejam mais da metade da população brasileira, eles têm menos oportunidades do que os brancos, que são minoria em termos populacionais.

Fiz um vídeo todo feliz comunicando: "Não vamos olhar os currículos para essa vaga, queremos pessoas que gostem de pessoas e de se comunicar. Então, mande um vídeo por WhatsApp para a gente dizendo por que você quer trabalhar na Gaia. Essa vaga é somente para transexuais, negros ou pessoas acima de 50 anos".

Temos o procedimento de ter aprovação do jurídico da Gaia em casos de divulgação. E o departamento barrou o vídeo que fiz, pois poderíamos ser acusados de preconceito. Respondi que adoraria ver um homem branco e heterossexual reclamando de preconceito, mas achei que não valia brigar internamente, então regravei o vídeo e disse que a vaga seria para todos, *inclusive* trans, negros e pessoas acima de 50 anos…

Pausa para informar que depois fiquei sabendo que o site Vagas.com já abriu uma vaga direcionada para negros, mas foi questionado pelo Ministério Público, que perdeu a causa em todas as instâncias. Anos depois, em 2020, o Magazine Luiza abriu vagas de trainees exclusivas para pessoas pretas e pardas recém-formadas e, apesar das críticas, repetiu a ação em 2021. A intenção do Magalu é aumentar, num futuro próximo, a quantidade de ocupantes de cargos de gerência da empresa por essa população.

Voltando ao processo seletivo da Gaia, postamos o vídeo em todas as redes sociais e enviamos para a Maite, que, de forma voluntária, coordena a Transempregos, uma plataforma de empregabilidade voltada para o público trans. O processo foi incrível, e entrei na última fase entrevistando dois finalistas, um homem e uma mulher trans.

Nas entrevistas, entendi que ambos passaram por dificuldades que eu nunca poderia imaginar, como se deparar com um médico que não queria fazer o atendimento e ter impedimentos para entrar em prédios comerciais por ter um nome na documentação diferente da aparência. Compreendi a importância da mudança de nome em todos os documentos. Ambos já tinham o nome social, mas em alguns documentos também aparecia o nome de nascimento, o que causava constrangimento.

Após Fábio, as meninas da VIP e eu termos feito as entrevistas, optamos pelo homem e armei uma surpresa para contratá-lo. Dissemos a ele que o processo ainda teria mais duas fases. O "candidato" retornou em outro dia. Estava tenso, pensando que teria de enfrentar mais uma etapa do processo, mas, quando entrei na sala com uma camiseta da Gaia, disse "Parabéns, você é o mais novo gaiano" e contei que iríamos pagar e auxiliá-lo juridicamente na mudança de nome em toda a sua documentação, foi uma emoção só! Nesse momento, caímos os dois em lágrimas.

MEDITAÇÃO – FERRAMENTA PARA PROTEÇÃO E CONSCIÊNCIA

Estar no momento presente é muito importante. Pesquisa realizada em 2010 por pesquisadores da Universidade de Harvard sugere que 46,9% do tempo em que estamos acordados nossa mente fica vagando, isto é, pensando no futuro ou remoendo o passado. Nesse mesmo estudo, chegou-se à conclusão de que essa mente vagante é menos feliz que uma mente mais consciente do momento presente.

Uma das cenas mais desagradáveis e desrespeitosas que acontecem em reuniões de trabalho é quando alguém começa a mexer no celular. Pensando nisso, colocamos junto às portas das salas de reunião da Gaia um aparador para as pessoas carregarem o aparelho. O celular fica lá sozinho, carregando, para que assim as pessoas aproveitem melhor a reunião. Parece óbvio que, se você está falando e alguém pega o celular, a mente da pessoa não está mais na conversa.

Segundo a professora e autora Tara Bennett-Goleman, quando nossa mente está vagando, transformamos grandes experiências em momentos vazios. Além disso, continua ela, perdemos a oportunidade de vivenciar a riqueza que os prazeres mais simples, como comer um pedaço de pão fresco, ver uma obra de arte, passar momentos com um ente querido, podem fornecer.

Preste atenção nas pessoas que parecem iluminadas. Uma característica que todas elas têm em comum é que parecem estar sempre no presente, aproveitando e se deliciando com o momento.

A boa notícia é que, com uma simples ferramenta, podemos treinar para estar mais presentes, aproveitar mais a vida agora e, assim, sermos mais felizes. Qual é essa ferramenta?

A cada vez mais difundida *meditação*!

Há diversas técnicas de meditação. Neste livro, focaremos em duas: *Mindfulness* (Atenção Plena) e Meditação da Bondade Amorosa (Loving Kindness Meditation). Como o termo *mindfulness* é mais conhecido do que *atenção plena*, manterei a palavra em inglês.

Há muitos livros, cursos e aplicativos que podem ensinar e auxiliar a meditar. Não sou um especialista no assunto, apenas um praticante e interessado, e, com base nos meus estudos e vivência, darei as principais dicas, de forma simples e efetiva, que me ajudaram a iniciar essa prática e poderão ser úteis para você.

Podemos praticar a meditação de duas formas: a meditação formal, que é a tradicional em que você medita (provavelmente foi a imagem que passou em sua cabeça), e a informal, que é meditar enquanto faz uma atividade tendo consciência de seu momento presente (por exemplo, se alimentar com atenção plena, consciente de todos os atos e sensações envolvidos). Ambas são importantes e poderosas. Podemos imaginar que a meditação formal é um treino para que possamos viver em meditação informal.

Vamos nos ater aqui à meditação formal.

A grande maioria das linhas de meditação difundidas no Ocidente segue estes passos:

1. Encontre uma posição confortável, mas que lhe permita ficar atento. Várias técnicas sugerem que a melhor é sentar-se com a coluna ereta, mas algumas aceitam a deitada, desde

que consiga se manter presente. Quando a pessoa está cansada, a posição horizontal pode favorecer que caia no sono (por isso a importância de manter a atenção), mas a melhor posição é uma escolha individual, a que deixa você presente e, ao mesmo tempo, confortável.

2. Perceba como está seu corpo. Procure, de modo gentil, reconhecer como você está naquele momento, física e emocionalmente.

3. Escolha algo para focar sua atenção. Pode ser em uma parte do seu corpo (como no ar entrando e saindo de suas narinas), em uma imagem (uma vela imaginária), em uma palavra conhecida (amor, por exemplo), em um mantra (como o OM) ou em um áudio (que vai guiar a meditação).

4. Aceite como normal quando seu pensamento começar a vagar. Acontecerá em algum(ns) momento(s), não se repreenda por isso. Gentil e amorosamente, reconheça esses pensamentos e, em seguida, retorne ao foco inicial. Uma forma legal é pensar: "oi, pensamento", "gratidão, pensamento", "tchau, pensamento", e o libertar para que você retorne sua atenção à meditação.

5. Não se julgue, não se compare. Em alguns dias sua mente estará mais inquieta, em outros, mais calma. Independentemente do que acontecer nesses minutos, toda meditação é valiosa e vale a pena.

6. Algumas técnicas falam que se deve meditar vinte minutos por dia, umas mais, outras não se apegam ao tempo. No livro *A limpeza da mente* (em inglês, *Brain Wash*), os autores David e Austin Perlmutter citam diversos estudos a respeito da frequência da meditação, dentre os quais um chama a atenção ao dizer que doze minutos de prática por dia traz grandes benefícios. Não consegue? Comece com um minuto e, aos poucos, vá aumentando.

A meditação permite se familiarizar com você mesmo, facilita o reconhecimento de padrões mentais e aprender a lidar com eles. Reforço que é fundamental ser gentil consigo na meditação (e na vida!). Entendo que a prática de meditar deve ser um momento seu e só seu. Aproveite esses minutos sem preocupações nem julgamentos. Pense que são suas férias diárias.

A meditação é por vezes descrita como a prática dos mil inícios. Chade-Meng Tan — ex-engenheiro do Google que criou o Search Inside Yourself, um programa baseado em *mindfulness* e na neurociência — faz a seguinte analogia: durante a meditação, toda vez que sua mente vagueia e você a traz de volta é como fazer musculação para desenvolver seus bíceps; seu músculo da atenção fica um pouco mais forte a cada prática.

Os benefícios da meditação são muitos, e vão desde a redução do estresse, maior sensibilidade para perceber os sentimentos seus e dos outros, desenvolvimento da capacidade de manter a calma mesmo em situações adversas, até a aumento da eficiência da resposta imunológica do corpo.

A seguir, desenvolverei dois aspectos relacionados à liderança para os quais a meditação pode contribuir: proteção contra influências negativas e ativismo social.

PROTEÇÃO CONTRA INFLUÊNCIAS NEGATIVAS

Com o avanço da inteligência artificial, da neurociência e da presença massiva de dados sobre nosso comportamento, estamos altamente sujeitos a ser manipulados, seja por empresas e governos, seja por movimentos ideológicos.

Yuval Harari, historiador, deu uma declaração bem interessante no programa *Roda Viva*, produzido pela TV Cultura:

"Atualmente, é importante você se conhecer melhor porque há empresas e governos tentando hackear, monitorar você... explorar suas fraquezas mentais contra você. Antigamente eles não tinham esse poder, mas agora é algo muito urgente. Todas essas empresas e governos estão entrando na sua cabeça e te entendendo melhor do que você mesmo se entende. Mas você precisa ficar à frente deles, precisa conhecer a si mesmo. E isso pode ser feito de várias maneiras... eu medito todo dia por duas horas e faço um longo retiro todo ano."

No livro *A limpeza da mente*, os autores, ambos médicos, afirmam que a meditação, por reforçar áreas do cérebro que ajudam no foco e a estar no momento presente, age como protetora contra os constantes esforços que sofremos para ser influenciados, fortalecendo a habilidade para resistir.

MEDITAÇÃO AJUDA A DIMINUIR AS INFLUÊNCIAS EXTERNAS E A TER MAIS CONSCIÊNCIA DO MUNDO.

ATIVISMO SOCIAL

Ainda segundo os médicos David e Austin Perlmutter, por meio das práticas de meditação é possível evitar ver o mundo como um lugar assustador e perigoso. Isso permite a conexão entre pessoas, levando em consideração o senso de significado, bem-estar e questões ambientais e motivando a agir para resolver problemas sociais. A meditação, assim, aumenta a empatia e a gratidão e nos torna mais humanos.

No estudo "*Mindfulness* na ciência, prática e ensino da sustentabilidade" (em inglês, "Mindfulness in Sustainability Science, Practice, and Teaching"), a pesquisadora Christine Wamsler e seus colegas concluem que a meditação tem influência positiva sobre consumo e comportamento sustentável, conexão humano-natureza e sociedade. Não à toa, várias empresas, como Gaia, Google, Facebook, 3M e LinkedIn, estimulam a prática da meditação.

JUVENTUDE E CONEXÃO SOCIAL

Há um tipo de meditação em especial que tem tudo a ver com o que propomos neste livro: estimula a bondade entre as pessoas, a conexão social e a saúde interna e das relações. Trata-se da Meditação da Bondade Amorosa, criada pela pesquisadora Emma Seppälä, diretora de ciência do Centro de Pesquisa e Educação em Compaixão e Altruísmo da Universidade de Stanford. Essa técnica visa cultivar sentimentos positivos, como carinho e compaixão em relação a si e aos outros, e tem como efeito colateral o aumento da longevidade.

Isso foi comprovado por estudo liderado pelo cientista comportamental Khoa D. Le Nguyen, da Universidade da Carolina do Norte, que designou aleatoriamente 142 adultos de meia-idade para participar de um treinamento por seis semanas e os dividiu em três grupos: o primeiro praticou a técnica da Meditação da Bondade Amorosa, o segundo, a técnica do *mindfulness* e o terceiro era um grupo de controle (não tinha prática definida).

Os pesquisadores recolheram amostras de sangue de todos os participantes antes dos treinamentos e, novamente, após o término dos treinamentos. A finalidade da análise sanguínea era especificamente medir o tamanho dos telômeros, que são sequências repetitivas de DNA que existem nas extremidades de todos os cromossomos humanos. Simplificando muito: quanto menor o comprimento dos telômeros, maior a probabilidade de haver mutações genéticas e problemas decorrentes disso, incluindo a morte da pessoa.

No experimento, os pesquisadores observaram que os telômeros de todos os participantes diminuíram (o que é normal), porém os praticantes da Meditação da Bondade Amorosa tiveram uma redução menor do que os demais grupos. Praticar a meditação da bondade parecia ter retardado o envelhecimento das pessoas.

Os pesquisadores desse estudo observaram que as variações podem ter ocorrido por eventos não relacionados aos treinamentos, porém os resultados contribuem para o argumento de que o fortalecimento de nossa bondade e da conexão social pode contribuir para a boa saúde mental e física e, sim, nos manter jovens.

Quer outra boa notícia? Praticar essa meditação não exige nenhum conhecimento avançado, como verá a seguir. Dica: grave os passos da Meditação da Bondade Amorosa em voz alta, lendo o texto. Assim, você não esquecerá nenhuma etapa.

PRATICAR A MEDITAÇÃO DA BONDADE AMOROSA AJUDA A RETARDAR O ENVELHECIMENTO.

MEDITAÇÃO DA BONDADE AMOROSA

Feche os olhos. Sente-se confortavelmente em uma cadeira com os pés apoiados no chão e a coluna ereta. Relaxe todo o corpo. Mantenha os olhos fechados durante toda a visualização e traga sua consciência para dentro de si. Sem forçar para se concentrar, apenas relaxe e siga gentilmente as instruções.

Inspire fundo. Expire.

Mantendo os olhos fechados, pense em uma pessoa próxima que ama muito você. Pode ser alguém do passado ou do presente; alguém vivo ou não; pode ser um professor ou um guia espiritual. Imagine essa pessoa do seu lado direito, enviando-lhe amor. Ela está enviando desejos para sua segurança, seu bem-estar e sua felicidade. Sinta os desejos calorosos e o amor vindo em sua direção.

Agora, lembre-se da mesma pessoa ou de outra que valoriza você profundamente. Imagine que ela está do seu lado esquerdo, enviando desejos de bem-estar, saúde e felicidade. Sinta a gentileza e o calor vindo dessa pessoa.

Imagine que está cercada por todas as pessoas que a amam e a amaram. Imagine seus amigos e entes queridos ao seu redor. Eles estão de pé, enviando desejos de felicidade, bem-estar e saúde. Sinta os desejos calorosos e amor vindo de todos os lados. Você está repleta e transbordando calor e amor.

Traga sua consciência de volta para a pessoa que imaginou estar do seu lado direito, que ama muito você, e envie a ela todo o amor que sente nesse momento. Essa pessoa e você são semelhantes. Assim como você, ela deseja ser feliz. Envie a ela todo o seu amor e desejos calorosos.

Repita as seguintes frases silenciosamente:

"Que você tenha tranquilidade, que você seja feliz, que você seja livre da dor."

"Que você tenha tranquilidade, que você seja feliz, que você seja livre da dor."

"Que você tenha tranquilidade, que você seja feliz, que você seja livre da dor."

Agora, concentre-se na pessoa que está do seu lado esquerdo. Comece a direcionar o amor que há dentro de você para ela. Envie todo o seu amor e carinho. Essa pessoa e você são iguais. Assim como você, ela deseja ter uma boa vida.

Repita as seguintes frases silenciosamente:

"Que você esteja seguro, que seja saudável, que viva com tranquilidade e felicidade."

"Que você esteja seguro, que seja saudável, que viva com tranquilidade e felicidade."

"Que você esteja seguro, que seja saudável, que viva com tranquilidade e felicidade."

Agora imagine outra pessoa que você ama, talvez um parente ou um amigo. Ela, como você, deseja ter uma vida feliz. Envie-lhe desejos calorosos.

E repita as seguintes frases silenciosamente:

"Que sua vida seja cheia de felicidade, saúde e bem-estar."

"Que sua vida seja cheia de felicidade, saúde e bem-estar."

"Que sua vida seja cheia de felicidade, saúde e bem-estar."

Agora pense em um conhecido, alguém que não conhece muito bem e por quem não tem nenhum sentimento em particular. Essa pessoa e você têm o mesmo desejo de ter uma vida boa.

Envie a ela todos os seus desejos de bem-estar, repetindo as seguintes frases silenciosamente:

"Que você também viva com tranquilidade e felicidade."

"Que você também viva com tranquilidade e felicidade."

"Que você também viva com tranquilidade e felicidade."

Lembre-se de outro conhecido por quem você se sente neutro. Pode ser um vizinho ou um colega, por exemplo, mas que não são muito próximos. Como você, essa pessoa deseja experimentar alegria e bem-estar em sua vida.

Envie a ela todos os seus bons desejos, repetindo as seguintes frases silenciosamente:

"Que você seja feliz, que você seja saudável, que você seja livre de toda dor."

"Que você seja feliz, que você seja saudável, que você seja livre de toda dor."

"Que você seja feliz, que você seja saudável, que você seja livre de toda dor."

Agora expanda sua consciência e imagine o planeta Terra à sua frente, como uma bolinha.

Envie desejos calorosos a todos os seres vivos do mundo que, como você, querem ser felizes.

"Que você viva com tranquilidade, felicidade e boa saúde."

"Que você viva com tranquilidade, felicidade e boa saúde."

"Que você viva com tranquilidade, felicidade e boa saúde."

> Inspire fundo. Expire.
> Inspire profundamente mais uma vez e deixe ir todos os pensamentos.
> Quando estiver pronto, abra os olhos.
> Observe o estado da sua mente e como você se sente após esta meditação.

Aplicando a meditação ao Diagrama de Gaia, é possível localizar as pessoas que a praticam como humanas e contribuem para empresas mais humanas. Além disso, desenvolvendo a gentileza e fortalecendo as conexões sociais, todos — indivíduos e empresas — vivem mais.

QUEM TEM AMIGO TEM TUDO

A Gallup Q12 é a pesquisa de engajamento de colaboradores mais conhecida e abrangente do mundo. Aplicada pelo Instituto Gallup, é baseada em mais de trinta anos de pesquisa comportamental e já foi testada em dezenas de milhões de trabalhadores de diversos países. Para chegarem ao modelo atual, os pesquisadores testaram centenas de perguntas, em diversas sequências e formulações (pois as palavras e a ordem têm impacto na forma como o questionário é respondido).

Atualmente, a pesquisa é composta por apenas doze perguntas — na verdade, afirmações —, com a finalidade de medir os elementos mais importantes que envolvem os colaboradores, os quais devem dar notas entre 1 e 5, mostrando o nível em que se encontram dentro da empresa. Entre as frases estão: "Meu supervisor, ou alguém do trabalho, parece se importar comigo como uma pessoa"; "A missão e o propósito da minha empresa fazem que eu sinta que meu trabalho é importante"; "Tenho um melhor amigo no trabalho".

A última frase mostra que ter amigo ou amiga no trabalho contribui bastante para o engajamento (tão importante que o Instituto Gallup inseriu um item específico sobre isso na Q12).

Viemos de uma época em que era comum as pessoas que passam mais tempo do dia com você serem completas desconhecidas, ou, pior, era até malvisto ter amigos no trabalho. "Não misture trabalho com amizade", "no trabalho são conhecidos, amigos faço fora desse ambiente", eram crenças comuns.

Em 2015, a Gallup Q12 revelou que, no Brasil, 27% dos participantes da pesquisa estavam engajados na empresa em que trabalhavam. É um número baixo, levando em consideração como isso afeta a felicidade das pessoas e a produtividade da empresa. Segundo esse mesmo estudo, empresas com maior nível médio de engajamento entre seus colaboradores geram 21% a mais de lucro. Isso se deve ao fato de que equipes engajadas têm menos conflitos, são mais cooperativas e, assim, produzem mais e melhor.

E não é muito melhor quando você gosta e quer o bem das pessoas com as quais trabalha?

Outra pesquisa que mostra a importância da felicidade é uma das mais interessantes e longas já realizadas: começou em 1938 e continua até hoje, e tem contado com a colaboração de diversas gerações de pesquisadores da Universidade de Harvard. Com a finalidade de tentar descobrir quais são os elementos necessários para a felicidade, 724 homens de diferentes classes sociais foram acompanhados ao longo de sua vida pelos estudiosos para entender como suas atividades e suas experiências evoluíam e impactavam a saúde.

O psiquiatra George Vaillant, que ingressou na equipe como pesquisador em 1966 e liderou o estudo de 1972 a 2004, disse ao *The Harvard Gazette*: "Quando o estudo começou, ninguém se importava com empatia ou afeto. Mas a chave para o envelhecimento saudável são relacionamentos, relacionamentos, relacionamentos".

No entanto, influenciadas por interesses comerciais, muitas pessoas acreditam que dinheiro e fama são o que contribui para uma vida feliz e, assim, gastam seu tempo buscando por essas coisas como prioridade, em detrimento de seus relacionamentos.

O estudo da Harvard tem revelado, porém, assim como tantas outras pesquisas, que relacionamentos com qualidade, mais do que dinheiro ou fama, são o que mantém as pessoas felizes durante toda a vida. Esses laços sociais protegem as pessoas dos descontentamentos, ajudam a retardar o declínio mental e físico e são preditores mais consistentes para termos vida longa e feliz, muito melhor do que ter status ou mesmo alto nível de QI.

"A descoberta surpreendente é que nossos relacionamentos e como estamos felizes neles têm poderosa influência sobre a saúde", disse Robert Waldinger, atual diretor do estudo, psiquiatra do Massachusetts General Hospital e professor de psiquiatria da Harvard Medical School. "Cuidar do seu corpo é importante, mas cuidar de seus relacionamentos também é uma forma de autocuidado. Acho que essa é a revelação."

Aplicando isso à importância da felicidade no Diagrama de Gaia, vemos que cultivar bons relacionamentos é fundamental para ser uma pessoa humana. Trabalhar em um lugar saudável parece óbvio, mas, infelizmente, ainda é algo raro.

TER UM MELHOR AMIGO AJUDA NO ENGAJAMENTO.

DIMINUINDO DISTÂNCIAS

Já eram pouco mais de oito horas da noite, dia frio e chuvoso em São Paulo. Arrumando minhas coisas para ir para casa, percebi que as gaianas Gabi e Júlia ainda estavam no escritório.

"Júlia, você está abatida. O que aconteceu?", perguntei.

"Estou com sinusite, mas vou ficar boa logo", ela tentou minimizar.

"Já foi ao médico? Está tomando remédios?", questionei.

Sem graça, ela respondeu: "Fui, mas não comprei a medicação indicada". E deu uma risadinha.

Chamei as duas gaianas para irmos a pé comprar os remédios e, em seguida, levei-as de carro até a estação de trem. Pouco antes de desembarcarem, perguntei quanto tempo elas demorariam para chegar em casa. Gabi disse uma hora e meia e Júlia, duas horas e meia.

Elas desembarcaram, e um milhão de coisas passaram pela minha cabeça!

"Estou em um carro confortável e em dez minutos estarei em casa."

"As meninas pegarão trem, metrô e ônibus nesse tempo ruim. Júlia está doente."

"O meu trabalho não vale nada mais do que o delas."

Aquela situação me incomodou demais, e fiquei muito reflexivo por diversos dias. Como já disse, um dos princípios que me guiam é quando descubro uma injustiça; se não faço nada para mudar, estarei sendo conivente com aquilo.

Então, resolvi perguntar para várias pessoas da Gaia quanto tempo elas demoravam para fazer o trajeto casa–empresa. Diversas responderam uma hora e meia e outras, como a Júlia, mais de duas horas.

Com todas aquelas informações, era o momento de agir. Falei para meu sócio, Fabinho, a respeito de meu incômodo, e ele deu uma ideia incrível: oferecer um benefício extra a alguns funcionários.

Quem ganha até certo valor de salário e mora a mais de uma hora de distância da Gaia receberá mil reais por mês de benefício para pagar o aluguel. Esse valor não será deduzido, não será empréstimo. Um benefício líquido para estimular as pessoas a se mudarem para mais perto do trabalho sem terem mais custos.

Fábio e eu chamamos todas as pessoas, uma por uma, que se enquadravam nos requisitos. As reações foram as mais interessantes, pois quando entravam em uma sala com os dois sócios da empresa logo pensavam o pior e, após a notícia, ficavam meio anestesiadas.

Cerca de três semanas depois, Júlia já estava morando com seu marido em um lugar muito mais próximo, economizando mais de sessenta horas por mês de trânsito e ganhando qualidade de vida!

E o que a ciência diz sobre o impacto que a distância entre moradia e trabalho tem sobre uma pessoa? Segundo os economistas suíços Alois Stutzer e Bruno S. Frey, uma longa viagem para o trabalho pode arruinar o prazer das pessoas tanto no emprego quanto na vida, pois aquelas que levam muito tempo no trajeto entre casa e trabalho dedicam-se menos às atividades de que gostam e lhes fazem bem, inclusive fortalecer os vínculos com amigos e família.

O PODER DAS PEQUENAS VITÓRIAS

Os pesquisadores Teresa Amabile e Steven Kramer publicaram no livro *O princípio do progresso* a pesquisa em que analisaram 12 mil registros fornecidos por 238 funcionários de sete empresas a fim de mostrar como é possível fomentar o *princípio do progresso* e melhorar a *vida interior* dos colaboradores no ambiente de trabalho e estimular a produtividade criativa a longo prazo. Por *vida interior* entende-se a união de "percepções, emoções e motivação não verbalizadas que as pessoas vivenciam à medida que reagem e compreendem em termos lógicos os eventos de um dia de trabalho. A curto prazo, uma vida interior ruim compromete o desempenho individual; a longo prazo, pode afundar até um titã".

De todas as coisas que podem intensificar emoções, motivação e percepções, a mais importante, segundo os autores, é progredir em um trabalho significativo. Quanto maior a frequência com que experimentam o progresso, maior a probabilidade de serem criativamente produtivas no longo prazo. Ou seja, quanto melhor for a vida interior no trabalho, maiores e melhores serão os resultados gerados pelo profissional.

Amabile e Kramer fizeram outra pesquisa para avaliar a conscientização dos gestores sobre a importância desse progresso. Para isso, entrevistaram 669 gestores de diferentes níveis hierárquicos que trabalham em empresas de vários lugares do mundo. Pediram que os participantes classificassem cinco itens em ordem de importância do que achavam que mais motivava e gerava emoções positivas nos seus funcionários:

- apoio para progredir no trabalho
- reconhecimento pelo bom desempenho
- recompensa
- apoio interpessoal
- metas claras

Apenas 5% classificaram "apoio para progredir no trabalho" como primeiro fator. A maioria dos entrevistados deixou o item como último no quesito influência sobre motivação, e na terceira colocação como fator de influência sobre emoção. "Reconhecimento pelo bom desempenho" foi considerado o fator mais importante para motivar funcionários e torná-los felizes.

Segundo os pesquisadores, o reconhecimento impulsiona o aspecto interior na vida profissional, mas não é tão forte quanto o progresso. Isso é justificado porque, sem realizações, não há o que possa ser reconhecido.

PROGREDIR EM UM TRABALHO SIGNIFICATIVO É O MAIOR MOTIVADOR DE COLABORADORES.

Ter conseguido progresso é um alto preditor de um dia positivo. Nos dias considerados bons, 76% das pessoas tiveram progressos e apenas 13%, retrocessos. Já nos dias classificados como ruins, 67% tiveram retrocessos e 25%, progressos.

Segundo os autores, quando pensamos em progresso, muitas vezes imaginamos grandes conquistas, mas a boa notícia é que mesmo pequenas vitórias podem impulsionar de maneira significativa o aspecto interior da vida profissional. Da mesma forma, pequenas derrotas ou retrocessos podem ter um efeito bastante negativo, até mais poderoso do que os positivos.

Conscientes da importância de ter uma boa vida interior, não à toa o décimo valor da Gaia é: "Celebre!". Com isso, além de lembrar dos progressos, também apreciamos cada pequena vitória.

E celebrar é importante, como veremos no final do livro.

CELEBRAR CADA PASSO, CADA EVOLUÇÃO, AUMENTA A FELICIDADE.

REFLEXÕES

Você consegue falar de bate-pronto três coisas que aconteceram hoje pelas quais você é grata? Que tal desenvolver essa prática na sua vida? Pode começar com a Meditação da Bondade Amorosa, que não exige nada além de um pouco de tempo.

Quem você escolheria para realizar a visita da gratidão? Recomendo que faça essa visita ao menos uma vez na vida. Talvez você sinta vergonha, talvez alguma insegurança dificulte a ação. Mas vá em frente, prometo que vale a pena!

E não se esqueça nunca de celebrar as pequenas conquistas. Lembra quando foi a última vez que fez isso?

Talvez depois de ter percorrido todo o eixo humano, de posse de elementos suficientes para não ser uma pessoa tóxica, saber lidar com quem é, conhecer o seu propósito e ser feliz, seja um bom momento para essas reflexões.

Afinal, só por ter chegado até aqui e ter se questionado sobre quem é você e quem quer ser, mostra que já está apta a ser um líder humano!

Celebre seu progresso. Parabéns por mais uma etapa concluída!

Agora, faça uma pausa, feche o livro e relembre o que falamos até este momento e a que conclusões você chegou sobre si.

PARTE 3
EIXO
ATIVISTA

CAPÍTULO 7

DINHEIRO, FELICIDADE E MEIO AMBIENTE

"Hoje é sempre o dia certo de fazer as coisas certas de maneira certa. Amanhã será tarde."

Martin Luther King Jr.

ESTE CAPÍTULO mostra por que não é interessante para ninguém — nem para você — colocar o dinheiro acima de tudo. Apresentarei conceitos e estudos da relação das pessoas com dinheiro, felicidade e meio ambiente. Dinheiro é uma ferramenta importante e necessária para a vida, mas também pode ser tóxico. Depende de como é encarado e utilizado.

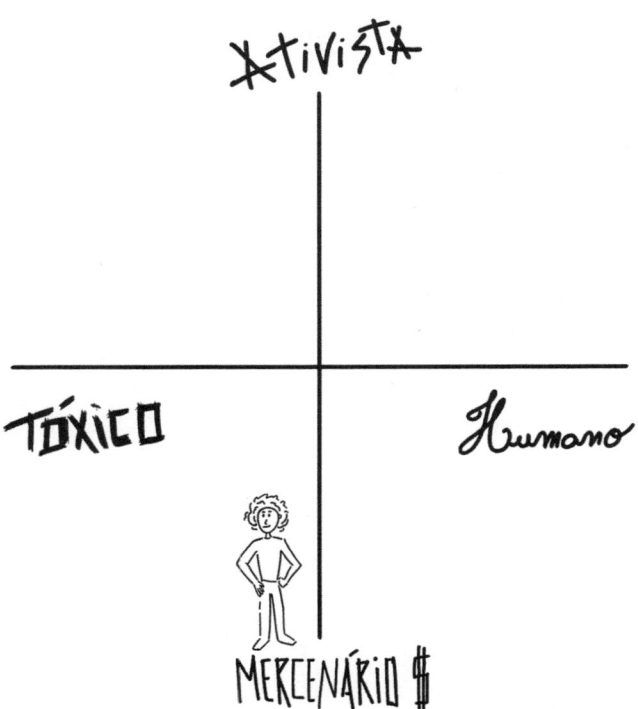

HUMANIDADE ENGANADA

Idos da década de 1930. Pesquisadores alemães descobriram que o tabaco provoca câncer de pulmão e uma forte campanha antitabagista começou na Alemanha nazista; porém, apesar de haver provas científicas dessa relação, no restante do mundo as pesquisas foram ignoradas e até caíram em descrédito, pois os líderes nazistas começaram a defender que o tabaco era um *veneno genético* introduzido na Europa pelos judeus que corrompia a pureza dos alemães. Somente cerca de vinte anos depois, em 1953, o antitabagismo voltou a ganhar espaço, quando Ernst Wynder, um médico judeu-alemão que se estabelecera nos Estados Unidos, descobriu com outros pesquisadores que os alcatrões do tabaco acarretavam cânceres mortais em ratos.

Essa pesquisa teve efeito bombástico, e logo a indústria tabagista se organizou para combatê-la. Presidentes das quatro maiores marcas de cigarros dos Estados Unidos contrataram o dono da principal agência de relações públicas do país para criar uma campanha na mídia destinada a convencer a população de que as conclusões dos pesquisadores não tinham fundamento, que as acusações eram sensacionalistas e que, por trás desse estudo, havia a ganância deles em obter subsídios para seus laboratórios. Hoje esse artifício é conhecido como fake news e muito usado especialmente por políticos e empresários.

Com essa forte divulgação, conseguiram atingir o objetivo: confundir o público. "Dúvida é o nosso produto" era o lema interno de uma das marcas envolvidas no episódio.

Porém, os estudos que comprovam os malefícios causados pelo cigarro continuaram. Em 1957, o Serviço Público de Saúde dos Estados Unidos declarou que o tabaco era o motivo do aumento de casos de câncer de pulmão. Em 1964, o governo do mesmo país publicou um documento oficial apontando que o número de mortes por câncer de pulmão entre fumantes era significativamente superior ao de não fumantes.

A indústria do cigarro reagiu e contratou diversos cientistas que chegaram a afirmar, em tribunais de Justiça, que os dados sobre os malefícios do cigarro estavam errados. Vale notar que, posteriormente, foi revelado que tais cientistas contratados pela indústria não só sabiam dos efeitos nocivos como também haviam descoberto que a nicotina levava à dependência química.

As táticas da indústria para vender e enganar os consumidores foram das mais cruéis. Criaram rótulos com a frase "melhor para a saúde", pagaram 500 mil dólares (cerca de 1,3 milhão de dólares em valores atualizados em 2021) para o ator Sylvester Stallone fumar cigarro em cinco dos seus filmes e atrelar o ato de fumar a boa saúde e força física e até criaram revistas pseudocientíficas para enganar a população. Matthieu Ricard, em *A revolução do altruísmo*, cita um estudo de Gail Kennedy e Lisa Bero, da Universidade da Califórnia, segundo o qual 62% dos artigos sobre o tema publicados em jornais e revistas não especializados entre 1992 e 1994 afirmavam que pesquisas sobre tabaco eram sujeitas a controvérsia, enquanto todos os trabalhos publicados em revistas especializadas confirmavam os malefícios.

Ricard comenta no mesmo livro que só em 2006, mais de setenta anos depois das primeiras descobertas na Alemanha, um tribunal norte-americano deliberou que "a indústria do tabaco havia elaborado e aplicado estratagemas destinados a enganar os consumidores sobre os perigos do cigarro, perigos dos quais já estavam cientes desde os anos 1950, como comprovaram documentos internos das próprias companhias de tabaco".

A Organização Mundial de Saúde, em relatório de 2019, afirma que:

- O tabaco mata até metade de seus usuários.
- O tabaco mata mais de 8 milhões de pessoas a cada ano, das quais 1,2 milhão são não fumantes mas estão expostas ao fumo passivo.
- Cerca de 80% do 1,1 bilhão de fumantes do mundo vivem em países de baixa e média renda.

Essa postura mercenária da indústria tabagista foi diretamente responsável por uma verdadeira catástrofe. Segundo Robert Proctor, da Universidade de Stanford, a indústria do cigarro causou a morte de 100 milhões de pessoas no século XX, número maior do que o de mortes da Primeira e da Segunda Guerra Mundiais somadas. Fica a dúvida: se há tantas evidências dos malefícios do cigarro para fumantes e não fumantes, por que não banem essa indústria para sempre?

Passei por toda essa história para contar que, quando uma empresa, uma indústria ou uma pessoa coloca o dinheiro acima da saúde e do bem da humanidade, ela não mede esforços para ganhar cada vez mais: passa por cima da ciência e usa de mentiras. Essas empresas são claramente miseráveis, pois o único objetivo é ganhar dinheiro, custe o que custar.

Fico refletindo como a história se repete. Continuamos não dando a devida atenção e credibilidade aos diversos estudos que nos alertam sobre como o consumo desenfreado e o uso excessivo de materiais descartáveis estão acabando com o meio ambiente. Não estamos cobrando das indústrias que mudem seus métodos de produção para combater as mudanças climáticas... É como se não acreditássemos na seriedade da situação que cientistas divulgam diariamente. Como contaremos a nossos filhos e netos que deixamos nos enganar?

MERCENÁRIOS E MATERIALISTAS

O dinheiro melhora as condições gerais de vida, seja para termos mais acesso a itens básicos — como saúde, educação, alimento —, seja para desfrutarmos de outros que nos dão prazer — como viagens, festas, bens materiais de diversos tipos. O mesmo vale para empresas: uma empresa lucrativa pode oferecer benefícios e um ambiente de trabalho que tornem o dia a dia de seus colaboradores mais agradável.

A busca por dinheiro é válida. Ele nos propicia recursos que podem tornar nossa vida melhor. O problema acontece quando dinheiro passa a ser prioridade de vida ou o foco da organização, como vimos no caso da indústria de cigarro. Para ela, pouco importava quantas pessoas morreriam; o importante era ganhar todo o dinheiro que conseguisse vendendo seu produto. É por isso que, no Diagrama de Gaia, ela se encontra na parte de baixo do eixo ativista, onde estão os mercenários.

Segundo o dicionário *Michaelis*, mercenário é o "indivíduo interesseiro, que só trabalha por dinheiro ou visando alguma vantagem material". *Vantagem material*, por sua vez, quer dizer aquisição de bens e cultivo do conforto em detrimento de objetivos culturais, espirituais ou intelectuais. Portanto, mercenários são trabalhadores materialistas.

MERCENÁRIOS VISAM O DINHEIRO.

Muita gente acredita que, quanto mais dinheiro tiver, mais bens materiais possuir, mais feliz será. No entanto, é comum ver em noticiários ou documentários histórias de personalidades abastadas e, ao mesmo tempo, infelizes. Há uma lista enorme de atores, atrizes, cantores, cantoras, esportistas e executivos muito bem-sucedidos que entraram em depressão apesar de todo o dinheiro, bens e respeito que conquistaram por seus feitos profissionais. Ao mergu-lhar no tema, fiquei impressionado com a quantidade de estudos e evidências que apontam para uma relação direta entre materialismo e depressão.

Uma série de pesquisas mostra que o materialismo reduz a felicidade, a satisfação nos nossos relacionamentos, prejudica o ambiente, torna as pessoas menos amigáveis, agradáveis e empáticas, além de menos propensas a ajudar os outros e contribuir para a comunidade. (Releia este parágrafo; ele contém informações assustadoras em termos de malefícios provindos do materialismo, mas é muito importante que você tenha consciência deles.)

Não para por aí: pessoas materialistas são menos satisfeitas com sua vida, menos gratas, têm menos propósito, em geral se sentem menos competentes, são mais antissociais e têm conexões mais superficiais com outras pessoas. Os materialistas avaliam suas conexões sociais como mais negativas, e as outras pessoas avaliam seus relacionamentos com eles como menos satisfatórios.

A busca desenfreada pelo dinheiro (o mesmo vale para reputação) redireciona a energia de uma pessoa, privando-a de ter experiências e relacionamentos significativos. Ficar mais tempo "fazendo dinheiro" traz um custo de oportunidade, e o materialista passa a achar perda de tempo brincar com os filhos, ler poesia ou jogar conversa fora com amigos. Para ele, "tempo é dinheiro", e a felicidade é medida por sua conta bancária e os bens materiais que possui.

Mais do que simplesmente querer se destacar pelo que tem, esse comportamento está mascarando algo muito mais profundo, um sofrimento inconsciente causado pelo vazio interno que a pessoa sente. O dinheiro, os objetos, o status seriam formas de preencher esse espaço e trazer alívio imediato, porém momentâneo, à dor interna. Essa necessidade de adquirir cada vez mais pode estar associada à baixa autoestima e à dificuldade dessa pessoa de lidar com sua realidade: ela não está feliz agora porque não tem tal objeto, não possui tal poder, não é aquela que acredita ser o eu ideal. E esse ideal é inatingível, pois é um eu perfeito que encontrou a felicidade por conseguir adquirir tudo o que deseja, não tem mais frustração e se destaca das outras pessoas. Um ser utópico.

No estudo "Por que os materialistas são menos satisfeitos com sua vida?" (em inglês, "Why Are Materialists Less Satisfied With Their Lives?"), Jo-Ann Tsang e outros cinco pesquisadores demonstraram que o materialismo é tóxico para a felicidade e que trabalhar unicamente para atingir metas materiais é menos gratificante do que trabalhar tendo outros objetivos. Essa obsessão pelo dinheiro afasta as pessoas do tão importante propósito de vida, o *ikigai* — do qual falamos no capítulo 5 —, e de seus efeitos positivos na busca por felicidade.

MATERIALISMO: ATITUDE QUE LEVA À AQUISIÇÃO DE BENS MATERIAIS EM EXCESSO; MERCENÁRIOS: TRABALHADORES MATERIALISTAS.

VOCÊ É MATERIALISTA?

Antes de retomar e aprofundar o que vimos até aqui, proponho que faça o seguinte teste, desenvolvido pela pesquisadora Marsha Richins para saber o nível de materialismo das pessoas. Que tal fazer para saber quão materialista você é?

Em cada item coloque um número de 1 a 5, sendo:

1 = discordo totalmente
2 = discordo
3 = neutro

4 = concordo

5 = concordo totalmente.

Seja sincero e, ao final, some a pontuação.

1. Admiro pessoas que possuem casas, carros e roupas caras.
2. As coisas que possuo dizem muito sobre o meu desempenho na vida.
3. Gosto de ter coisas que impressionam os outros.
4. Tento manter minha vida simples, desde que tenha os meus bens.
5. Comprar coisas me dá muito prazer.
6. Gosto de muito luxo na minha vida.
7. Minha vida seria melhor se eu possuísse certas coisas que não tenho.
8. Ficaria mais feliz se pudesse comprar mais coisas.
9. Às vezes fico incomodado por não poder comprar todas as coisas que eu gostaria.

Some a nota que deu em cada item e confira onde você se encontra:

De 0-17 — Pouco materialista

De 18-35 — Materialista

De 36-45 — Muito materialista

Os intervalos dos números sou eu que estou sugerindo, para resumir o resultado a que chegou Richins. Oficialmente, o estudo obteve os seguintes dados: em média, os participantes atingiram 26,2 na soma dos nove itens; os que chegaram a 36 ou mais estão entre os 20% mais materialistas.

Se você está entre os mais materialistas mas quer mudar de comportamento e se afastar dos malefícios que isso pode causar, com este livro tem a oportunidade de refletir sobre si e ver que a mudança é possível, especialmente porque aqui pode encontrar ferramentas para buscar a felicidade onde realmente — e cientifica-mente — ela pode ser encontrada.

DINHEIRO TRAZ FELICIDADE?

Considerando que (1) pessoas mercenárias priorizam a aquisição e o acúmulo de bens em detrimento dos demais aspectos de sua vida e (2) todos queremos ser felizes, será que o comportamento merce-nário torna realmente as pessoas felizes?

Para responder a essa pergunta, precisamos entender o que a ciência nos ensina sobre a relação do ser humano com o dinheiro.

Há um ditado popular que diz que dinheiro não traz felicidade. Será? A resposta não é tão simples, pois há algumas variáveis que devem ser consideradas. Para entendermos melhor esse assunto, primeiro falaremos da capacidade financeira; depois, sobre materia-lismo; e ainda, mais adiante, de como podemos usar o dinheiro para ser mais felizes.

Segundo a pesquisadora Sonja Lyubomirsky em seu livro *Os mitos da felicidade*, pessoas com mais recursos reportam ser mais felizes. Isso não é apenas porque o dinheiro possibilita o poder de compra, mas também por estar acompanhado da sensação de ter respeito, mais status, mais lazer, além dos fatores básicos, como acesso a médicos e hospitais, boa nutrição e educação. Analisando exclusivamente dessa maneira, faz todo o sentido que o dinheiro esteja ligado à felicidade.

No entanto, há aqui um dado curioso. Apesar de as pessoas com mais recursos serem mais satisfeitas com a vida em geral, para a questão "quão alegre, estressado, raivoso, afetuoso ou triste você estava ontem?", pessoas de diferentes classes sociais davam respos-tas muito semelhantes.

A primeira conclusão é que ter dinheiro melhora a vida como um todo, porém não traz mais sentimentos positivos imediatos.

PESSOAS COM MAIS DINHEIRO NEM SEMPRE SÃO MAIS FELIZES.

Também segundo Lyubomirsky, a ligação entre dinheiro e felicidade ganha ainda maior relevância para pessoas pobres do que para as ricas; isto é, quando não se têm as necessidades básicas atendidas — moradia adequada, alimentação, saúde e segurança —, qualquer aumento na renda faz muita diferença. Já pessoas com muito dinheiro não apresentam significativo aumento de felicidade ao elevar a renda, seja porque não faz muita diferença, seja pelo aumento de estresse, pressão e menos tempo para aproveitar a vida, seja porque já estão visualizando o que "finalmente as fará feliz" (conseguir ainda mais dinheiro).

Economistas descobriram que dois terços da sensação de riqueza de aumento de salário são perdidos depois de um ano. Isso ocorre em parte porque criamos outras "necessidades", e em parte porque passamos a interagir com pessoas com renda maior, o que afeta nosso nível de satisfação.

Comparar a renda reduz a sensação de felicidade. Provavelmente sempre haverá alguém ganhando mais dentre seus conhecidos, e ao se comparar a outra pessoa você poderá se sentir sem prestígio, sem reconhecimento, com menos valor, e assim, por consequência, passará a questionar suas habilidades, eficiência... e continuar supondo motivos que só alimentam a frustração. Em um estudo superinteressante liderado pela psicóloga Lyubomirsky, os pesquisadores quiseram saber quão relevante para uma pessoa é ter mais do que os outros. Sugiro que não só leia o teste proposto aos participantes, como também reflita e o responda honestamente.

O questionário pedia que a pessoa imaginasse que um parente dela pudesse escolher viver em duas sociedades: Sociedade A ou Sociedade B. Em ambas, o preço dos bens e serviços e o custo de vida são exatamente os mesmos.

Sociedade A
    A renda do parente é de 324 mil dólares por ano.
    A renda média na sociedade é de 360 mil dólares por ano.

Sociedade B
    A renda do parente é de 303 mil dólares por ano.
    A renda média na sociedade é de 275 mil dólares por ano.

Em qual sociedade você escolheria viver? Se escolheu a Sociedade B, em que seu parente teria menor renda e poder de compra mas receberia mais do que a média, não se envergonhe, essa foi a resposta de 75% das pessoas que participaram da pesquisa. De cada quatro pessoas, três preferem que o parente receba menos, mas que tenha mais do que a média da sociedade. Curioso, né? Ao dar muita importância à comparação e achar que uma pessoa viveria melhor em uma sociedade pelo fato de ganhar mais do que a média, 75% dos participantes da pesquisa "levaram" o parente a morar em um local onde ganharia menos e teria menor poder de compra. Portanto, evite ao máximo comparar renda.

ADAPTAÇÃO HEDÔNICA

Como Lyubomirsky afirma em *Os mitos da felicidade*, nós, seres humanos, não somos programados para apreciar, mas sim para desejar, para sempre estarmos prontos para os próximos desafios, sem, no entanto, ficar contentes com o que foi conquistado. Reparou quantas vezes, tão logo alcança uma meta, você já está pensando na próxima? Com a tendência de sempre querer mais, desejar mais, deixamos de lado a oportunidade de apreciar com calma a recente conquista, sem celebrá-la, sem nos celebrar.

Quanto mais dinheiro uma pessoa tem, mais a riqueza parece normal e mais dinheiro quer ter. Num artigo intitulado "Se somos tão ricos, por que não somos felizes?" (em inglês, "If We Are So Rich, Why Aren't We Happy?"), o escritor e psicólogo Mihaly Csikszentmihalyi cita uma interessante pesquisa realizada em 1987 pelo *Chicago Tribune*. Nela, pessoas que ganhavam menos de 30 mil dólares por ano disseram que, se recebessem 50 mil dólares, conseguiriam realizar seus sonhos; e as com renda anual de 100 mil dólares disseram que precisariam de 250 mil dólares para ficar satisfeitas. E por aí vai; acredite, até bilionários achavam que precisavam de mais.

Segundo a pesquisadora Sonja Lyubomirsky, o desejo de querer sempre mais traz duas consequências negativas. A primeira é que não se aproveita o que possui, e a segunda é que esse desejo de ter e comprar cada vez mais para que o nível de prazer não baixe faz as pessoas terem comportamento descontrolado de materialismo e consumismo, o que gera mais gastos e menos felicidade.

Isso se deve à tendência que os seres humanos têm de voltar ao nível de felicidade anterior, mesmo após terem passado por eventos marcantes. Esse fenômeno é conhecido como *adaptação hedônica* e quer dizer que nos acostumamos com quase tudo na vida, sejam situações boas ou ruins. Imagine que, depois de passar anos sonhando em adquirir *aquela* casa, ter trabalhado bastante e se esforçado para juntar dinheiro, você finalmente consegue comprá-la. No início, o novo lar será motivo de grande felicidade e orgulho, mas após um tempo você se acostumará a ele e o fato de morar na casa que um dia foi a dos seus sonhos não trará mais felicidade.

Da mesma forma, achamos que seremos mais felizes ao ficarmos mais ricos, mas, se ficamos mais ricos, logo nos acostumamos ao que temos e continuamos com a sensação de que algo está faltando. É comum vermos pessoas tentando preencher o vazio da falta com bens materiais, mas a sensação de saciedade dura pouco, e logo estão indo atrás de mais bens materiais, aos quais também se acostumarão em breve. Se não perceberem o círculo vicioso no qual estão inseridas, o vício tende a aumentar, e cada vez mais elas acham que a infelicidade que sentem está ligada ao fato de não terem dinheiro suficiente, de não terem adquirido bens suficientes, de não terem atingido o status mais alto.

A adaptação hedônica nos faz acostumar com tudo o que poderia nos fazer feliz. É por causa dela que a felicidade de conquistar a casa dos sonhos deixa de existir: nos acostumamos ao que nos fez inicialmente muito bem, e temos a sensação de que nosso nível de felicidade diminuiu.

Se não se identificou com o exemplo das compras, tenho outros com os quais talvez se identifique. Ao receber o comunicado de que foi selecionado para preencher uma vaga de emprego, você fica superfeliz: emprego novo! Mas, depois de um tempo, se acostuma com a função e não comemora mais os benefícios que ela traz. Um exemplo extremo para mostrar a tendência à adaptação hedônica: a primeira vez que minhas filhas falaram *papai* fiquei muito feliz, mas depois de um tempo o chamado se tornou comum aos meus ouvidos, sem a mesma carga de significado. Repito: é um exemplo extremo apenas para frisar como nos acostumamos a tudo na vida e o nível de satisfação tende sempre a voltar para o estágio anterior, mesmo quando passamos por uma situação marcante.

A questão que se coloca é: se a adaptação hedônica é um fato, como podemos ser felizes?

ADAPTAÇÃO HEDÔNICA É A TENDÊNCIA
DE SE ACOSTUMAR COM SITUAÇÕES
(BOAS E RUINS) DA VIDA.

INVISTA NA FELICIDADE

O psicólogo Dan Gilbert, da Universidade de Harvard, estudou o que nos faz felizes, apesar da adaptação hedônica. Segundo ele, é importante ver como as nossas experiências de vida contribuem mais para a felicidade do que possuir objetos: "Parte de nós acredita que o novo carro é melhor porque dura mais tempo. Mas, na verdade, essa é a pior coisa do novo carro. Ele permanecerá por perto para desapontá-lo". Agora, imagine que você viajou de férias, "mas uma viagem à Europa acaba. Ela evapora. Tem o bom senso de ir embora e deixá-lo com nada além de sua memória maravilhosa".

Essa é uma grande diferença entre objetos e experiências. Objetos duram mais tempo, enquanto experiências são momentâneas, mas, quando acabam, deixam memórias marcantes, "maravilhosas". De acordo com Gilbert, quanto mais duradouro for o bem, mais tempo temos para nos acostumar a ele e entrar na mesmice. Além disso, objetos normalmente envolvem apenas uma pessoa. Já experiências possuem muito mais oportunidade de ser compartilhadas, fazendo que nos aproximemos de outras pessoas, fortalecendo conexões sociais.

Tirar férias é tão maravilhoso que sonhamos com o dia em que vamos parar de trabalhar para ficar de férias para sempre. Mas saiba que de nada adianta trocar uma rotina de trabalho por uma de viagem, pois logo se acostumará às novas atividades, e toda aquela empolgação das primeiras semanas será trocada pelo cansaço e pelo sentimento de que lhe falta alguma coisa.

Uma estratégia eficiente é trocar bens materiais por momentos limitados de lazer. Viajar com amigos, assistir a um jogo, curtir um show, ver um filme, por exemplo, são atividades que aproveitamos e às quais dificilmente nos acostumamos, pois acabam logo e são sempre diferentes umas das outras, deixando que as sensações dessas experiências perdurem por mais tempo.

Leaf Van Boven e Tom Gilovich publicaram, no artigo "To Do or to Have? That Is the Question" (Fazer ou ter? Esta é a questão), o estudo em que pediram aos participantes que pensassem como gastariam 100 dólares em algo material e outros 100 dólares com experiências. Depois, questionaram qual dinheiro havia sido mais bem gasto: o da experiência ficou na frente.

A pesquisa ainda mostra que a percepção de que o dinheiro da experiência é mais bem gasto não reflete a opinião daqueles que não têm as necessidades básicas supridas. Levando em conta a renda das pessoas, a pesquisa revela que, para as que recebem até 25 mil dólares por ano, experiências e compras materiais trazem níveis muito próximos de felicidade. E, quanto melhor a condição financeira, maior a preferência pela experiência.

Outro dado interessante dessa pesquisa diz respeito à reação das pessoas ao ouvir alguém contando sobre experiências ou posses materiais. Quem conta sobre suas experiências foi classificado como bem-humorado, amigável, mente aberta e inteligente. Já os que falam sobre os bens materiais que possuem foram chamados de autocentrados, egoístas e até de inseguros.

As pessoas que valorizam as experiências são consideradas duas vezes mais engraçadas do que as que querem acumular bens materiais.

EXPERIÊNCIA PROPORCIONA FELICIDADE
POR MAIS TEMPO.

EVITE COMPARAÇÕES

Outro motivo favorável às experiências em comparação aos bens materiais é que pessoas que priorizam experiências tendem a se comparar menos. Comparar-se aos outros é do ser humano e, em alguns momentos, traz benefícios. Em muitos outros, pode ser prejudicial.

No geral, em uma disputa esportiva é melhor ficar em segundo do que em terceiro lugar. Victoria Medvec, da Universidade de Cornell, e seus colegas fizeram um estudo com os medalhistas de prata e bronze dos Jogos Olímpicos de 1992 e descobriram que os medalhistas de bronze, isto é, os que ficaram em terceiro lugar, ficaram mais felizes do que os de prata. Os pesquisadores atribuem esses resultados ao fato de que quem ficou em segundo lugar normalmente se compara com o primeiro, enquanto o terceiro ficou a um passo de não ganhar medalha, e por isso fica mais feliz.

A comparação é inata do ser humano, pois é com a observação que aprendemos a reproduzir (ou não) comportamentos e atitudes. No entanto, fazer dela um termômetro para ser bem-sucedido e feliz é problemático. Ao se comparar a alguém, em geral a pessoa se coloca em desvantagem em relação à outra, o que é uma receita para ficar infeliz. E, mesmo se achar que está em vantagem, que tipo de liderança essa pessoa exercerá se fica feliz estando acima dos outros?

GAIA NA DISNEY

Muitas empresas e gestores têm dificuldade em enxergar "custos" de funcionários como oportunidade para o desenvolvimento, a produtividade e a felicidade do indivíduo e do coletivo. Pessoas e organizações tóxicas e mercenárias querem apenas ganhar e acumular cada vez mais dinheiro, mas podem (e deveriam) investir para elevar o grau de bem-estar de seus funcionários. Fazendo isso, todos ganham, inclusive a empresa.

Quem me conhece sabe quanto sou fã da Disney e como admiro a forma de agir dessa empresa, que está continuamente se reinventando, geração após geração, mantendo firme o sonho dos irmãos fundadores, Walt e Roy Disney.

Certa vez estava com minha família, passeando no Magic Kingdom (o principal parque da Disney de Orlando, na Flórida), e pensei: "Gostaria que todo mundo tivesse a oportunidade de visitar esse lugar". Claro que o mundo tem vários problemas, prioridades muitos mais sérias e urgentes, como acabar com a fome de 800 milhões de pessoas ou com a miséria que assola grande parte da população, o que é desumano. Mas, naquele momento, meu desejo era que todos pudessem se divertir, sorrir e entrar em um mundo mágico.

De volta à Gaia e inspirado por uma prática da empresa Mindvalley, fizemos três perguntas para todos os gaianos e gaianas, eu inclusive:

1. Que experiências você quer ter na sua vida?
2. Que habilidades você quer desenvolver?
3. Que contribuição você quer deixar para o mundo?

Ao elaborar minhas respostas, lembrei da recente viagem e coloquei que gostaria de ter a experiência de levar todos os gaianos e gaianas para a Disney. Coincidentemente, várias pessoas tinham o sonho de conhecer os parques de diversão.

Passado um tempo, organizamos um workshop para brasileiros sobre felicidade em Orlando. Foi uma experiência incrível que deu oportunidade para criar e aprofundar vínculos entre os participantes. Organizar o workshop fez a vontade de realizar o sonho de gaianos e gaianas de conhecer a Disney reacender, e, assim, eu e

Fabinho resolvemos criar o projeto Gaia na Disney. A ideia não era apenas pagar a viagem; queríamos usar essa oportunidade para fortalecer ainda mais os valores da Gaia. Então fizemos uma gincana em que gaianos e gaianas deveriam cumprir metas, grande parte delas sociais, para obter pontos. Se a soma de todos os pontos obtidos chegasse a mil, todos iriam à Disney. Era uma brincadeira coletiva: iriam todos ou ninguém.

As metas foram de doação de sangue, organização do escritório, novos negócios, e por aí vai. A colaboração atingiu níveis surpreendentes, todos juntos lutando para conseguir pontos. Em fevereiro de 2019 estávamos com a viagem confirmada, e os próprios gaianos e gaianas começaram a organizar tudo. A experiência da Disney começou antes mesmo de entrarmos no avião.

Certamente foi uma das viagens mais marcantes da vida de todos. Não falamos de negócios nem estratégias. Estávamos lá para aproveitar, fortalecer os relacionamentos. O efeito da viagem foi tão forte que seis meses depois, conversando com o Fábio, decidimos repetir a dose, dessa vez sem nenhuma meta, sem gincana ou pontos. O ano estava sendo bom, e resolvemos fazer essa surpresa: a Gaia na Disney 2.

Agora, imagine se pegássemos a mesma quantidade de dinheiro que gastamos na viagem e distribuíssemos para gaianas e gaianos. Você acredita que o impacto, em termos de felicidade, teria sido maior ou menor?

Respondo com a mais absoluta certeza que esse foi o investimento que trouxe mais bem-estar e felicidade coletivos que já vi no mundo empresarial.

E quanto a Gaia faturou a mais por levar as pessoas à Disney? Provavelmente nada, porém o impacto positivo que causamos nas pessoas é imensurável, tanto individualmente como nas relações. Uma empresa mercenária explica todas as suas ações por meio do retorno financeiro, se ganhará mais, se vale o investimento. Uma empresa que o mundo precisa usa seus recursos financeiros para viabilizar um mundo melhor.

LÍDERES QUE O MUNDO PRECISA QUEREM ESTAR COM PESSOAS FELIZES.

PESSOAS FELIZES SÃO PESSOAS MELHORES

Mas para que serve tanta felicidade? Já falamos muito sobre ela, mas há alguma relação entre felicidade e comportamentos positivos? Felicidade e boas lideranças? Pessoas felizes têm menos tendência de ser mercenárias? Têm mais propensão a contribuir para a sociedade?

Há uma crença de que bem-estar pessoal não é compatível com comportamentos ecologicamente sustentáveis, como se fosse difícil ser feliz tendo de cuidar para não desperdiçar água nem energia, usar menos veículos que precisam de combustíveis não renováveis e reduzir o consumo em geral.

Em estudo conduzido pelos pesquisadores Kirk Warren Brown e Tim Kasser, eles pretenderam responder à seguinte pergunta: as pessoas podem viver de modo a promover tanto o bem-estar pessoal como o planetário? A conclusão a que chegaram foi que não só é possível, como há uma relação direta. Segundo o estudo, as pessoas mais felizes viviam de maneira mais sustentável. Além disso, ele identificou dois outros fatores que promoveram a felicidade e ajudaram a explicar a associação positiva entre bem-estar e comportamento ecologicamente responsável:

- Possuir mais objetivos intrínsecos do que extrínsecos
- Praticar *mindfulness* (atenção plena)

Os valores intrínsecos (valores internos, como amor, prazer, sabedoria) estão relacionados a experiências — como estar com amigos, ler um livro, admirar uma paisagem — que, como vimos anteriormente, aumentam a felicidade. As pessoas, ao se dedicarem a tais atividades, têm menos objetivos extrínsecos, como os baseadas no consumo. E, ao consumirem menos, apresentam comportamentos ambientalmente mais amigáveis.

Por exemplo, é improvável que pessoas com fortes valores intrínsecos se interessem muito por veículos que consomem muita gasolina e se preocupem em alimentar a reputação de alguém com poder e riqueza. Além disso, o foco nas pessoas, que é um componente da orientação intrínseca, pode levá-las a ter mais empatia, incentivando-as a tentar reduzir os impactos ecológicos de seu comportamento a fim de diminuir os problemas ambientais das futuras gerações.

Em relação ao *mindfulness* (sobre o qual tratamos quando falamos dos benefícios da meditação no capítulo 6), a pesquisa de Brown e Kasser descobriu que ter atenção plena está associado a menos materialismo, a consumir menos ao longo do tempo e a fazer melhores escolhas no dia a dia.

FELICIDADE ESTÁ MAIS LIGADA A VALORES INTRÍNSECOS.

REFLEXÕES

O que faz uma pessoa ou uma empresa ser bem-sucedida? Ter muito dinheiro e poder ou cuidar das pessoas ao redor e do meio ambiente?

Se sabemos que o materialismo é tão maléfico, por que ainda valorizamos e destacamos tanto os materialistas? O que podemos fazer para mudar?

Não acho que seja preciso ser radical a ponto de parar de consumir. Mas é importante estarmos conscientes dos malefícios causados pelo excesso de materialismo, mesmo reconhecendo que bens materiais podem, sim, trazer impactos positivos, principalmente quando propiciam experiências.

Além disso, uma empresa sem lucro não sobrevive, e os recursos são essenciais para a manutenção das causas que pessoas e empresas defendem. Enquanto servirem a essas causas, dinheiro e objetos materiais serão bem-vindos!

CAPÍTULO 8

COMO É BOM TER CAUSAS

"Nossas vidas começam a acabar
no dia em que nos calamos sobre as
coisas que importam."

Martin Luther King Jr.

QUANDO se tem um propósito de vida, de trabalho, uma causa pela qual lutar, a maneira como nos dedicamos às tarefas, mesmo as rotineiras, é muito mais carregada de energia do que se não tivesse nenhum significado. Melhor ainda quando fazemos isso com um grupo de pessoas que têm o mesmo objetivo.

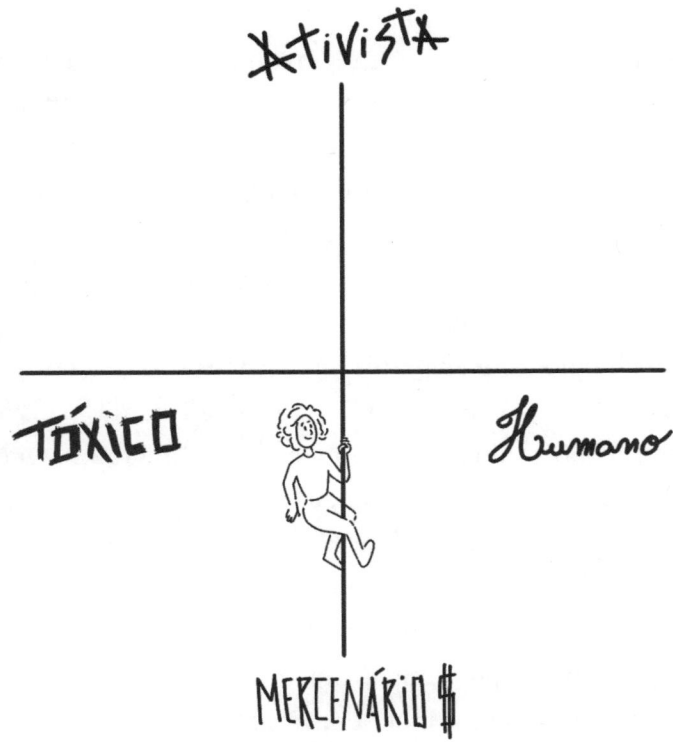

Além de fazer bem para você, para o outro e para a empresa, ser ativista e defender genuinamente uma causa é benéfico principalmente para a sociedade e o meio ambiente. Neste capítulo, falaremos da importância de ter uma causa.

Antes de entrar especificamente nesse assunto, falaremos sobre jogos — sim, jogos — e como eles estão ligados às causas que melhoram o lugar em que vivemos.

JOGOS

Mercenários muitas vezes agem só com foco no dinheiro, pois não entenderam o jogo que estão jogando. Dan Gilbert, professor de Harvard, diz que um dos maiores bens que você pode fazer a si mesmo é ajudar os outros.

Eu já tinha ouvido falar dos Doutores da Alegria, uma ONG fundada na década de 1990 com a finalidade de levar palhaços aos hospitais para animar os pacientes e, ainda, ajudar centenas de outras ONGs a fazer o mesmo. Eu ainda não conhecia pessoalmente Wellington Nogueira, o maluco do bem responsável por uma das histórias mais lindas do empreendedorismo social do país.

Certo dia, fui assistir a um evento da Empresa B Simbiose Social, uma plataforma que constrói elos entre empresas e projetos sociais, auxiliando as duas partes a realizar em suas ações por meio de leis de incentivo. A apresentação era voltada para ONGs, e nessa ocasião tive a oportunidade de conhecer o Wellington Nogueira (eu o conheci, mas ele não me conheceu, pois eu estava na plateia e ele no palco). Ao ver aquele ser humano que emana luz, pensei: "Um dia quero dar uma palestra com ele, ou melhor, quero ser amigo do Well", já o chamando pelo apelido.

Passado um tempo, começamos a desenhar o projeto de um reality show para a TV; a ideia era fazer um *Shark Tank* do bem, aquele programa norte-americano em que uma pessoa tenta convencer empresários famosos a investir em seus negócios. Marcamos uma reunião no escritório da Gaia com a turma da Simbiose e alguns parceiros, e para minha sorte chamaram o Well e a sua esposa, Mara, para o papo. Paixão à primeira vista. O projeto infelizmente não foi para a frente, pois a produtora que havia se interessado pôs fim a seus negócios no Brasil, mas a amizade entre mim e Well começou naquele dia. Como bom palhaço, ele se sentiu em casa na Gaia, uma empresa com rede suspensa, tobogã e com tanta gente sorrindo.

Dessa reunião vieram muitos encontros, uma amizade verdadeira estava sendo construída, ele se tornou conselheiro da Gaia+ e consegui realizar meu sonho de fazermos uma palestra juntos.

Em um dos nossos papos, Well me contou sobre a teoria dos jogos finitos e infinitos. Demorei um pouco para absorver, mas me interessei e, para conhecer mais o assunto, comprei o livro *Jogos finitos e infinitos*, de James P. Carse, e me encantei com o que li. Em seguida, outro autor que admiro, Simon Sinek, também escreveu um livro sobre o tema, *O jogo infinito*; mergulhei de cabeça nesse conceito tão encantador e, por se encaixar neste momento do livro, compartilho a seguir suas principais características e como ele se entrelaça com o tema das causas.

METAS SÃO ETAPAS OU CHEGADA?

Muito se fala em como atingir os objetivos, mas poucos estudam como se manter bem após atingi-los. Em um interessante estudo publicado no *Journal of Personality and Social Psychology*, as psicólogas Szu-Chi Huang e Jennifer Aaker encontraram uma forma de manter as pessoas envolvidas em seus objetivos mesmo depois de terem alcançado o que desejavam.

As pesquisadoras estudaram mais de 1.600 pessoas — universitários e funcionários de empresas norte-americanas e empresários de Gana — que tinham as mais variadas metas (perder peso, ir bem nos estudos, por exemplo).

Os participantes que concluíram seus objetivos foram divididos em três grupos:

1. Deveria refletir sobre a experiência, vendo-a como uma jornada.
2. Deveria olhar a meta como um destino, um ponto de chegada.
3. Não recebeu nenhuma instrução.

Adivinhe qual dos grupos manteve por mais tempo os hábitos que seus integrantes cultivaram para alcançar um objetivo, mesmo após tê-lo conquistado?

Se você respondeu que foi o Grupo 1, acertou. As pesquisadoras descobriram que pensar em metas como uma jornada ajuda a manter os bons hábitos, mesmo depois de os objetivos terem sido atingidos. Os participantes do primeiro grupo tomaram mais ações para permanecer nesse caminho, como se inscrever em um programa de exercícios ou continuar a estudar. A pesquisa ainda revelou que essas pessoas tiveram maior senso de crescimento pessoal e sentimento de aprendizado ao longo da experiência, e, por isso, conseguiram manter seus novos hábitos.

A *Greater Good Magazine*, em artigo publicado em 2020, relata que Huang e Aaker suspeitam que o padrão do ser humano é ver os objetivos como o segundo grupo: um destino, uma chegada. E, ao atingir a meta, o cérebro se desvincula dela. Pensamos "já consegui o que queria, agora estou liberado para fazer outra coisa", e passamos a deixar de lado os hábitos adquiridos.

Olhar as metas como uma jornada é entender que estamos em um jogo infinito. Olhar as metas como um fim é enxergar um jogo finito.

OLHE AS METAS COMO PARTE DE UMA JORNADA, NÃO COMO FIM.

JOGOS FINITOS E INFINITOS

Todas as nossas interações sociais — seja no trabalho, nos grupos de amigos, nos esportes, na carreira ou nos relacionamentos — podem acontecer dentro de jogos finitos ou jogos infinitos.

Os *jogos finitos* têm as seguintes características:

- objetivo é ganhar
- jogadores conhecidos
- regras não mudam durante o jogo
- têm um fim
- perdedor concorda que perdeu (na maioria das vezes)

Já os *jogos infinitos* têm outras características:

- objetivo é o jogo continuar
- metas são medidas de evolução
- jogadores podem ser conhecidos ou desconhecidos, podem entrar e sair do jogo
- regras podem mudar a qualquer instante
- não há linha de chegada, "objetivo final"
- podem conter jogos finitos
- não há vencedores ou perdedores

JOGO FINITO: A META É O FIM DA JORNADA.
JOGO INFINITO: A META É A JORNADA.

A construção de uma carreira, a vivência em uma empresa e até a manutenção de relacionamentos são exemplos de jogos infinitos, cujos jogadores, no entanto, muitas vezes acreditam estar em um jogo finito, enxergando colegas como aliados ou adversários e estabelecendo uma meta que lhes trará a vitória definitiva, como se estivessem em uma partida de vôlei, por exemplo.

Porém, por mais brilhante que seja a carreira de alguém, qual é a regra que diz que essa pessoa é a vencedora e que outros são perdedores? Quem tem maior salário? Cargo mais alto? A qualidade de vida e a felicidade em fazer o que se faz não contam para determinar se alguém é bem-sucedido? A carreira não tem — tampouco os relacionamentos — uma linha de chegada. Pessoas entram e saem, situações mudam, mas o jogo continua.

Quantas vezes você já se deparou com uma empresa, uma marca, uma pessoa dizendo que é a melhor? Isso é uma medida arbitrária, feita em um período arbitrário e, muitas vezes, com critérios subjetivos... e arbitrários. Ah, mas tal empresa é a maior do país em vendas. Ótimo, mas o jogo não acabou, ela é a maior hoje, agora. Ela ser a maior é *uma* medida de evolução dentro do jogo infinito, ela estar indo bem não quer dizer que ganhou o jogo. Esse jogo não acaba. Nos jogos infinitos, por exemplo, uma pessoa pode estar faturando mais do que outras, o que é normal, mas isso não quer dizer que tenha vencido; ela tem de identificar as atitudes e os hábitos que a levaram até aquele patamar e continuar os aplicando e se desenvolvendo. Como o jogo é uma jornada e não acaba, não há vencedores.

Mas dentro dos jogos infinitos há alguns jogos finitos. Por exemplo, ao participar de uma concorrência, com regras claras, tempo definido e um vencedor, estamos em um jogo finito. Podemos ganhar ou perder esse jogo, mas o importante é aprender com as frustrações, saborear e celebrar as vitórias e reconhecer o jogo que estamos jogando. Nos primeiros anos de vida da Gaia, a maior incorporadora imobiliária do país na época era uma de nossas concorrentes. Empresa multimilionária, mas com visão de curto prazo.

Ela achava que estava em um jogo finito. Fazia negócios em que trabalharia por dez anos, mas cobrava toda a receita no primeiro mês para aumentar os bônus dos executivos. Na época, perdemos alguns negócios para ela. No curto prazo, a empresa até ganhou um bom dinheiro, mas depois de alguns anos entrou em recuperação judicial. Um típico exemplo de jogadores finitos em um jogo infinito. O jogo continuou, mas a empresa teve de sair da partida.

Segundo Simon Sinek, as equipes que têm uma mentalidade finita em um jogo infinito apresentam níveis mais baixos de confiança, cooperação e inovação. Não lembra as características de pessoas e empresas com comportamentos egoístas e mercenários? Já as equipes que entenderam que o jogo é infinito são muito mais unidas e pensam na construção de algo melhor a longo prazo.

No jogo dos negócios, devemos parar de pensar em quem é o melhor e começar a pensar em como construir organizações fortes e saudáveis para permanecer no jogo por mais tempo.

No jogo infinito, o valor real de uma organização não pode ser medido com base em rankings ou medidas arbitrárias, mas sim pela capacidade de fazer com que o jogo continue, de continuar jogando. Pessoas com mentalidade de jogadores infinitos constroem organizações que sobrevivem aos líderes. Líderes que estimulam o desenvolvimento de jogadores infinitos trabalham com pessoas mais engajadas e motivadas. Empresas que entenderam que estão em um jogo infinito sabem da importância de ter uma ou mais causas para se manter ativas.

A VIDA E OS NEGÓCIOS SÃO JOGOS INFINITOS QUE, DENTRO DELES, POSSUEM JOGOS FINITOS.

TENHA UMA CAUSA

Causa é a visão de um futuro melhor, um futuro que é tão atraente que algumas pessoas se dispõem a fazer sacrifícios para torná-lo real. Causas engajam, envolvem e mobilizam. O que atrai uma pessoa engajada não é apenas receber um bom salário, mas permanecer em uma organização que trabalha por um ideal em que ela acredita, que defende e a motive a fazer a diferença.

Um aumento de salário ou uma premiação financeira fornecem uma recompensa imediata, mas ninguém fica um ano comemorando o aumento de salário (a adaptação hedonista faz a pessoa retornar a seu estado inicial de felicidade, a de antes de ter recebido o aumento, rapidamente). Por outro lado, ao encontrar uma causa forte para trabalhar, algo com um significado que seja maior do que a vitória de um jogo, os dias passam a ter mais sentido e ser mais completos. Segundo Simon Sinek, quem trabalha em uma empresa sem causa tem dias bons e dias ruins, mas nunca vai amar seu trabalho. Já quem trabalha em uma empresa que defende uma causa pode até ter dias ruins, mas vai amar a sua organização (caso ela não se enquadre em uma empresa mártir, que, apesar de ser ativista, também é tóxica).

Empresas com causa constroem um futuro melhor. Elas sabem o que querem construir, o que querem mudar, qual a direção que querem seguir. Muitas empresas possuem propósito, visão e missão, mas poucas conseguem se qualificar como ativistas. As que defendem uma causa são muito mais úteis, resilientes e contam com colaboradores mais engajados.

"Ser referência", "oferecer o melhor serviço no melhor preço" são objetivos egocêntricos, não contagiam, não inspiram pessoas, não atraem seguidores.

Compare estas duas afirmações, retiradas do site de dois bancos:

1. "Prestamos serviços financeiros abrangentes, capacitando os pobres a realizar seu potencial e romper com o círculo vicioso da pobreza."
2. "Queremos ser a melhor empresa de serviços financeiros do mundo. Devido à nossa grande herança e excelente plataforma, acreditamos que isso esteja ao nosso alcance."

Note a diferença entre uma empresa ativista e uma mercenária; no Diagrama de Gaia, as duas encontram-se em lados opostos. A primeira afirmação é do Grameen Bank, uma instituição que ganhou projeção mundial após seu fundador, Muhammad Yunus, receber o Prêmio Nobel da Paz, em 2006, pelo projeto de microcrédito que fez na instituição. Já a segunda frase é de um banco de investimentos norte-americano cujo ego guia suas atitudes.

Considerando que você exercerá a mesma função e receberá remuneração idêntica, em qual das duas instituições gostaria de trabalhar? Imagino que a maior parte das pessoas se sentirá muito mais realizada ao ver o impacto que o seu trabalho pode ter na sociedade.

Mas como escolher uma causa? Como saber que se identificará com ela?

Aqui, mais uma vez, surge a importância de se conhecer e conhecer a empresa em que trabalha. Saber como se sente em determinadas situações e quais experiências te fazem feliz e mais humano. Em qual ambiente e com quais projetos se identifica mais? Se achar necessário, retome a parte do "Eixo humano" para relembrar alguns pontos.

A seguir, apresentaremos as características das causas. Ao conhecê-las, você ficará ainda mais perto de conseguir identificar uma para chamar de sua.

EMPRESAS COM CAUSAS TÊM COLABORADORES
MAIS ENGAJADOS E FELIZES.

CARACTERÍSTICAS DAS CAUSAS

Causas são construções em prol de um mundo melhor que envolvem a evolução, e não a destruição. Para ter uma causa, não é preciso criá-la do nada; juntar-se a uma que já existe também é muito relevante. Ao escolher a sua, lembre-se de que ela deve ter as seguintes características:

AFIRMATIVA E POSITIVA

Convencer pessoas a ir contra algo é, muitas vezes, bastante fácil. Ao criar um inimigo, a raiva e o medo se tornam ferramentas poderosas e motivadoras para lutar contra aquilo que nos aflige. Porém, isso deve ser feito de maneira que leve à construção de algo propositivo que inspira, traz sentimentos de otimismo e esperança.

É muito melhor ser movido por sentimentos agradáveis do que desagradáveis. Imagine se, em vez de ser contra a fome, lutarmos pelo direito de todas as pessoas terem acesso a comida?

Ao lutar contra algo, temos um inimigo para vencer, como num jogo finito, como se fosse possível acabar com a fome de uma vez por todas; porém, estamos num jogo infinito, uma jornada que não deve parar nunca.

INCLUSIVA

Precisamos nos sentir parte de algo. O senso de pertencimento é superimportante para a vida e a sensação de felicidade. Em um estudo citado por Matthieu Ricard em *A revolução do altruísmo* colocaram um homem (ator) estirado no chão, aparentemente passando mal em um parque da Universidade de Manchester, na Inglaterra. Dentre as pessoas que passaram por ele, apenas 15% perguntaram se ele precisava de ajuda. Em um segundo momento, quando o homem fez a mesma cena, só que agora vestindo uma camiseta do time do Liverpool (clube rival do Manchester, mas que possui muitos torcedores estudantes), dentre os torcedores do Liverpool, 85% pararam para ver como o rapaz estava.

Se por um lado participar de um grupo nos fortalece e tem efeitos positivos, por outro, muitas vezes a valorização do "nosso" vem acompanhada da desvalorização do "deles", criando uma mentalidade de jogo finito. Por isso é importante sempre se questionar, estar atento a seu comportamento e entender qual é o jogo que está jogando.

ESPECÍFICA

Causas muito genéricas e abrangentes não atraem e facilmente perdem o foco e a eficiência. Por exemplo "mudar o mundo" ou "impactar" podem ter um interesse genuíno e ser incríveis, mas não inspiram as pessoas a fazer parte. Ao mesmo tempo que dizem tudo, não dizem nada.

Assim como vimos nas dicas para encontrarmos nossos propósitos, causas muito abstratas são difíceis de materializar. Portanto, a causa tem de ser específica, de forma que as pessoas queiram participar e saibam pelo que estão trabalhando.

ORIENTADA AO SERVIÇO

Uma causa envolve duas partes: quem serve e quem recebe. Quem serve contribui com dinheiro, ideias ou trabalho para avançar na causa, enquanto os recebedores são os beneficiários da contribuição.

O primeiro beneficiário de uma causa não deve ser a organização — ou seus colaboradores — que assumiu o papel de servir.

CAUSAS DEVEM SER AFIRMATIVAS, POSITIVAS, INCLUSIVAS, ESPECÍFICAS E ORIENTADAS AO SERVIÇO.

COM OU SEM LIGAÇÃO DIRETA COM O PRODUTO

Muitas vezes a causa que faz sentido para uma organização não tem ligação direta com o produto que ela vende ou o serviço que oferece, mas isso não a impede de ter ações muito propositivas.

Uma das causas da empresa ativista Ben & Jerry's é a dos direitos dos LGBTQIA+. O produto deles é o sorvete, e, olhando de forma objetiva, sorvete não tem relação com essa causa. Mas a empresa tem atuado fortemente nessa causa e tem feito a diferença na vida de muitas pessoas, seja com colaboradores, clientes ou mesmo apoiando políticas públicas inclusivas.

No jogo finito, os jogadores jogam só para si. Já no jogo infinito, a preocupação é o sistema continuar a funcionar. Sem os outros não há jogo!

QUAL É MEU GRUPO?

Apresento uma situação para você refletir sobre a importância de fazer parte de um grupo unido e coeso que trabalha por um objetivo (em um jogo infinito) de maneira saudável, um grupo em que você tem o sentimento de pertencimento e de que está contribuindo para a melhoria do mundo.

Estamos nos idos de 1500, diversas pessoas decidem se mudar e buscar uma região com melhores condições para viver. Mas, para encontrar esse local, o que esse grupo precisa ter para se unir e partir para a jornada?

- Motivo de existência: no caso, mudar de local.
- Líder: alguém capaz de motivar, acolher e unir o grupo, que possibilite que cada um faça o seu melhor durante a caminhada. Deve estar na linha de frente para definir o caminho e proteger as demais pessoas.
- Recursos: comida, roupa e algumas armas para se proteger de eventuais ameaças de animais.
- Regras de convivência e organização: para evitar brigas, desentendimentos e manter o objetivo principal.
- Pessoas: devem estar unidas.

Digamos que essas pessoas se dividiram em dois grupos, formados com base em afinidades de comportamento. Todos saem ao mesmo tempo em direção a um local X que dizem ter melhores condições. O Grupo 1 é composto por pessoas fortes, atléticas, mas há várias disputas internas, desalinhamento; com medo de passar fome, cada indivíduo acumula cada vez mais e mais alimentos pensando apenas em si, sem se importar com o peso que terá de levar e sem a preocupação de ajudar a carregar os pertences de alguém que esteja mais cansado, e membros desmotivados boicotam a jornada, andando lentamente.

Já o Grupo 2 não tem nenhum grande atleta, mas todos são unidos e andam no mesmo ritmo; também têm medo de passar fome, porém acumulam alimentos suficientes para garantir a sobrevivência de todo o grupo, sem perder a visão do companheiro; se percebem que alguém está mais cansado, ajudam a carregar seus mantimentos até que recupere as forças; se alguém está com fome, logo lhe oferecem algo para comer.

Qual grupo chegará antes? Qual terá uma caminhada mais prazerosa? Qual chegará em melhores condições de saúde? Certamente o Grupo 2 chegará antes, pois todos os membros estão alinhados e unidos, criando um ambiente acolhedor e sem competição. Dessa forma, o grupo terá uma caminhada mais prazerosa, saudável, organizada, alcançando o destino antes do grupo desarmônico.

Façamos o seguinte paralelo com uma empresa:

- **Motivo de existência:** objeto social, que são as atividades que a empresa pode exercer. A razão de sua existência (nenhuma empresa tem como objeto social ter lucro).
- **Líder:** quem deve ir na frente, assumir mais riscos, trabalhar para sua equipe. O líder trabalha para a equipe, e não o contrário.
- **Recursos:** infraestrutura, equipamentos, salários etc. gerados por meio do lucro e do aporte dos sócios. Quanto mais recursos, mais longe a empresa pode ir. Nenhuma empresa sobrevive sem lucro.
- **Regras de convivência e organização:** valores da empresa.
- **Pessoas:** unidas e alinhadas, são as responsáveis pelo progresso da empresa.

Naqueles idos de 1500, o grupo que pensou em acumular mais alimentos, ignorando outras variáveis importantes, não foi muito longe, né? Infelizmente, ainda hoje uma empresa que só pensa em acumular dinheiro é muitas vezes aplaudida. Porém, esse tipo de organização tende a não ter um grupo unido, pois cada pessoa quer levar vantagem e se sentir superior a outra.

Quando se trabalha em grupo para atingir uma meta, concretizar um projeto ou melhorar a situação do mundo, a jornada pode não ser mais fácil, mas a companhia deixará o percurso mais prazeroso. E, quando uma pessoa estiver cansada, outra estará do lado para ajudá-la até que suas forças se recomponham.

> O LÍDER TRABALHA PARA A EQUIPE; A EQUIPE
> NÃO TRABALHA PARA O LÍDER.

POR ONDE COMEÇAR?

É bom fazer parte de um grupo composto por pessoas que têm afinidades, se respeitam, se gostam e trabalham juntas para alcançar um objetivo. Apesar de já termos falado sobre o que é causa e quais são suas característica, talvez você ainda tenha dúvidas sobre qual é aquela com a qual você se identifica e conseguirá se empenhar mais. Como escolher? Qual abraçar? Como lidar com a sensação de desânimo e impotência por não conseguir mudar tudo o que deseja? Como dar o primeiro passo? Como saber que está fazendo a diferença?

As questões e os medos são muitos, eu sei. Mas servem para que você esteja alinhado àquilo em que acredita, por isso vale a reflexão. Apresentarei a seguir algumas causas da Gaia para fornecer elementos que facilitem encontrar a sua. E que ela seja genuína e faça a diferença.

SÓCIOS DE UM TIME DE FUTEBOL

Por termos uma cultura forte e uma intenção genuína em causar impactos positivos, conseguimos atrair para a Gaia diversos projetos, inclusive alguns vindos de celebridades. Muitos desses encontros acontecem, a princípio, sem um objetivo predefinido; apenas existe uma vontade de *melhorar o mundo*, mas durante o papo ideias vão sendo desenvolvidas e podem resultar em negócios bem interessantes.

Uma das iniciativas em que investimos exclusivamente por acreditar em uma causa foi virarmos sócios de um time de futebol!

Meados de 2017. Juninho Paulista, pentacampeão do mundo com a seleção brasileira, campeão mundial e da Libertadores pelo São Paulo, vencedor do Campeonato Brasileiro pelo Vasco, dentre tantos outros títulos, foi à Gaia para contar a história do Ituano, time do interior de São Paulo do qual ele era gestor.

Ouvindo sua história, fiz um paralelo com a nossa empresa. O Ituano era um time com orçamento muito menor do que os grandes da capital paulista, mas investia muito nas categorias de base e no bem-estar dos atletas. Era um time vitorioso, bicampeão paulista, além de ser o time do interior há mais tempo na série A do campeonato estadual.

Da mesma forma, a Gaia era uma empresa com muito menos orçamento do que nossos concorrentes do mercado financeiro, no entanto, nossa preocupação com as pessoas possibilitou a contratação de talentos humanos, que preferem ser felizes a ganhar altíssimos salários, e o fato de termos causas atraiu diversos parceiros que se sentem seguros com o nosso trabalho e nossos valores.

Durante a conversa com Juninho Paulista, enxergamos duas formas de ajudar: fortalecer as ações sociais, consolidando o Ituano como um time de impacto social; e melhorar a comunicação do time para atrair parceiros para seus projetos, construindo uma corrente do bem. Foi assim que nos tornamos sócios de um time de futebol, algo completamente inusitado, em cuja possibilidade nunca havíamos pensado até então.

Comentando com uma amiga, a jornalista Mariana Ferrão, sobre a ideia de implantarmos valores no time de futebol, ela se propôs a fazer, para os jogadores e a comissão técnica do time, uma palestra dela e de dois médicos para falar sobre gratidão. Imagine a cena: todos os jogadores sentados no meio do campo ouvindo a Mariana, o neurologista Fabiano Moulin (que viria a se tornar um grande amigo) e o psiquiatra doutor Daniel Barros ensinando gratidão!

Por que ensinar a gratidão para jogadores de futebol? Essa habilidade fortalece a união do time, pois as pessoas passam a reconhecer mais o trabalho uma da outra, e aumenta os níveis de felicidade e bem-estar, trazendo um ambiente motivador e positivo para o grupo. Funciona tanto para times empresariais como esportivos.

Logo na estreia do campeonato paulista do ano seguinte, distribuímos camiseta para todos os torcedores que foram ao estádio. Tínhamos dois modelos: "Pratique a gratidão" e "Viva com garra", que além de valores da Gaia passariam a ser também do Ituano. Na camiseta oficial também colocamos esses valores, e demos palestras para os jogadores e a comissão técnica.

No jogo contra o Palmeiras (meu time de coração), fizemos no intervalo o Pênalti do Bem. Selecionamos dois torcedores de cada time que bateram pênaltis contra o gol que estava sendo defendido pelo ex-goleiro palmeirense Veloso. Cada dupla também representava uma ONG, e aquela que acertasse mais cobranças direcionaria uma doação maior para a sua entidade. No final ninguém fez gol, e o prêmio foi dividido igualmente.

Em meados de 2019, após o sucesso como gestor, Juninho foi convidado para assumir um cargo na CBF, e em comum acordo encerramos a parceria entre Ituano e Gaia. Em um ano e meio, além de fazermos várias iniciativas, vimos o Ituano evoluir: o time foi para as quartas de final do campeonato paulista e teve o melhor ataque da competição. Quando começamos a trabalhar juntos, não estava nem na série D do Campeonato Brasileiro, depois se classificou para a D e, em seguida, para a C, quando vendeu o jogador Gabriel Martinelli (que passou pelos nossos programas) para o Arsenal.

Nosso plano era fazer do Ituano um time de futebol modelo, que inspirasse e desse bons exemplos para os mais jovens. O tempo foi curto, mas mostramos que é possível ter um time de futebol que o mundo precisa. Um time preocupado com seus membros e seu entorno.

PARA TUDO, O MUNDO PAROU

Em 2019, ir para a Disney foi um sonho que parecia único, mas foi tão legal que resolvemos repetir a dose no ano seguinte. Se na primeira vez havíamos atrelado a viagem a alguma metas, desta resolvemos dar esse presente aos gaianos e gaianas. Quando anunciamos que iríamos repetir a viagem, todos demoraram um pouco para acreditar que era verdade, mas, ao se darem conta de que não estávamos brincando, pularam tanto que o piso da sala de reuniões literalmente quebrou, tamanha a felicidade.

Entre o anúncio e a data da viagem, foram alguns meses de preparação, com definição das atividades e das surpresas. Todos muito empolgados com os momentos que estavam por vir. Até que chegou a semana da ida para Orlando. O mundo estava cada vez mais estranho. O coronavírus, que a princípio estava restrito a alguns países do Oriente, começava a dar as caras no Ocidente.

Observávamos cada instante. Será que vai atrapalhar a viagem?

Conversei com amigos que moram em Orlando, e lá estava tudo normal; troquei mensagens com uma amiga que trabalha na Disney, segundo a qual a Flórida estava tranquila. Seguimos acompanhando as notícias. A situação só ficava mais tensa.

Dois dias antes da partida, no dia 11 de março, fizemos uma reunião da equipe de organização da viagem, refletimos muito e decidimos que iríamos à Disney. Um dia antes, uma pressão enorme, notícias desencontradas por todos os lados. Eu não sabia o que fazer. Fui à sala de meditação, fechei os olhos e meditei, pedi a Deus que nos iluminasse e sinalizasse qual a melhor atitude a ser tomada naquele momento. Faltavam pouco menos de 24 horas para entrarmos no avião.

Ao abrir os olhos após a meditação, li o dizer que estava na parede à minha frente: "O corajoso pode não viver para sempre, mas o cauteloso também não viverá". Essa era a frase da contracapa do livro do Richard Branson que me inspirou a criar a Gaia.

Minha interpretação naquele instante foi: "Vamos ser corajosos, vamos à Disney. Mas quero que todos participem dessa decisão".

Chamamos gaianos e gaianas e expusemos a situação. Expliquei que o mundo passava por um período incerto, que o vírus estava se espalhando muito rápido, mas que Brasil e Estados Unidos ainda pareciam tranquilos, que a Disney havia dito que continuaria funcionando. Após essa introdução, perguntei: "Quem quer ir agora e quem prefere ir em agosto?". Cada um teria alguns minutos para refletir e avisar quando preferia ir. A grande maioria preferiu manter a viagem para o dia seguinte.

Tudo certo. No final daquela tarde, os gaianos do escritório de Salvador embarcaram para São Paulo, e a Disney anunciou que fecharia os parques da Califórnia, pois a taxa de contágio do coronavírus estava muito elevada no estado. Mas iríamos para a Flórida.

Fomos para casa. Todos de malas prontas para, no dia seguinte, estar às 7 da manhã no aeroporto de Campinas rumo à tão sonhada viagem.

Coloquei minhas filhas para dormir, dei um beijinho em cada uma e me despedi delas, pois iria sair muito cedo no dia seguinte. Até que minha esposa apareceu, aflita: "A Disney anunciou que a partir de domingo todos os parques estarão fechados".

Liguei para o Fabinho. Daria para aproveitar dois dias de Disney e, eventualmente, dois de Universal, que não havia feito nenhum anúncio até o momento. Porém, não fazia mais sentido irmos... Lembrei da coragem da frase da sala de meditação, e nesse caso a coragem seria decidir não ir. Eram 22 horas, a turma de Salvador já estava em São Paulo, os demais prontos, alguns dormindo.

Mandei um áudio para todos os gaianos e gaianas cancelando a viagem. Estava triste, mas consciente de que era a melhor opção. Pedimos que todos dessem um jeito de assegurar que a empresa inteira seria avisada, pois alguns poderiam não ouvir aquela mensagem tarde da noite.

O que fazer no dia seguinte? Voltar a trabalhar como se nada tivesse acontecido? Seria muito frustrante ter "um dia normal". Então resolvemos fazer um dia especial.

Quase às 23 horas, falei com um grande amigo, Eduardo Moreira, um dos principais influenciadores do país no tema desigualdade, troquei ideias com o doutor Fabiano Moulin sobre o que estava acontecendo e organizamos um dia mágico para gaianos e gaianas.

Logo pela manhã fomos todos para um parque, juntamos a turma de São Paulo, Salvador e Piracicaba. Fizemos dinâmicas e dei uma palestra sobre a atual situação do mundo, inaugurando, naquele 13 de março, as Causas do Grupo Gaia, que seriam o motivo de existência da empresa a partir daquele momento. Felicidade, mudanças climáticas e redução da desigualdade passariam a pautar nossas ações e os negócios em que nos engajássemos.

A partir daquele dia todos passaram a ser ativistas, pois cada ação dentro da empresa seria em busca de trabalhar em prol de uma causa.

À tarde, ouvimos o Eduardo Moreira e o Fabiano Moulin, que trouxeram reflexões profundas, depois fizemos uma baladinha na

Gaia. Um dia inesquecível, em que revertemos a frustração de não termos viajado para um momento de reflexão, para sorrir e fortalecer nossa união, nos comprometendo com determinação para o futuro que iríamos criar!

Ao relatar esse episódio, minha intenção é mostrar que você ou sua empresa, ao defender uma causa, também enfrentará dias e situações difíceis, mas, se estiver bem acompanhado, a jornada será mais rica.

CAUSAS DA GAIA

Anos depois de ler o livro *Satisfação garantida*, de Tony Hsieh — sobre o qual já comentei no capítulo 6, em que falo da importância dos valores em uma empresa —, continuamos a perceber que escolher, implementar e vivenciar valores têm nos proporcionado uma experiência incrível e certamente faz a Gaia ser uma empresa mais forte, resiliente e, especialmente, mais feliz.

Após saber a importância das causas, conhecer os jogos infinitos e passar por um momento em que o mundo estava cada vez mais tenso — por causa da constante e crescente ameaça do coronavírus —, tive a mesma sensação de quando li o livro de Tony Hsieh: percebi que a Gaia deveria subir um degrau e abraçar causas. Não bastava fazer coisas legais de impacto socioambiental: era preciso definir, formalizar e ter um direcionamento bem claro do futuro que a empresa pretendia construir de forma intencional.

Retomando o Diagrama de Gaia, o eixo humano foi o que nos guiou desde o início da empresa, cuidando para que as pessoas sejam saudáveis e felizes. Mas, quando falamos em abraçar causas, estamos falando do *eixo ativista*.

Após a criação do Causas do Grupo Gaia, formamos um pequeno grupo de pessoas bem engajadas para definir quais seriam as nossas causas. Assim como não classificamos os valores das empresas como bons ou ruins, não há causas melhores do que outras. O importante é que sejam genuínas e intencionalmente vivenciadas.

Antes de definirmos as Causas da Gaia, veio a pergunta: quantas vamos abraçar? Tem um princípio conhecido como regra de três (não é aquela da matemática) que sugere que um trio de eventos ou personagens é mais engraçado, satisfatório ou eficaz do que outra quantidade. Nas palestras que apresentamos procuramos sempre quebrar as ideias em grupos de três, e funciona. Então resolvemos seguir por esse caminho.

Depois de mergulharmos no que realmente nos tocava, chegamos a três assuntos: desigualdade, felicidade e mudanças climáticas. Tendo sempre em mente que as causas devem ser propositivas, positivas, inclusivas e orientadas ao serviço, desenvolvemos e chegamos ao seguinte:

Desigualdade — Promover a inclusão socioeconômica.
Motivo: a maior causa dos problemas sociais do planeta é a desigualdade; a maneira como os negócios são geridos tem contribuído para esse problema.
Como: em vez de dizer que vamos lutar contra a desigualdade, promoveremos a inclusão socioeconômica.

Felicidade — Semear a compaixão.
Motivo: em uma sociedade com índices tão altos de ansiedade, depressão e síndrome de *burnout*, o individualismo e a competição extrema vêm causando muita dor para as pessoas.
Como: ao semearem a compaixão, pessoas passam a se ajudar mutuamente, visando ao bem comum (mais adiante falaremos sobre esses temas).

Mudança climática — Mitigar as mudanças climáticas.

Motivo: as mudanças climáticas têm afetado muito a vida de todos os seres vivos na Terra, e, se continuar assim, um número enorme de espécies será extinto; apesar da urgência desse tema, ele ainda é muito negligenciado por governos, empresas e pessoas.

Como: diminuindo nosso impacto negativo sobre o planeta, sendo mais ecologicamente corretos e apoiando iniciativas que melhorem as condições ambientais.

Definidas as causas, era hora de agir! Mas será que toda ação tem efeito?

MERGULHANDO NAS CAUSAS

Estar atento ao que acontece em seu dia a dia pode trazer ideias de com qual causa você tem mais afinidade e o que fazer para contribuir. Veja o exemplo a seguir.

Final de 2019. Combinei com Fabinho que, em 2020, a minha dedicação seria única e exclusivamente aos negócios ligados às causas. Até então, já havíamos feito negócios de impacto socioambiental emblemáticos, mas agora seria a hora de colocar muita energia para que isso passasse a ser relevante não só na Gaia, mas no Brasil.

Meados de 2019. Uma empreendedora foi à Gaia e disse estar superalinhada com os nossos valores e nossas causas. Roberta, uma nordestina ligada no 220, empreendedora ativista, me contou sobre o mercado de moda e sobre situações de trabalho análogas à escravidão nesse setor, que é um dos maiores poluidores do planeta. Sua empresa, Eu Visto o Bem, emprega tanto presidiárias como egressas do sistema prisional, e sua produção não gera nenhuma perda de tecidos. Um trabalho socioambiental. Fiquei encantado.

Seu passado é interessante. Ela teve uma carreira bem-sucedida na indústria de cosméticos até que, um dia após ter recebido uma promoção e finalmente atingido o cargo que tanto havia desejado, pediu demissão. Tinha atingido a meta, mas se deu conta de que queria algo com propósito, que a completasse.

Início de 2020. Roberta me convidou para ser conselheiro da empresa; gostei do desafio. Fizemos uma primeira reunião, mas poucos dias depois veio o baque da pandemia do coronavírus, todos os contratos da Eu Visto o Bem foram cancelados, e sua situação ficou superdelicada.

Até que no dia 8 de abril ela voltou a entrar em contato, dessa vez para compartilhar uma ideia incrível que tivera. Além do enorme abalo sanitário causado pela pandemia, o país vivia problemas econômicos sem precedentes. A ideia de Roberta era trabalhar a fim de diminuir o impacto negativo dessas situações. Iria produzir máscaras de qualidade, gerando emprego e renda para mulheres desempregadas, e doá-las para comunidades em vulnerabilidade social.

Fiquei encantado com a ideia, e então ela propôs que a Gaia entrasse como uma das empresas coordenadoras do projeto. Aceitei, e logo juntamos um time de peso de empresas ativistas — como Hospital Albert Einstein, Din4mo, Sistema B, Sagarana e Tawil — que viram o grande impacto que essa atitude teria, nascendo assim o movimento #EuCuido.

Roberta encontrou numa situação extremamente difícil uma oportunidade de fazer diferente, e rapidamente conseguiu companheiros para compartilhar essa jornada com ela. Quando você tem um propósito muito forte e é coerente no discurso, as pessoas se conectam. A cada ligação trazíamos mais um parceiro, fazendo o movimento ganhar força e impactar mais gente.

Nas causas, você ou sua empresa não precisa trabalhar na solidão. É possível envolver outras pessoas e organizações que defendam a mesma causa.

TUDO PELA OLIVIA

Havia duas formas de contribuição para o projeto #EuCuido: doar dinheiro depositando em conta-corrente ou comprar máscaras (para cada máscara comprada, uma era doada).

Após três dias de inaugurado o projeto, já tínhamos quase duzentos pedidos de compra e em torno de 200 mil reais doados para a fabricação de mais de 28 mil máscaras. Esse sucesso todo fez que o grupo Bandeirantes de comunicação nos procurasse. Primeiro a rádio BandNews, e logo em seguida a TV Bandeirantes.

No dia da gravação para o *Jornal da Band*, fui com a Roberta à linha de produção para sermos entrevistados. Tudo correu bem, mas antes de ir embora resolvi gravar um vídeo curto para postar no Instagram; escolhi aleatoriamente uma das mulheres que costuravam as máscaras e pedi que ela contasse sobre sua vida. Olivia, boliviana, parou, olhou para a câmera do celular e, após um segundo de silêncio, por fim, disse com a voz embargada:

"Estava em casa com aluguel atrasado, tenho um filho que é paciente oncológico e por causa da quarentena eu estava sem trabalho há dois meses, sem renda e com aluguel atrasado. Eu tinha que comprar coisas para o meu filho, a imobiliária ficava me ligando para cobrar. Até que vi o anúncio da vaga na internet, e essa informação veio para mim como uma esperança, para trabalhar e levar dinheiro para casa."

Naquele momento um milhão de coisas vieram à minha cabeça, e tive a certeza de que o projeto já era um sucesso por ter impactado Olivia. Não precisava de mais nada. Mesmo que fosse só por ela e pelo filho de 6 anos com leucemia, já valera a pena toda a mobilização e dedicação.

Impactar vidas é o combustível para um ativista! No caso, para um grupo de ativistas!

QUEBRANDO TABU

Na minha experiência, quanto mais você sair da zona de conforto na busca por uma causa, quanto mais se abrir a novas possibilidades de viver, pensar e sentir, melhor será seu trabalho, maior será o impacto no mundo, maiores serão sua consciência e sua felicidade.

Esta é certamente a parte mais polêmica deste livro. Lidar com conceitos preconcebidos e questionar aprendizados enraizados são um difícil exercício, porém superimportante para a formação de líderes que o mundo precisa.

Conheci o Eduardo Moreira quando eu havia acabado de abrir a Gaia e ele, o Banco Brasil Plural. Logo na primeira reunião tivemos uma boa empatia, mas seus sócios na época já queriam se aproximar para comprar a Gaia. Não fazia sentido, especialmente por pensarmos de forma diferente.

Os anos se passaram e Dudu, que tem uma mente brilhante e é uma das pessoas com maior capacidade de aprendizado que conheço, foi se afastando dos seus sócios. Até que um episódio mudou sua vida. Ele teve um problema de saúde e foi internado. Na mesma época, soube que a filha de um colaborador seu também estava doente. Enquanto ele estava sendo superbem tratado no hospital particular, a menina passou dias à mercê do péssimo serviço oferecido pelo hospital público em que estava sendo atendida, sofrendo e correndo sérios riscos.

Até que um dia, ainda acamado, ele parou para refletir sobre o motivo de tamanha diferença de atendimento. Ele estava em um hospital excelente, e tudo seria pago pelo plano de saúde. Não teria que desembolsar um centavo a mais. O banco do qual era sócio estava pagando isso para ele. Mas óbvio que os recursos do banco vinham de algum lugar, dos clientes da instituição, entre eles seu colaborador. Então... o colaborador, o pai da menina doente, estava pagando a sua estada do hospital.

Ao desenhar toda a lógica do fluxo do dinheiro, ficou claro como o sistema funciona: os mais vulneráveis sustentam os mais ricos em uma máquina crescente de desigualdade. Enquanto o assalariado paga alíquotas altíssimas de imposto de renda, os sócios das empresas não pagam nada ao retirar os dividendos. Além de grande parte da carga tributária ser sobre bens e serviços, cujo imposto pesa muito mais para quem ganha pouco (por exemplo, o imposto da água mineral é o mesmo para o rico e para o pobre, mas proporcionalmente pesa muito mais para quem tem menos dinheiro).

Ainda no hospital, ao compreender esse jogo cruel, ele escreveu o livro *O que os donos do poder não querem que você saiba*. O título diz tudo. Seus sócios no banco não quiseram que ele publicasse, mas não teve jeito: seu caráter era mais forte. Ele publicou, e foi retirado de forma desumana da sociedade que ajudara a fundar.

A partir de então, Dudu resolveu mergulhar para conhecer mais esse mundo da desigualdade. Não bastava estudar para saber o que realmente acontecia: ele tinha de vivenciar. Morou um tempo em comunidade quilombola, no sertão e em assentamentos do Movimento dos Trabalhadores Rurais Sem Terra (MST).

Nessa fase, após ter saído do banco, voltamos a nos reconectar e a trocar ideias. A cada papo, ele me dava uma aula de um mundo que eu via por lentes tortas. Para mim, alimentado pelo que eu escutava, o MST era um bando de terroristas que invadiam propriedades para fazer atos políticos. Foi Dudu que, logo após voltar da sua visita aos assentamentos, me disse que todo o meu "conhecimento" sobre o movimento estava errado.

Encantado com o que encontrou junto às pessoas do MST, me mostrou as fotos de uma fábrica de produção de laticínios superorganizada, que eu diria não perder nada para qualquer outra. Foi durante essa vivência que ele viu e entendeu de fato, pela primeira vez, o que era meritocracia.

REFLEXÕES SOBRE MERITOCRACIA

Aprendemos em bancos de investimento que o único fator que fará você crescer na vida é o seu mérito, sua capacidade. Chamamos isso de meritocracia. Todas as pessoas que estudaram em boas escolas, faculdades de primeira linha e se dedicaram acreditam que estão lá por mérito próprio. O problema é que excluem dessa equação duas variáveis importantíssimas: ponto de partida e relacionamentos.

Explico: um jovem que, na adolescência, teve de trabalhar para ajudar a levar dinheiro para casa enquanto estudava na escola pública à noite está longe de ter as mesmas condições de competição em relação a um jovem, da mesma idade, que estudou em uma das melhores escolas do país, fez intercâmbio, conhece vários lugares do mundo e cujo pai é amigo do presidente da empresa. Se for mulher, tem ainda menos chances nessa competição; se for negra, as chances caem ainda mais. Se for transexual, dificilmente terá emprego. Isso desmonta qualquer argumento sobre meritocracia.

Agora imagine uma área rural em que um pedaço de terra seja igualmente dividido entre algumas famílias. Cada família poderá plantar o que quiser e, com base no que gerar de riqueza a partir da sua colheita, juntará recursos para construir sua casa, comprar seu carro e fazer a sua vida. Nesse lugar ninguém recebe vantagem, a área é igual para todos. Se a família do José quiser plantar mais, ganhará mais; se a da Maria estiver satisfeita com um plantio menos trabalhoso, tudo bem. Isso, sim, é meritocracia. Partindo de uma mesma condição, recebendo os mesmos benefícios, cada um receberá o que o seu esforço, seu trabalho, gerar. Assim funciona o MST.

"Mas eles roubam as terras dos outros", você pode alegar.

Dudu me convenceu a fazermos uma reunião com os principais líderes do movimento. Eles foram à Gaia e levaram vários produtos orgânicos, embalados profissionalmente como qualquer um que encontramos nos supermercados. Todos os produtos produzidos por cooperativas ligadas ao MST.

Nessa reunião com os líderes, tive uma aula de vida. Sempre muito gentis e simpáticos, explicaram o que nem a imprensa nem a sociedade nos contam. A partir do que eu ouvi, passei a entender que, não por acaso, todos os grandes grupos de comunicação são ligados a setores contrários ao movimento.

Compartilho com vocês algumas dessas lições de vida.

NÃO É ROUBO

A Constituição Federal do Brasil diz, em seu artigo 186, que as terras em território nacional têm função social e devem respeitar requisitos como preservação do meio ambiente, observância das relações de trabalho e aproveitamento adequado do solo.

Ainda segundo a Constituição, a União poderá desapropriar áreas para fins de reforma agrária, exceto nos casos de terras produtivas e de pequenas e médias propriedades rurais. Ou seja, não faz sentido alguém ter uma grande área improdutiva e devastada enquanto há famílias na miséria, passando fome. Isso não veio da minha cabeça: está na Constituição.

Os donos das terras que o governo venha a desapropriar serão pagos por isso. Portanto, não é roubo, já que há recompensa financeira nessa transação. E se o proprietário não quiser que suas terras sejam incluídas na reforma agrária, basta produzir algo nela.

Normalmente o MST vai atrás de áreas que, além de improdutivas, tenham altas dívidas com a União, para facilitar o processo de conversão em algo que seja bom para todos e para o país.

Na ocasião de uma visita que fizemos à cooperativa do MST, João Pedro Stédile, um dos líderes do MST, nos disse uma frase que não é de sua autoria, mas representa o pensamento do movimento: "Não herdamos a terra dos nossos pais, mas a pegamos emprestada dos nossos filhos e queremos entregá-la melhor do que a recebe-mos". Eles chegaram a uma terra devastada, o antigo proprietário foi pago por ela, as famílias assentadas vivem com dignidade em vez de estarem vivendo na pobreza das cidades e a população tem acesso ao alimento orgânico. Por acaso alguém perde com isso?

Mas será verdade?

Após algumas reuniões em São Paulo para entendermos o movi-mento e tirarmos dúvidas, visitamos um assentamento no Rio Gran-de do Sul. Ao chegarmos ao vilarejo, fomos direto à sede, onde nos receberam com um almoço delicioso e onde as pessoas da comu-nidade podem se alimentar com comida de qualidade, produzida lá mesmo, em grande parte orgânica. Depois, fomos conhecer o lugar e vimos um lindo parque em que as crianças brincavam, o local onde estudavam e um ginásio. Em seguida, andamos na área desti-nada às moradias. Uma mais bonita do que a outra. Sem luxo, mas com muita dignidade. Tudo isso construído a partir da venda de plantação de arroz orgânico e da cultura de suínos. Difícil imaginar que 25 anos atrás aquilo era uma área degradada.

Fomos então ver a produção. As máquinas estavam ensacan-do arroz orgânico de uma conhecida marca, vendida nos principais mercados da capital paulista. Tenho a mais absoluta certeza de que 99% dos que compram aquele arroz não fazem ideia de que ele é produzido por famílias do MST.

Aquilo tudo não era uma encenação. Era real.

Operação financeira

Conversa vai, conversa vem, enxergamos a dificuldade que as famí-lias do assentamento têm para conseguir crédito para a produção e a ampliação da fábrica de arroz. Somente pelo fato de estarem atreladas ao MST. A Gaia sabe dessa dificuldade, afinal se fez no mercado financeiro em operações de securitização, tanto imobiliárias como do agronegócio, mas entendemos a importância de ajudar nessa causa. E o que era uma tarefa simples e corriqueira para nós virou um grande desafio: montar uma operação para uma cooperativa ligada a uma das entidades vistas pelo mercado financeiro com maior preconceito.

Mas essa empreitada juntou dois ativistas engajados, Dudu e eu. Fomos para cima, adiante, determinados a realizar esse negócio inédito no país. Dificuldades não faltaram. Desde escritórios de advocacia que se recusaram sumariamente a fazer parte disso, até restrições dentro da minha própria empresa, vindas de quem tinha "pré-conceitos" e foi contra o envolvimento da Gaia na operação. Além dos desafios de encontrar investidores e viabilizar os custos, tínhamos de ultrapassar outra barreira: o grande número de pessoas que não queriam ver a Gaia ligada ao MST.

Depois de um tempo, Dudu e eu conseguimos o apoio de um escritório de advocacia para nos dar base jurídica. Internamente na Gaia, pela falta de cooperação, conduzi o processo sozinho com uma analista e uma pequena ajuda vinda de vez em quando de outras pessoas.

Após termos de quebrar vários tabus, no dia 11 de maio de 2020 liquidamos a primeira operação do mercado financeiro com o MST, um dos maiores movimentos sociais do mundo e o maior produtor de arroz orgânico da América Latina, segundo reportagem da BBC Brasil de 2017.

Todo o processo foi muito trabalhoso, pois tivemos de lidar com "pré-conceitos" e preconceitos e quebrar tabus (inclusive os meus), mas ao estar aberto a ouvir, aprender e ir atrás de informações, um novo mundo se descortinou para mim. Ampliar seu horizonte e se despir de crenças pode ser uma maneira de encontrar a sua causa genuína.

MUDANDO OS CONCEITOS DA MORADIA

Marco Gorini, um dos grandes especialistas de impacto socioambiental do Brasil, além de ser um amigo que me ensina muito, um dia nos apresentou André Czitrom, empreendedor ativista sócio da Magik JC, uma incorporadora imobiliária (e Empresa B) superengajada. Enquanto normalmente as incorporadoras têm só o objetivo de vender imóvel, ou seja, ganhar dinheiro, a Magik JC preza a qualidade e a localização por um preço acessível. Uma preocupação genuína que não impede de ter lucro e crescer.

Reuniões com empresários ativistas são altamente motivantes para mim, pois fico tão empolgado a ponto até de pensar em fazer coisas meio impossíveis, mas que, de alguma forma, a gente dá um jeito de realizar. Com o André não foi diferente.

A motivação era criar um projeto para pessoas que ganhavam a renda necessária para obter financiamento da Caixa Econômica Federal, mas que, além de causar dependência dos recursos do banco, muitas vezes não atendia àqueles que tinham condições de comprar um apartamento por não serem aprovados nos rígidos critérios de crédito. Precisávamos de uma solução para isso!

Chamamos para o desafio o advogado ativista Alexei Bonamin, sócio do TozziniFreire, um dos maiores escritórios de advocacia do país. E com o time formado — Tozzini, Gaia, Din4mo (empresa do Marco) e Magik — passamos a pensar em como resolver o problema de pessoas de baixa renda que querem morar em lugares adequados, mas não conseguem obter um financiamento.

Após muitas ideias — surgidas por brainstorming, pegando um pensamento que surgiu do nada para, depois, ver se daria em algo viável —, chegamos a uma solução simples mas encantadora: criar uma ONG que seria dona de um prédio superlegal, destinado à locação por pessoas em vulnerabilidade (só pode alugar quem ganha até determinada renda — algo inovador). Esse edifício teria gestão social para ajudar os moradores a se desenvolver, conseguir emprego e fazer cursos, e seria erguido com recursos levantados pela Gaia no mercado financeiro. Com isso criamos um legado para a cidade, pois o prédio nunca poderá ser vendido ou perder o seu propósito. Foi assim que nasceu o S.O.M.A, Sistema Organizado de Moradia Acessível, um dos conceitos mais inovadores do mercado imobiliário que já conheci.

Apresentamos o projeto para a Africa, uma das mais importantes agências de publicidade do país, que topou participar, montando a campanha de marketing e trazendo parceiros. Sem cobrar nada!

Com a campanha em mãos, entramos em contato com várias empresas do setor da construção, e muitas delas demonstraram interesse em apoiar o movimento.

Quando um projeto para a construção de um prédio popular imaginou que conseguiria contar com uma das maiores agências de publicidade para criar o seu conceito? A Africa nem sequer trabalha com esse setor! Mas o fato de ser um projeto com causas importantes envolvidas possibilitou que a agência se engajasse no movimento sem cobrar nada.

ATRAIA PARCERIAS PARA SUA CAUSA

Tirar um projeto do papel não é fácil, mas é possível encontrar parceiros para ajudá-lo em uma causa. Para encontrar seu grupo, além de muita disposição, siga estas dicas:

1. **Tenha um projeto** — ele deve ser consistente e apresentar o máximo de informações possíveis, como qual é causa defendida, o objetivo, o público-alvo, como impactará a sociedade e o meio ambiente, previsão de orçamento, cronograma etc.
2. **Mapeie pessoas e empresas apoiadoras** — estude os valores das empresas e das pessoas que trabalham lá e analise

se eles são aplicados e vividos na prática. Não é preciso que a empresa trabalhe necessariamente no ramo; o mais importante é que a causa tenha ligação com os valores. Na etapa de mapeamento, deve-se avaliar se a instituição visa apenas o retorno financeiro ou possui um comportamento humano e ativista.

3. **Exponha seu projeto** — entre em contato, marque reuniões e apresente sua causa e por que acredita que essa pessoa ou empresa se encaixa nesse projeto, como ela poderá contribuir (financiando com dinheiro, fornecendo algum produto ou serviço, por exemplo).

4. **Mostre os benefícios** — apresente quais serão os ganhos se essa parceria se firmar, as melhorias que essa causa vai levar ao mundo e como a empresa também se beneficiará.

5. **Opções de patrocínio** — poucas empresas ou pessoas têm capacidade de arcar com todos os custos de um projeto. Uma opção é pedir patrocínio de diferentes formas: diversas faixas de investimento em dinheiro, prestando algum serviço ou fornecendo produtos.

6. **Não desanime** — provavelmente você fará muitas ligações, enviará muitos e-mails, terá muitas reuniões... e ouvirá diversas negativas. O mais importante é não desistir. Se você acredita que sua causa vai melhorar o mundo para todas as pessoas e está com um projeto consistente e genuíno, continue a procurar parcerias para compartilhar a jornada.

LÍDERES QUE AVANÇAM

Lembrando que o conceito de líder é o de alguém com capacidade de influenciar ideias e ações de outras pessoas, e que não está relacionado a cargos específicos, mas a atitudes, você verá que é possível encontrar líderes em vários lugares, com idades distintas e exercendo funções variadas.

Um dos maiores campeões de todos os tempos de Fórmula 1 (esporte individual dos mais elitistas do mundo) também é um dos grandes líderes ativistas mundiais.

Das quase oitocentas pessoas que já pilotaram um carro de Fórmula 1, apenas um negro teve essa oportunidade. Só por ter vencido tantos preconceitos e chegado à categoria máxima do automobilismo mundial, o britânico Lewis Hamilton já poderia ser admirado. Mas, além de ter ganho vários campeonatos, também é um grande ativista mundial.

Vegano, incentivou milhões de seguidores a se alimentar com uma dieta que não cause a morte de animais. Foi um dos produtores executivos do documentário *The Game Changers*, da Netflix, que fala dos benefícios da alimentação vegana para os atletas.

Na luta pelos direitos das pessoas pretas, protestou nas ruas com a placa "VIDAS NEGRAS IMPORTAM" após o assassinato do afro-americano George Floyd por um policial branco nos Estados Unidos e criou uma comissão em parceria com a Royal Academy of Engineering para incentivar jovens negros a estudar ciência, tecnologia, engenharia e matemática — áreas em que a presença de negros é significativamente mais baixa do que a de pessoas brancas.

E não para por aí. Após pressão do piloto, a Mercedes, equipe em que Hamilton disputa a F-1, anunciou um compromisso público para melhorar a diversidade da empresa, além de usar um carro preto em 2020 para marcar sua posição contra o racismo. Lançou a campanha #WeRaceAsOne ("Corremos como um"), para tornar o esporte mais inclusivo, contando com a participação de outros negros (além dele) e mais mulheres. Também é embaixador do Unicef, que promove a defesa dos direitos das crianças, e da ONU, pela educação de qualidade.

Lewis Hamilton usa sua popularidade em prol de causas em que acredita e que impactam muito mais do que apenas percorrer as linhas da pista de corrida. Ele é um líder que o mundo precisa!

Quem você admira no mundo do esporte? Essa pessoa defende alguma coisa com a qual você também se identifica? Essas perguntas podem ajudar você a encontrar uma causa para se engajar, um caminho que possa ser percorrido para ser ativista.

SEIS DICAS PARA AJUDAR A ENCONTRAR SUA CAUSA

1. Amplie seus horizontes.
2. Mantenha a mente aberta para ouvir e aprender.
3. Encontre sua turma.
4. Não tenha medo de quebrar tabus.
5. Inspire-se em grandes líderes.
6. Não tenha medo de perder clientes.

MOVIMENTOS

Uma forma de mobilizar e impactar é por meio da criação de movimentos.

Um movimento não tem dono, pois qualquer um pode aderir e fortalecer a causa. Por exemplo, o MST, um dos maiores movimentos sociais do mundo, não tem personalidade jurídica, CNPJ. É um grupo de pessoas que se uniram em prol de algo maior, no caso a reforma agrária e a agricultura familiar e agroecológica.

Não só pessoas podem aderir a um movimento. Organizações participam e podem se fortalecer com esse trabalho, desde que esteja alinhado a seus valores e seus princípios, o que facilita demais a construção de negócios com causas.

Participar de movimentos com causas traz benefícios principalmente para a sociedade e o meio ambiente. E quando a ação é genuína pode atrair a adesão de importantes celebridades, que ajudarão a divulgar, dar destaque na mídia e lançar luz para a importância de as empresas se engajarem em causas.

Quando lançamos o movimento sem fins lucrativos #EuCuido, conseguimos a adesão do jogador Daniel Alves, do cantor Emicida, dos chefs Rodrigo Oliveira e Paola Carosella, de Eduardo Moreira, Wellington Nogueira, Mariana Ferrão e tantos outros.

Após a operação com o MST, Eduardo Moreira, com apoio da Gaia, lançou um movimento para incentivar o investimento consciente, o Finapop. Rapidamente diversos veículos de mídia divulgaram essa iniciativa transformadora.

Capitalismo Consciente e das Empresas B são bons exemplos de movimentos empresariais que ajudam a fortalecer a imagem das organizações que contribuem de forma responsável, séria e genuína para o desenvolvimento de alguma causa. O Capitalismo Consciente é um movimento global, nascido nos Estados Unidos, baseado em quatro princípios — Propósito Maior, Cultura Consciente, Liderança Consciente e Orientação para as partes interessadas (em inglês, *stakeholders*) —, que possibilita manter elevada a reputação e a fidelidade dos clientes sem ter altos custos em publicidade e marketing. Empresas que querem contribuir para um mundo melhor e se identificam com os quatro pilares podem aderir ao movimento, somando esforços para a transformação da maneira de fazer investimentos e negócios no Brasil. O Capitalista Consciente não dá certificação a uma empresa; tem o objetivo de "sensibilizar e instrumentalizar as lideranças que tomam as decisões e efetivamente contribuem para uma prática de negócios mais consciente, diminuindo as desigualdades".

Já as empresas que querem ir além podem se certificar como Empresas B, também conhecidas como BCorps. Para receber esse certificado, elas passam por um processo de análise em que são considerados diversos aspectos, como o seu impacto sobre funcionários, clientes, fornecedores, comunidade e o meio ambiente. Essa é uma comunidade de líderes, impulsionando um movimento global de pessoas que usam os negócios como uma força para o bem.

O Capitalismo Consciente pode ser olhado como o primeiro passo para empresas interessadas em trazer o propósito para os seus negócios para, em seguida, se certificarem como B.

> **MOVIMENTOS SÃO FORMAS PARA ATRAIR PESSOAS EM PROL DE UMA MESMA CAUSA.**

SEM MEDO DE SER COERENTE

Um anúncio de uma empresa dizia: "Você tem pelo menos três anos de experiência trabalhando em campanhas de ONGs, instituições de caridade ou movimentos populares? Questões de justiça social e ambiental levam você a agir? Estamos recrutando um Gerente de Ativismo para liderar campanhas de justiça social e ambiental com nossa equipe em Paris, França".

Consegue imaginar que empresa é essa? Ou ao menos de qual setor? Não? E se eu disser que é uma sorveteria? Ficou um pouco mais fácil, pois já falamos aqui da empresa ativista Ben & Jerry's, cujo slogan é "PAZ, AMOR E SORVETE".

A primeira vez que ouvi falar do conceito de empresa ativista foi na gravação do podcast *Felicidade iLtda*, quando a Adriana Castro, *head* da Ben & Jerry's no Brasil, contou como a empresa verdadeiramente abraça causas, mesmo que isso signifique a perda de clientes e de receita. Fiquei encantado com o conceito *empresa ativista*; tanto que resolvi até escrever este livro!

Foi a Adriana que me apresentou esse anúncio e forneceu mais informação. Dentre as funções do gerente de ativismo da filial francesa da sorveteria, estão atividades inusitadas para quase todas as empresas, como apoiar o conteúdo ativista para sites e mídias sociais na França, fazer parcerias com organizações sociais na mobilização de campanhas ativistas e traduzir os valores da empresa em campanhas de justiça social. A sorveteria possui diversos níveis de iniciativa, desde as mais "simples" — por exemplo, pagar um valor justo para os pequenos fornecedores (enquanto outras grandes marcas usam seu poder para tirar vantagens) — até as mais inovadoras — como a parceria que firmou com a Greyston Bakery, que faz os brownies dos sorvetes da Ben & Jerry's e possui uma política de contratação aberta (modelo de contratação em que a empresa se concentra no que pode ser feito a partir daquele instante, não no que foi feito no passado, ou seja, não olha o currículo, não olha o que a pessoa fez antes da contratação). Qualquer pessoa que passa na frente da padaria pode colocar o nome em uma lista para ser contratada. Com isso, vários moradores de rua e egressos do sistema prisional têm a oportunidade de recomeçar a vida nesse lugar.

Quando a Ben & Jerry's foi adquirida pela gigante Unilever, as partes acordaram que um conselho de administração independente, composto em sua maioria por ativistas, seria encarregado de proteger e defender a integridade da marca, bem como garantir que os funcionários que entram na empresa tenham um salário digno (enquanto muitas vezes um conselho de administração só está querendo saber do bônus que receberá).

Ao final da entrevista, perguntei a Adriana: "Se a Ben & Jerry's não fosse uma empresa ativista, ela seria do tamanho que é e teria a representatividade que tem?". Ela respondeu: "Com certeza não". É provável que continuasse a ser uma boa sorveteria da cidade de Burlington, no estado norte-americano de Vermont, mas que não tivesse alcançado os mais de trinta países do mundo pelos quais estão espalhadas suas filiais.

A empresa também tem iniciativas consideradas polêmicas, como se posicionar publicamente contra projetos do ex-presidente norte-americano Donald Trump considerados um retrocesso para as políticas de igualdade de cor de pele e gênero, meio ambiente, direitos de LGBTQIA+, refugiados e imigrantes. Outro fato que reforça os valores da sorveteria foi ter anunciado, em 19 de julho de 2021, que vai parar de vender seus produtos em territórios palestinos ocupados por Israel, o que gerou reação de consumidores — a maioria aplaudiu a decisão, enquanto outros declararam boicote à empresa — e também de políticos israelenses, inclusive Benjamin Netanyahu.

Essa empresa está deixando o mundo melhor! O que podemos aprender com a história da Ben & Jerry's? Que quando você acredita em uma causa e vê como ela é importante para a construção de um lugar mais digno para todas as pessoas, não precisa ter receio de perder clientes e receber críticas.

SEJA COERENTE E
LEAL À SUA CAUSA.

REFLEXÕES

Reflita sobre como a mídia, as pessoas e os líderes contribuem para acharmos que a vida é um jogo finito.

Saber diferenciar jogos finitos e infinitos abre possibilidades de compreensão de mundo para encarar a vida, o trabalho e as empresas de outra forma.

Já pensou como ter causas pode fortalecer você, uma organização e a sociedade?

Além de conectar pessoas com os mesmos interesses, reforçando vínculos sociais, trabalhar em prol de uma causa beneficia outras pessoas, o meio ambiente e a sociedade.

CAPÍTULO 9

NUNCA É DEMAIS FALAR DE CAUSAS

"Todos nós podemos ter vindo em navios diferentes, mas agora estamos no mesmo barco."

Martin Luther King Jr.

ODS DA ONU

Você já sabe a importância de ter uma causa, quais as características que ela deve ter e conheceu alguns projetos com causa. Mas ainda não conseguiu encontrar uma com que se identifique? Aqui, encontrará mais locais onde pode se inspirar e conhecerá ainda mais exemplos de ações ativistas.

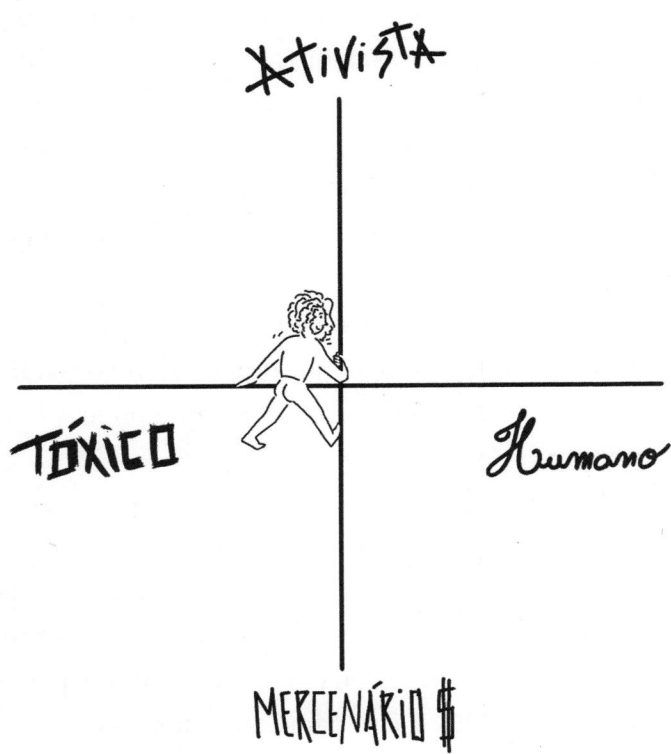

Quando começamos a analisar as causas às quais a Gaia iria dedicar suas forças, chegamos a uma fonte inspiradora que também poderá auxiliar você e sua empresa.

Imagine que o planeta Terra seja uma grande empresa. Em 2015, os principais líderes dessa empresa se juntaram para traçar as metas para os próximos quinze anos por meio de ações que acabem com a pobreza, protejam o meio ambiente e o clima e garantam que todos as pessoas tenham paz e prosperidade. Não há como alguém ser contrário a isso.

Foi com essa visão que a Organização das Nações Unidas (ONU) elaborou junto a seus países-membros um plano de ação, conhecido como Agenda 2030, composto por dezessete Objetivos de Desenvolvimento Sustentável (ODS) e 169 metas associadas a esses objetivos.

Segundo a ONU, atingir esses objetivos deve ser um esforço conjunto de países, empresas, instituições e sociedade civil. O papel das empresas é essencial nesse processo, em razão de seu poder econômico e de sua capacidade de criar tecnologias e inovações, além de exercer influência, por meio de sua comunicação, para engajar diversos públicos — governos, fornecedores, colaboradores e consumidores.

Ao compreendermos isso, parece óbvio que todas as empresas do mundo devem escolher pelo menos um dos dezessete ODS para se dedicar. Porém, o que vemos na prática é que poucas lideranças sequer sabem que esses objetivos existem.

Como já falei, acredito que, se sabemos de um problema e não fazemos nada, estamos colaborando com ele. Agora que você sabe que existem os ODS, que tal escolher uma causa que toque o seu coração? Além dos dezessete objetivos, lembre-se que dentro deles se encontram 169 metas, ou seja, há uma fonte enorme para encontrar uma causa. Que tal levar isso para a sua empresa?

DEZESSETE OBJETIVOS DE DESENVOLVIMENTO SUSTENTÁVEL

 **1. Erradicação da pobreza** – Acabar com a pobreza em todas as suas formas, em todos os lugares.

 **2. Fome zero e agricultura sustentável** – Acabar com a fome, alcançar a segurança alimentar e melhoria da nutrição e promover a agricultura sustentável.

3. Saúde e bem-estar – Assegurar vida saudável e promover o bem-estar para todas as pessoas, de todas as idades.

 **4. Educação de qualidade** – Assegurar a educação inclusiva, equitativa e de qualidade, e promover oportunidades de aprendizagem ao longo da vida.

5. Igualdade de gênero – Assegurar a igualdade de gênero e empoderar todas as mulheres e meninas.

 **6. Água potável e saneamento** – Assegurar a disponibilidade e a gestão sustentável da água e saneamento.

 **7. Energia limpa e acessível** – Assegurar o acesso confiável, sustentável, moderno e a preço acessível à energia.

 **8. Trabalho decente e crescimento econômico** – Promover o crescimento econômico sustentado, inclusivo e sustentável, emprego pleno e produtivo e trabalho decente.

 **9. Indústria, inovação e infraestrutura** – Construir infraestrutura resiliente, promover a industrialização inclusiva e sustentável e fomentar a inovação.

 10. Redução das desigualdades – Reduzir as desigualdades dentro dos países e entre eles.

 **11. Cidades e comunidades sustentáveis** – Tornar as cidades e os assentamentos humanos inclusivos, seguros, resilientes e sustentáveis.

 **12. Consumo e produção responsáveis** – Assegurar padrões de produção e de consumo sustentáveis.

 **13. Ação contra a mudança global do clima** – Tomar medidas urgentes para combater a mudança climática e seus impactos negativos.

 **14. Vida na água** – Conservação e uso sustentável dos oceanos, dos mares e dos recursos marinhos para o desenvolvimento sustentável.

 **15. Vida terrestre** – Proteger, recuperar e promover o uso sustentável dos ecossistemas terrestres, gerir de forma sustentável as florestas, combater a desertificação, deter e reverter a degradação da Terra e deter a perda da biodiversidade.

 **16. Paz, justiça e instituições eficazes** – Promover sociedades pacíficas e inclusivas para o desenvolvimento sustentável, proporcionar o acesso à justiça para todos e construir instituições eficazes, responsáveis e inclusivas em todos os níveis.

 **17. Parcerias e meios de implementação** – Fortalecer os meios de implementação e revitalizar a parceria global para o desenvolvimento sustentável.

AS CAUSAS DA GAIA CONVERSAM COM ODS

- Desigualdade: objetivo 10.
- Felicidade: praticamente dialoga com todos os objetivos, pois, ao agir para eliminar o sofrimento das pessoas, estamos contribuindo para sua felicidade e a melhoria do planeta.
- Mudança climática: objetivo 13.

SOCIAL WASHING

Provavelmente você está se aproximando — se é que já não achou — da sua causa. Mas não basta escolher: deve defendê-la, deve praticá-la e só assim poderá ser considerada uma pessoa ou uma empresa ativista. Você já tem conhecimento do que deve fazer como ativista, mas fuja do comportamento de *social washing*.

No segundo dia de quarentena, recebo uma ligação.

"João, a empresa X avisou que vai quebrar o contrato com a gente. Não sei se eles sabem, mas terão de pagar vários meses de multa."

"Como assim? O cliente tem dinheiro, obteve um lucro de dezenas de milhões no ano passado, contratamos vários funcionários só para atendê-lo", respondi.

Para tentar compreender a situação, marcamos uma conferência telefônica com os executivos da empresa. Eles claramente entendiam a nossa surpresa, mas o conselho de administração havia dado a ordem de cortarem tudo.

Deixamos claro que não fazia sentido a postura deles e que a Gaia não iria demitir os funcionários que haviam sido contratados especificamente para atender ao contrato. Cada um defendendo sua posição, iniciamos as conversas para tentar chegar a um acordo. Nas semanas seguintes, esse cliente demitiu diversos funcionários dele e acordamos que os serviços prestados seriam reduzidos, eles pagariam menos, mas o projeto continuaria de pé.

Até que um executivo, muito engajado em causas, enviou uma mensagem para mim pedindo ajuda na divulgação de um projeto de doação que esse mesmo cliente estava organizando.

Note a incoerência: demitem funcionários, que dificilmente conseguirão um emprego no curto prazo, cortam pagamentos e querem aparecer na mídia como benfeitores.

Na crise da pandemia do coronavírus, vi empresas agindo também de maneira incoerente, como esse cliente. Aderiram à campanha de não demitir, divulgando aos quatro cantos doações, enquanto cortavam arbitrariamente pagamentos devidos a fornecedores. Vi bancos sendo extremamente cruéis com seus devedores, mas fazendo e anunciando doações de recursos.

Esse tipo de comportamento é o *social washing*, que é a apropriação de virtudes sociais apenas para fins de marketing e relações públicas. *Social washing* é uma derivação do *greenwashing*, muito usado por empresas que querem passar a imagem de que são ambientalmente responsáveis quando, na realidade, isso não passa de uma falsa imagem.

> *SOCIAL WASHING* É A APROPRIAÇÃO
> DE VIRTUDES SOCIAIS PARA FINS DE
> MARKETING E RELAÇÕES PÚBLICAS.

QUANDO O JOGO É COOPERATIVO

Já tinha ouvido falar muito bem daquela organização e resolvi visitá-la para ver como funcionava. Ao chegar ao galpão grande e espaçoso, fui recebido por um engenheiro em um ambiente limpo e organizado. Parecia uma linha de produção. Trabalhadores sorriam enquanto faziam o seu serviço.

Apesar de eu ter dado poucas informações, você consegue adivinhar qual o setor dessa organização? Dificilmente dirá que estávamos visitando uma cooperativa de catadores de lixo. Mas era isso mesmo, fomos conhecer uma cooperativa de catadores de lixo, a YouGreen.

Por que um engenheiro que poderia trabalhar em tantas empresas com "mais glamour" escolheria esse lugar? Conversando com o profissional que me recebeu no galpão, a resposta foi clara: pela causa! Ele, apesar de jovem, já participava das decisões mais importantes da organização, era remunerado, mas principalmente enxergava como o seu trabalho contribuía para as pessoas e para o planeta.

Andando pela linha de produção, parei para conversar com um trabalhador haitiano que veio para o Brasil após um terremoto que avassalou seu país. Trabalhou em alguns lugares e há três anos entrou na cooperativa. Enquanto um catador de rua tem em média uma retirada mensal de cerca de meio salário-mínimo, na YouGreen ele retira mais de três vezes esse valor, realizando exatamente as mesmas funções: catar, separar e vender o lixo reciclável.

Roger Koeppl trabalhava em uma grande empresa quando passou a não ver muito sentido no que fazia — algo cada vez mais comum de acontecer entre os que trabalham em empresas mercenárias — e resolveu desenvolver seu lado ativista. Ao descobrir qual a causa que mais chamava sua atenção, foi conhecer o conceito de cooperativas, mergulhou no assunto e, então, chamou pessoas com o mesmo objetivo para, juntos, fundarem a YouGreen. Nessa empresa, todos são sócios e participam das principais decisões da organização, ou seja, o voto de todas as pessoas tem exatamente o mesmo peso, desde o do presidente ao do refugiado recém-chegado na organização.

Dois fatores principais permitiram a criação dessa premiada organização: ter uma causa e ser uma cooperativa. Você já deve ter ouvido falar de cooperativas, mas talvez não conheça o conceito inspirador que há por trás delas, que, se bem implantado, é notadamente de empresas de jogos infinitos.

Vamos entender melhor o que fez desse um negócio tão especial.

Dessas sincronicidades da vida, pouco tempo depois recebi uma mensagem do superintendente do Serviço Nacional de Aprendizagem do Cooperativismo no Estado do Rio de Janeiro (Sescoop-RJ), Abdul Nasser, que disse acompanhar a Gaia nas redes sociais e assegurou que a mentalidade da nossa empresa é muito parecida com a das cooperativas. Querendo entender o que ele quis dizer, nos aproximamos e aprendi muito sobre esse setor.

Cooperativas são sociedades de trabalho, não de capital, constituídas por pessoas de um grupo econômico ou social que se juntam para exercer uma atividade. Possui como principais características: identidade de propósito e interesses; ação conjunta, voluntária e objetiva para coordenação de contribuição e serviços; e obtenção de resultado útil comum a todos.

As cooperativas substituem a relação emprego–salário por trabalho–renda. O que tem mais valor são as pessoas e seu trabalho, e quem dita as regras é o grupo. Por exemplo, agricultores se unem e formam cooperativas para vender melhor seus produtos e comprar insumos de que precisam, obtendo preços mais atraentes.

Nesse sistema, ter mais dinheiro não traz mais poder. O objetivo de uma cooperativa é ter o melhor produto ou serviço possível, aliado a uma condição de trabalho interessante para todas as pessoas. Diferentemente de empresas mercenárias, cujo objetivo é obter o maior lucro para poucos acionistas.

As principais decisões de uma cooperativa, por exemplo, a eleição da diretoria, dos conselheiros e até a definição da distribuição dos lucros, são tomadas em uma reunião da qual participam todos os cooperados e cooperadas (ou representantes deles), que possuem o direito de voto independentemente do cargo ou recursos que tenham aportado no negócio.

Assim como uma empresa, as cooperativas têm presidente, diretoria, conselhos de administração e fiscal.

Em todo o mundo, o cooperativismo congrega mais de 1 bilhão de pessoas — isto é, uma a cada sete pessoas — e está presente em mais de 150 países, segundo dados da Organização das Cooperativas Brasileiras (OCB).

E esse modelo de negócios realmente ajuda as causas?

O relatório do World Cooperative Monitor de 2019 mostrou como o modelo de cooperativismo tem contribuído com a oitava ODS, trabalho decente e crescimento econômico. Segundo o relatório, apesar do crescimento do Produto Interno Bruto per capita (isto é, na média as pessoas estarem mais ricas) dos países, a concentração de renda faz que a maior parte do dinheiro gerado fique concentrada com os mais ricos.

O crescimento econômico não resulta em melhorias nas condições sociais para todas as pessoas, no respeito aos direitos humanos ou na redução da pobreza. As cooperativas desejam mudar isso, proporcionando um trabalho digno e justo ao dar voz e distribuir os resultados financeiros entre todos os cooperados e cooperadas.

> COOPERATIVA É UM GRUPO ECONÔMICO
> OU SOCIAL QUE JUNTA PESSOAS PARA
> EXERCER UMA ATIVIDADE QUE BENEFICIE
> TODOS OS COOPERADOS.

COMO MANTER UM GRUPO COLABORATIVO

O que acontece se temos um grupo composto, na sua maioria, por pessoas colaborativas, mas uma pequena parcela é egoísta? Essas pessoas vão sobressair em algum momento? O que fazer para manter um grupo colaborativo apesar dos egoístas?

Antes de falar dos estudos, vamos observar a natureza, especificamente uma espécie de morcegos-vampiro (*Desmodus rotundus*) da América Latina. Essa espécie vive em grupos de cerca de vinte indivíduos. Toda noite eles saem para caçar e se alimentar do sangue dos animais que encontram. Porém, a cada três dias, em média, um morcego não consegue o alimento necessário e, se por algum motivo isso se repetir por duas noites, ele provavelmente não aguentará mais um dia. Então, ele se aproxima de outro morcego e pede comida. Quase sempre o outro aceita ajudar e regurgita parte do sangue coletado, dividindo o alimento.

Porém, se um morcego se recusar a compartilhar, ele será ignorado pelos outros animais e pode, até mesmo, ser expulso do grupo. Com isso, o morcego não cooperativo correrá o risco de morrer por inanição quando necessitar de sangue.

Essa é a forma como os morcegos conseguem anular as ações dos egoístas para que o grupo permaneça forte. E como fazer isso no nosso dia a dia? Qual o melhor modo de manter um grupo forte?

Dois estudos muito parecidos ajudam a encontrar essas respostas. A diferença entre as pesquisas é que, na primeira, os participantes não se conhecem nem interagem, e na segunda há a interação.

O estudo feito por Ernst Fehr e Simon Gachter publicado na conceituada revista *Nature* analisou 240 pessoas, divididas em grupos de quatro. Cada participante recebeu 20 dólares por rodada e deveria escolher se investia tudo, parte ou guardava os recursos para si. A cada dólar investido por um indivíduo, todos do grupo receberiam 0,4 centavo de dólar; de forma que, se mais da metade investisse, todos terminariam com mais recursos, mas, se menos de 50% aportassem o dinheiro, estes terminariam com menos e os egoístas com mais.

Ou seja, cada pessoa recebeu uma quantia e deveria optar por investir ou guardar. Quando alguém investia, o grupo todo repartia o retorno. Quando alguém guardava, ficava com o próprio dinheiro e ganhava o retorno do investimento dos outros. Se todos investissem, todos seriam bem remunerados, mas, se só alguns investissem, esses ficariam com menos que os demais. Pelo fato de todos os participantes e investimentos serem confidenciais, não havia pressão social entre eles.

Em média, na primeira rodada o investimento foi de mais de 50%, o que mostra que mais da metade das pessoas eram colaborativas; porém, na segunda rodada, a cooperação reduziu, pois percebeu-se que alguns não haviam colaborado na rodada anterior, e a porcentagem de investimento continuou a cair de forma sistemática até a sexta e última rodada, quando os níveis de colaboração foram bem baixos.

Primeira conclusão: mesmo em um grupo com maioria colaborativa, os egoístas conseguem desestabilizar o ambiente de forma que a colaboração praticamente deixa de existir.

Dando continuidade ao estudo, os pesquisadores inseriram uma variável, a *punição altruísta*. Quem quisesse poderia usar seu dinheiro para punir uma pessoa que não foi colaborativa. Ou seja, ao ver que alguém não investiu, o participante poderia gastar 1 dólar para que o egoísta tivesse uma multa de 3 dólares.

Com isso, os níveis de colaboração foram subindo a cada rodada. Ao ser punido, ou simplesmente ao saber que poderia ser punido, o egoísta passou a ser mais colaborativo. Na última rodada, o nível de colaboração foi quase três vezes o encontrado na rodada final de quando não havia a punição altruísta.

Aplicaram o mesmo estudo em outros grupos, mas começaram com a condição da punição altruísta. Chegaram ao mesmo resultado crescente de colaboração a cada rodada. Na etapa seguinte, retiraram a punição e viram que a cooperação foi se reduzindo, de forma que terminou em níveis baixíssimos.

Com isso, concluíram que pessoas puramente egoístas, quando em situação de anonimato (sem pressão social), nunca vão cooperar espontaneamente, somente o fazendo se estiverem sujeitas a alguma punição.

Um experimento similar foi organizado por David Rand e outros pesquisadores, e publicado pela também conceituada revista

Science, mas agora realizado com pessoas que já se conheciam e continuariam a ter um relacionamento após a pesquisa. Algo muito parecido com o ambiente das organizações.

Em um dos diversos cenários criados nesse estudo, em vez da punição aos egoístas, foi feito um reconhecimento aos colaborativos. Os resultados a que chegaram os pesquisadores levam à conclusão de que a técnica da punição é mais eficiente nas situações em que as pessoas não se conhecem. Além disso, ficou evidente, sem margem para qualquer dúvida, que as recompensas são mais efetivas do que as punições em ambientes com interação contínua (como o ambiente de uma empresa).

Portanto, pessoas egoístas podem contaminar as que estão à sua volta, e a melhor forma de resolver isso em ambientes organizacionais, em que há interação contínua, é elogiando e recompensando o comportamento positivo.

Se não der certo, a punição altruísta pode ser usada como segunda ferramenta. O mais importante é que líderes altruístas ditem as regras para manter o grupo colaborativo.

RIVAIS DIGNOS

Nos dois primeiros anos da Gaia, estávamos obcecados pelo ranking das maiores empresas do setor em que atuávamos. Em 2009, nosso primeiro ano de vida, fomos o quarto maior emissor de títulos imobiliários (Certificado de Recebíveis Imobiliários) do país e, no ano seguinte, o terceiro.

No início de 2011, percebemos que aquela disputa estava atrapalhando. Se continuássemos naquele caminho, seríamos capazes de fazer um trabalho quase de graça só para melhorar a posição. Então decidimos que não importava mais o ranking, e passamos a nos concentrar no trabalho.

Isso durou até ganharmos uma concorrência gigante que abriu a possibilidade de fazer o que até então era o maior negócio da história do nosso mercado. Esqueci rapidamente aquele papo de não estar nem aí para o ranking, e colocamos em destaque no site da empresa: "GAIA, A MAIOR SECURITIZADORA DO PAÍS". Fizemos anúncio em jornal, quisemos que todos soubessem que éramos os maiores (por critérios arbitrários).

Eu realmente achava que o foco no ranking estava nos fazendo mal, mas no fundo minha mentalidade ainda era de um jogador finito, querendo ganhar das outras empresas. Hoje em dia o meu foco é que a Gaia evolua; tenho ótima relação com outras empresas do setor, inclusive já dei palestra para a RB, que pode ser considerada uma concorrente e que hoje é uma parceira de negócios.

Quem está em jogos finitos tem a mentalidade finita, quer bater o concorrente, seu foco principal é derrotar o outro, não evoluir. Mas o jogo dos negócios é infinito, não há vencedores. Alguém pode até falir, mas o jogo continua e outros participantes aparecerão.

Quem tem a mentalidade infinita entendeu que está num jogo infinito e olha os competidores como *rivais dignos*, que segundo Simon Sinek são os concorrentes que nos ajudam a ser melhores.

Enquanto os jogadores finitos enxergam os concorrentes como alvos a serem destruídos, muitas vezes com um sentimento desagradável de raiva ou até ódio, os jogadores infinitos os olham como professores.

Rivais dignos podem ser pessoas ou organizações que são muito bons e nos ajudam a conhecer os pontos fracos e a enxergar as oportunidades para evoluir. O rival digno não necessariamente tem mentalidade infinita; você não precisa gostar dele, mas o respeita pois conhece seu valor e a importância de ele participar de sua jornada.

Nos jogos infinitos o único competidor real é você. É você o responsável por sua evolução, que deve ser constante para permanecer no jogo, e ter rivais dignos é a melhor forma para saber quais comportamentos e atitudes podem ser melhorados.

Segundo Simon Sinek, "um rival digno pode nos empurrar de uma maneira que poucos conseguem — nem mesmo nossos treinadores, mentores ou consultores", e continua: "A competição tradicional nos obriga a adotar uma atitude de vitória, um rival digno nos inspira a adotar uma atitude de melhoria. O primeiro concentra nossa atenção no resultado, o último concentra nossa atenção no processo".

Mesmo no esporte, em que as disputas são finitas, os rivais dignos ajudam a melhorar. Alain Prost fez Ayrton Senna ser melhor. E o que seria de Roger Federer sem as disputas com Rafael Nadal?

No caso de uma empresa que trabalha por uma causa, ela pode encontrar numa concorrente a ajuda para atingir seu objetivo. Por exemplo, uma ONG com causas genuínas pode se aliar a um banco — com executivos miseráveis e egoístas que visam apenas ao lucro — para ter recursos que serão aplicados em projetos para o bem-estar e felicidade da sociedade.

RIVAIS DIGNOS PODEM AJUDAR VOCÊ E SUA
EMPRESA A SE DESENVOLVEREM.

COMO UNIR GRUPOS RIVAIS

A experiência Caverna dos Ladrões, realizada no parque estadual de Oklahoma e liderada pelo psicólogo Muzafer Sherif e seus colegas, mostra como unir grupos diferentes.

No primeiro experimento, dois grupos de adolescentes se alojaram em cabanas e praticaram atividades físicas, cada grupo em um local isolado distinto do parque. Durante a primeira semana, eles não sabiam da existência do outro grupo e todos estavam em paz. No início da segunda semana, ambos os grupos foram avisados sobre a existência do outro e que iriam participar de competições esportivas. Os pesquisadores que coordenaram o estudo estimularam as disputas, e a animosidade entre os competidores foi crescendo a ponto de um querer atear fogo na bandeira do outro. A situação foi ficando fora de controle, até que os pesquisadores decidiram interromper a experiência.

Alguns anos depois, os pesquisadores fizeram uma nova experiência, com outros participantes, com o objetivo de que, depois de estimular disputas, os dois grupos competidores estabelecessem a paz. Iniciaram o estudo da mesma forma, criando a animosidade para, em seguida, intervir. Na etapa seguinte foi pedido aos grupos que consertassem juntos um vazamento no campo; a hostilidade se atenuou num primeiro momento, mas logo voltou. Na segunda tentativa para estabelecer a paz, os dois grupos fizeram um passeio noturno ao cinema; da mesma forma que a primeira tentativa, a paz durou pouco.

Por fim, os pesquisadores tombaram um caminhão e declararam que o conserto só seria possível com a colaboração de todas as pessoas durante um dia inteiro e que isso exigiria muito esforço de todos. A colaboração para resolver esse problema maior trouxe, enfim, a união e a amizade entre os participantes, que inclusive decidiram sair do local do experimento juntos no mesmo ônibus.

Para os pesquisadores, não basta grupos hostis coabitarem ou os confrontos pararem; é necessário trabalho e esforço em busca de um bem comum para que eles se aproximem.

Precisamos de um mundo em que empresas concorrentes se olhem como rivais dignos e se unam em busca de causas comuns para alcançar um objetivo que proporcione muito mais do que somente a obtenção de lucros. Imagine o dia em que os Objetivos de Desenvolvimento Sustentável da ONU fizerem parte da estratégia de todas as empresas. Certamente a paz, a colaboração e a união serão muito maiores e absolutamente todas as pessoas e o planeta ganharão com isso.

UM OBJETIVO COMUM É CAPAZ DE
UNIR GRUPOS RIVAIS.

PESSOAS ATIVISTAS, EMPRESAS ATIVISTAS

Uma empresa ativista é composta por pessoas ativistas, pois, como já vimos, são as pessoas que fazem a empresa funcionar, evoluir. Trabalhar por uma causa genuína engaja, dá sensação de bem-estar, aumenta o nível de felicidade e, principalmente, contribui para a melhoria de todo o mundo.

REFLEXÕES

Como você acha que seria um mundo em que todas as pessoas e empresas que exercessem papel de liderança fossem humanas e ativistas?

Faça uma lista de pessoas ao seu redor e de empresas de que você use algum serviço ou produto no seu dia a dia que trabalham por uma causa. Qual é essa causa? Você se identifica com ela? É possível ter um concorrente e, ainda assim, vocês almejarem o mesmo objetivo?

Trabalhar por uma causa que visa à melhoria do bem-estar e da felicidade das pessoas e do meio ambiente traz benefícios para todos, pessoas e empresas, concorrentes ou não. Todos saem ganhando.

PARTE 4

SENDO UMA PESSOA MELHOR

CAPÍTULO 10

LÍDER COMO O MUNDO PRECISA

"O amor é a única força capaz de transformar um inimigo em amigo."

Martin Luther King Jr.

AULA DE VIDA: "DOAÇÃO" DA EMPRESA

Neste capítulo, vamos falar das características de ação fundamentais dos líderes que o mundo precisa e, em seguida, nos aprofundaremos em uma técnica para mudar os nossos comportamentos!

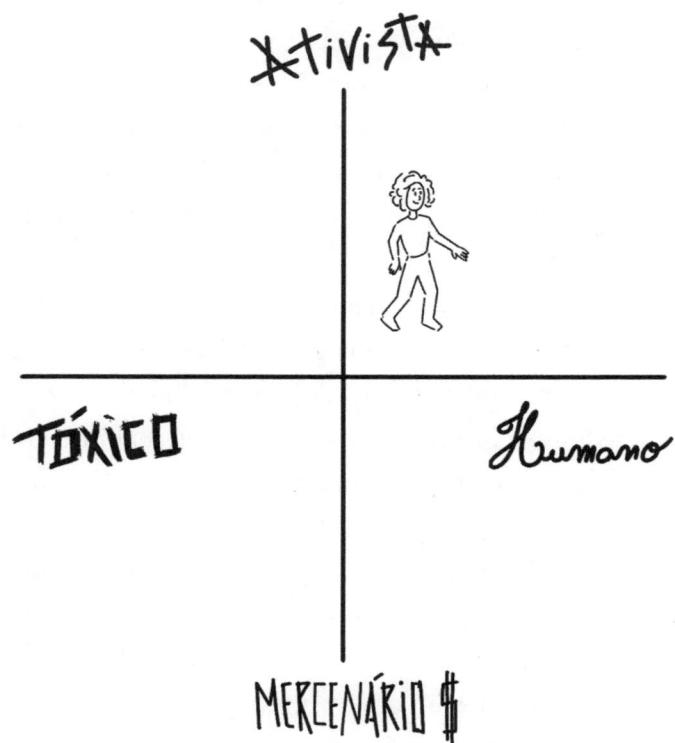

Em 2021, notamos que uma das nossas empresas, a GaiaServ, estava pronta para alçar voos mais altos, mas para isso precisava de foco e ampliação da equipe. No entanto, no planejamento estratégico do Grupo, ficou decidido que eu iria me dedicar integralmente ao desenvolvimento da Gaia Impacto, uma nova empresa de investimentos em negócios que causam impacto positivo no mundo, e o Fábio e outros líderes se concentrariam na consolidação da Planeta, a marca que estava sendo criada para o mercado financeiro. E a GaiaServ?

Nos negócios (e na vida), saber priorizar e reconhecer o momento em que é preciso dizer "não" é fundamental para a sobrevivência sadia. Então decidimos que a GaiaServ, apesar de ter potencial e ser lucrativa, não teria nossa atenção. Mas o que fazer com essa empresa?

A lógica tradicional dos negócios nos apresentava duas opções: vender ou mantê-la estagnada.

A primeira opção seria vender. Mas o que aconteceria com os colaboradores? A chance de serem engolidos por uma nova cultura seria grande, e demissões seriam inevitáveis. Valeria a pena termos criado um ambiente tão legal para depois vender e permitir que se perdesse por aí?

A segunda opção seria deixar como está. Não cresceria e trabalharíamos para mantê-la. Mas imagine trabalhar em uma empresa estagnada. Você se sentiria motivado? Estaria feliz?

Não satisfeitos com nenhuma das opções, Fábio e eu tivemos outra ideia: fazer uma parceria em outro modelo. "Doamos" a GaiaServ para um parceiro nosso, alguém que a gente conhece e confia, cujos sócios se comprometeriam a manter a cultura, os empregos e em focar no crescimento da empresa, e, como contrapartida, parte do lucro seria revertido para a ONG Gaia+.

Fizemos essa proposta para os nossos amigos da COS Advogados, que já eram parceiros da GaiaServ há mais de dez anos. "Temos um presente de pai para filho", disse o Fábio em uma reunião virtual com Murilo, Jairo e Artur, em que apresentamos os conceitos do negócio e fizemos a oferta. Eles aceitaram.

O que nos levou a fazer um exercício mental para buscar um caminho diferente dos tradicionais? A compaixão.

Queríamos que as pessoas que trabalhavam na GaiaServ continuassem na trajetória de uma empresa humana, com valores, e ativista, com parte do lucro sendo revertido para causas sociais.

Anunciar a transição não foi fácil. Fizemos questão de falar pessoalmente com a equipe inteira, que, se por um lado ficou triste porque deixaria de fazer parte do Grupo Gaia, por outro ficou feliz com o potencial crescimento e grata pelo carinho e pelo cuidado que tivemos. Nas palavras do Fábio, essa equipe deixaria de ser frutos e passaria a ser semente.

COMPAIXÃO

A atitude que tivemos com gaianos e gaianas da GaiaServ foi uma demonstração de compaixão, uma das causas da Gaia e, mais do que isso, um dos sentimentos mais importantes do ser humano.

Em meados de 2019, a Gaia+ foi aprovada para participar do primeiro treinamento no Brasil de uma metodologia desenvolvida pelo Dalai Lama em parceria com a Universidade de Emory (EUA). Resolvi participar dos quatro dias do curso. Ao compreender a importância da compaixão, um dos temas centrais dos ensinamentos que eles queriam transmitir para professores e alunos, percebi que essa é exatamente uma das maiores carências dos líderes. Fiquei encantado com o que ouvi e abracei a causa.

Mas, afinal, o que é compaixão?

Após me aprofundar, trocar ideias e refletir sobre o tema, tive mais identificação com o conceito defendido por Matthieu Ricard e passei a explicar a compaixão como uma fórmula matemática.

Compaixão = Empatia + Desejo de Evitar ou Aliviar o Sofrimento do outro + Ação

Fazendo a ligação com o episódio da GaiaServ, temos:

Empatia — foi o que sentimos ao nos colocar no lugar de cada um da equipe que tanto se dedicou, considerando o que poderia acontecer caso tivéssemos vendido para uma empresa com cultura diferente da nossa. Como veremos à frente, empatia é a capacidade de compreender as emoções e os sentimentos da outra pessoa.

Desejo de evitar ou aliviar o sofrimento de outra pessoa — a compaixão está associada ao desejo de ajudar, de aliviar o sofrimento de alguém. Nosso maior desejo era manter a essência da empresa: humana e ativista.

Ação — pode ser tanto ajuda física ou não, como uma oração. No caso, "doamos" a empresa e fizemos um contrato interessante para a equipe.

Como vimos anteriormente, a empatia é definida como a capacidade de compreender os sentimentos e as emoções de outra pessoa. Ao ser empático, você entende o que ela está sentindo. Imaginar-se no lugar do outro, perguntar quais são suas esperanças e seus temores e considerar a situação do ponto de vista dele são alguns dos meios para experimentar a empatia.

A empatia tanto pode ser desencadeada por uma percepção afetiva do sentimento do outro, isto é, você sentir o que a pessoa sente, quanto pela imaginação cognitiva da experiência, ou seja, você não sente, mas imagina o sofrimento da pessoa.

Se por um lado a empatia nos conecta com as pessoas, por outro ela pode ser muito danosa. O excesso de empatia pelo sofrimento pode levar a exaustão emocional, fadiga ou *burnout*. Pessoas que convivem muito com o sofrimento alheio têm mais chance de desenvolver esses problemas. O que acontecerá se, após assistir ao noticiário da televisão, você absorver todo o sofrimento das pessoas que estão passando por dificuldade e não souber lidar com isso? Certamente ficará esgotado. Mas é possível não chegar a esse ponto quando se aplica a compaixão e a autocompaixão, de que falaremos no capítulo 11.

Matthieu Ricard tem uma história de vida interessante. Após receber seu PhD em genética molecular sob a orientação do Prêmio Nobel de Medicina François Jacob, ele desistiu da carreira científica para se dedicar ao estudo das práticas budistas. Em 2012, um grupo de cientistas da Universidade de Wisconsin-Madison fez um estudo com Ricard para saber como seu cérebro funciona e constatou que ele produz um nível de ondas gama nunca antes relatado no campo da neurociência. O estudo revelou que, graças à meditação, Matthieu tem uma capacidade incrivelmente anormal de sentir felicidade e uma propensão reduzida para a negatividade. A partir de então, passou a ser aclamado pela mídia como o homem mais feliz do mundo. Em seu maravilhoso livro *A revolução do altruísmo*, ele aprofunda por mais de setecentas páginas os estudos que realizou sobre o altruísmo e a natureza humana.

Matthieu Ricard participou de outro experimento em que ele entrou num equipamento de ressonância magnética para acompanhar as mudanças de atividade de seu cérebro em tempo real. O "paciente" deveria alternar estados de empatia com momentos de neutralidade e relaxamento por vinte vezes.

Em um dado momento, a neurocientista Tania Singer, que conduzia o experimento, perguntou ao "paciente" o que estava acontecendo, pois as redes cerebrais que ela observava eram muito diferentes do habitual em exercícios de empatia pelo sofrimento do outro, que podem levar ao esgotamento e à exaustão. E ele respondeu que havia feito a meditação da compaixão, esforçando-se para experimentar um forte sentimento de amor e bondade dirigido a pessoas em estado de sofrimento.

Matthieu revelou que durante a meditação da compaixão se sentiu em um estado cálido e positivo, inundado de sentimentos de amor e ternura e, depois, renovado e inspirado. Esse experimento foi muito importante, pois confirmou que as redes cerebrais da compaixão são diferentes daquelas ligadas somente à empatia. Ao comparar as ondas cerebrais do sofrimento empático com as da compaixão, Tania Singer verificou que a atividade da empatia havia sido registrada nas redes neurais associadas à dor, em áreas combinadas com o componente emocional de sentir a própria dor e de observar a dor em outras pessoas. Já na fase de compaixão, as ondas foram registradas em outras redes neurais, nas associadas a emoções positivas, amor maternal e sentimentos de filiação.

Enquanto o excesso de empatia pode gerar a fadiga mental, compaixão está associada à geração de emoções positivas, não tem nenhum efeito colateral ou desgaste mental e ainda auxilia a superar um eventual sofrimento.

Como o papel de uma liderança que o mundo precisa estar relacionado à empatia e à compaixão?

Há vários acontecimentos que podem comprometer o trabalho de alguém: uma mãe que está com o filho doente, um marido que está se separando, um jovem que está com problemas financeiros. Se o líder não for empático, tendo a sensibilidade de ver que seus colaboradores estão passando por um problema que pode estar afetando a concentração, a energia e o humor para realizar uma tarefa profissional, corre o risco de pressionar e exigir um esforço que a pessoa está tendo dificuldade de encontrar, gerando um conflito interno na empresa e uma sensação de insegurança no colaborador que vai piorar ainda mais sua situação. Provavelmente, o colaborador já está se pressionando por não conseguir se dedicar como gostaria, e uma liderança tóxica nesse momento é a última coisa de que precisa.

Por outro lado, se a liderança é empática, entende que aquela pessoa não está bem e age com compaixão, buscando apoiar e ajudar, o resultado será muito melhor, tanto para a pessoa superar o desafio pelo qual está passando quanto para o trabalho. O engajamento e a lealdade do profissional serão cada vez maiores, pois saberá que pode contar com a compreensão e a ajuda do líder. Esta é uma liderança que o mundo precisa.

SANGUE AZUL

Umas das formas de expressar a compaixão é através da doação de sangue, especialmente quando não é para alguém conhecido, um ato nobre de ajuda a alguém que está sofrendo e precisa de sangue para sobreviver. Algo tão recompensador que não é possível colocar um valor para essa sensação.

Influenciado por um amigo que sempre pedia de aniversário que as pessoas doassem sangue, passei a fazer a mesma coisa desde pouco antes de fundar a Gaia. Não custa dinheiro, é uma doação de tempo e amor para alguém que você não conhece.

Logo no início da empresa, resolvemos institucionalizar a prática e criamos a marca Sangue Azul, em referência à cor característica da Gaia. Duas vezes por ano — fevereiro, aniversário do meu amigo, e outubro, no meu — montamos uma campanha interna e nas redes sociais para motivar o máximo de pessoas para doar sangue. E é comum algumas empresas, inclusive algumas concorrentes, aderirem ao movimento, o que nos alegra demais.

No dia da doação, todas as pessoas da Gaia são convidadas a participar, e vamos juntos fazer a doação no hemocentro; vestimos uma camiseta azul e, no escritório, fazemos desse um dia diferente. Levamos materiais educativos e divertidos para as pessoas, tiramos fotos e, principalmente, ajudamos.

DOAÇÃO POR DINHEIRO?

Há alguns debates no mundo sobre a possibilidade de remunerar as pessoas pela doação de sangue. Alguns países, como os Estados Unidos, pagam; diversos outros, como Brasil e Inglaterra, buscam voluntários. Se por um lado acho muito mais bonito e venerável o ato de compaixão genuína, por outro, baixo estoque de sangue e falta de renda são fortes justificativas para estimular mais pessoas a doar, fazendo que essa relação entre estoque e renda beneficie aquelas pessoas que precisam. É uma longa discussão que não é foco deste livro, apenas trago para reflexão.

Imagine se todas as empresas estimulassem seus funcionários a doar sangue? Muitos gaianos e gaianas se tornaram doadores frequentes por causa da Sangue Azul, e certamente muitas vidas já foram salvas por essa campanha.

DOE SANGUE.

PESSOAS MUITO RICAS SÃO MENOS EMPÁTICAS?

Por um bom tempo, pesquisas sugeriam que as pessoas de classes sociais mais favorecidas são menos generosas, menos compassivas e menos empáticas do que as outras. A pesquisadora Jennifer Stellar, da Universidade de Toronto, sugere que pessoas mais ricas podem não ser hábeis em reconhecer os sinais do sofrimento porque não tiveram de lidar com tantos obstáculos em sua vida, de modo que seriam menos empáticas. Faz sentido: se alguém nunca passou por determinada situação, é muito mais difícil ter empatia para saber o que o outro está sentindo. Porém, um artigo de Stéphane Côté, Julian House e Robb Willer publicado na prestigiada *Proceedings of the National Academy of Sciences* (PNAS) apresenta informações relevantes sobre essa teoria. De acordo com o estudo realizado, pessoas de alta renda são menos generosas somente quando vivem em um local que apresenta elevado nível de desigualdade. Em lugares onde a diferença entre ricos e pobres é baixa, os mais ricos são mais generosos. Os pesquisadores acreditam que a desigualdade leva os ricos a se convencerem de que são mais importantes e merecedores do que as outras pessoas e, por isso, não precisam compartilhar sua riqueza.

Mas, então, qual o erro cometido pelos outros estudos que mostram pessoas muito ricas não sendo generosas e empáticas? Robb Willer, um dos autores do artigo publicado na *Greater Good Science* e professor de sociologia na Universidade de Stanford, dá uma explicação de por que estudos anteriores descobriram que um alto nível socioeconômico reduz a generosidade: muitas dessas pesquisas haviam sido realizadas na Califórnia, um dos estados norte--americanos mais desiguais.

Essas descobertas ecoam os resultados de outro estudo, publicado na revista *Nature*, no qual os pesquisadores fizeram uma distribuição desigual de recursos entre os membros de um grupo e deram a opção a cada um deles de cooperar uns com os outros dando parte de seus bens, fazendo que a fortuna de todos crescesse, ou de não distribuir nada, mas podendo receber os recursos dos mais generosos. Os membros mais ricos eram menos propensos a cooperar financeiramente quando as desigualdades se tornaram visíveis. Porém, quando as desigualdades não eram aparentes, os ricos eram mais cooperativos.

Isso demonstra como o meio em que vivemos pode influenciar nossas atitudes, por isso mais uma vez ressalto a importância de sempre praticar a empatia e a compaixão.

A DESIGUALDADE ECONÔMICA REDUZ
A EMPATIA E A GENEROSIDADE.

ALTRUÍSMO

Se a compaixão está sempre ligada a uma atitude voltada para diminuir o sofrimento de outra pessoa, isso não quer dizer que só devemos olhar para o outro quando ele estiver sofrendo. E é aí que entra o altruísmo. Para o budismo, compaixão é o amor altruísta quando confrontado ao sofrimento alheio. Portanto, querer ajudar a diminuir o sofrimento é compaixão; quando há intenção de ajudar aumentando o nível de bem-estar e a felicidade, é altruísmo. O objetivo do altruísmo "é levar felicidade aos outros e remediar seu sofrimento, e, como bônus, a pessoa sente grande felicidade por ser gentil e benevolente", disse Ricard sobre altruísmo em uma entrevista à *BBC News*.

O psicólogo social norte-americano Daniel Batson dedicou sua vida ao estudo do altruísmo. Para ele, o altruísmo só existe quando a motivação principal é o bem-estar do outro. Se ajudar alguém é uma forma de ter algum benefício pessoal, não é altruísmo, mas egoísmo. Por exemplo, um ato aparentemente violento pode ser altruísta e um aparentemente gentil pode não ser. Se uma mãe empurra o filho na direção da calçada para evitar que a criança seja atropelada, seu ato é violento apenas na aparência, porém é um ato altruísta. Já quando alguém de seu trabalho se aproxima, cobrindo você de elogios e lhe oferecendo ajuda para finalizar o relatório com o único fim de ganhar sua confiança para, posteriormente, tirar alguma vantagem, sua conduta pode parecer benevolente, mas as intenções são egoístas. Portanto, a intenção é mais importante do que a aparência dos atos.

Apesar de no altruísmo o objetivo principal não ser o benefício próprio, isso não quer dizer que não possamos ter benefícios pessoais ao ajudar. A diferença é que o benefício vem como um efeito colateral, um bônus.

Normalmente você se sentirá muito bem ao ajudar, o que é ótimo. Sentir alegria em fazer bem ao outro não torna o ato em si egoísta. O altruísmo autêntico não exige que soframos ao auxiliar os outros, que não possamos receber algo em troca, e não perde autenticidade se vier acompanhado de um sentimento de profundo prazer e satisfação.

E nem sempre o altruísmo está ligado à empatia. Uma pessoa pode desejar e fazer o bem para outra sem necessariamente ter se colocado em seu lugar ou estar sentindo o que ela sente.

O importante é entender que o objetivo do altruísmo é o outro. Se te fizer bem e feliz, melhor ainda, mas isso é bônus, não o objetivo principal.

Segundo Kristen Monroe, especialista em psicologia política e ética, em *O coração do altruísmo* (em inglês, *The Heart of Altruism*), "os altruístas têm simplesmente uma maneira diferente de ver as coisas. Onde vemos um estranho, eles veem um ser humano, um de seus semelhantes… É essa a perspectiva que constitui o cerne do altruísmo".

Um líder que o mundo precisa é um líder servidor! Alguém que serve a sua equipe, a sua empresa, o seu mundo. Por isso, o altruísmo é fundamental. Quando você se dedica a fazer o melhor por cada um do seu time, possibilita que as pessoas atinjam suas melhores versões. Isso é o que torna uma equipe verdadeiramente forte. Líder egoísta quer brilhar sozinho, líder altruísta quer que sua equipe brilhe — de preferência, colaborando com o meio ambiente e com a sociedade onde está inserida. E fará o que estiver ao seu alcance para tornar isso possível; afinal, vários brilhos iluminarão muito mais do que um só!

EMPATIA X COMPAIXÃO X ALTRUÍSMO

- Empatia: capacidade de compreender os sentimentos e as emoções de uma pessoa.
- Compaixão: desejo de diminuir ou eliminar o sofrimento de outra pessoa.
- Altruísmo: ajudar o outro genuinamente, levando a uma sensação de bem-estar.

COMPAIXÃO PELA IGNORÂNCIA

Quando o amor altruísta passa pelo prisma da empatia, torna-se compaixão.

Lembra-se da equação a que cheguei para explicar a compaixão?

Compaixão = Empatia + Desejo de Evitar ou Aliviar o Sofrimento do outro + Ação

Para se chegar à compaixão, empatia e altruísmo se conectam: digamos que você queira fazer o bem para o outro (altruísmo) e ao se conectar (empatia) perceba que há sofrimento, então logo vem o desejo de eliminar essa dor e, para isso, você age e chega à compaixão. Os fatores podem não se dar nessa ordem, mas o resultado será o mesmo: compaixão. A compaixão também pode ser dedicada a uma pessoa considerada má. Isso não quer dizer que devemos tolerar, muito menos incentivar atitudes perversas e atos perniciosos, mas considerar essa pessoa como se estivesse gravemente doente ou desequilibrada e desejar que se liberte de sua ignorância, que, para o budismo, leva ao sofrimento. Ignorância é a compreensão errada da realidade que nos leva a cultivar estados mentais perturbadores, como o ódio e o desejo compulsivo, e a agir sob a influência desses estados. Alimentar a ignorância nos faz perpetuar o ciclo do sofrimento e nos afastar de um bem-estar duradouro.

Fazendo uma analogia: um paciente que está com problemas mentais pode chegar a agredir o médico, mas este não vai revidar — pelo contrário, vai cuidar dessa pessoa.

E quando lidamos com um inimigo? Devemos também tratá-lo com compaixão? Segundo Matthieu Ricard, essa pessoa deve ser tratada com benevolência, pois, assim como você, ela também não quer sofrer. Mas ela está sofrendo por estar sob influência da ignorância.

O objetivo é fazer que a outra pessoa tenha consciência de sua transgressão e pare de prejudicar os outros. Essa reação se opõe ao desejo de se vingar, de fazer o outro sofrer. Agir dessa forma não é fraqueza, mas sabedoria.

A compaixão não exclui fazer todo o possível para impedir o outro de prejudicar novamente e, se necessário, pode-se recorrer ao uso da força, desde que não seja inspirado pelo ódio, e sim pela necessidade de evitar maiores sofrimentos. Já o altruísmo não consiste em minimizar ou tolerar danos dos outros, mas buscar soluções para o sofrimento em todas as suas formas, levando a pessoa em direção à felicidade.

Gandhi dizia que, se seguíssemos o ditado "olho por olho, dente por dente", o mundo seria cego e desdentado. Assim, para eliminar os malfeitores, deve-se exterminar o ódio dentro deles.

LIDERANÇA COMPASSIVA

Alguns meses antes do curso do See-Learning, aquele criado pelo Dalai Lama em que aprendi sobre compaixão, estava preparando os temas para o programa *Felicidade iLtda* quando tive a ideia de chamar Alexandre Ullmann, diretor de RH do LinkedIn, para participar. Ele, que levanta fortemente a bandeira da diversidade, disse que dessa vez queria falar sobre *gestão compassiva*. Ou seja, gestão com compaixão!

O LinkedIn foi, talvez, a primeira grande empresa mundial a aplicar a gestão baseada na compaixão, por influência de Jeff Weiner, na época CEO da empresa. Jeff é um porta-voz do assunto e criou o Compassion Project (Projeto Compaixão), que oferece educação sobre compaixão a estudantes do ensino fundamental nos Estados Unidos.

Ainda leigo, sem saber nada sobre o tema, concordei com a condição de Alexandre Ullmann. Foi um programa interessante. Nesse mesmo dia, além do Alexandre, participaram o doutor Fabiano Moulin e um diretor da rádio Globo, muito simpático, que, porém, vinha da cultura Ambev, conhecida por não ser das mais compassivas.

Foi engraçado: o Alexandre falava sobre gestão compassiva, o diretor comentava o oposto e o doutor Fabiano tentava mostrar que havia alguma coisa em comum entre as duas falas. Em dado momento do programa, tive uma dúvida que explodiu na minha mente e perguntei ao Alexandre: "Líderes compassivos não demitem?".

Com calma e sabedoria, ele respondeu: "Demitem, sim. Se alguém não está bem em uma função, essa pessoa de alguma forma está sofrendo ou fazendo outros sofrer. E muitas vezes essa demissão poderá fazer que busque algo melhor e mais adequado para ela".

LÍDERES COMPASSIVOS TAMBÉM DEMITEM.

Ser um líder compassivo não é ser um líder leniente com o mau comportamento e a baixa performance de um colaborador, mas sim alguém que quer o melhor para todas as pessoas.

EGOÍSMO

O contrário do altruísmo e da compaixão é o *egoísmo*.

Segundo Matthieu Ricard, a busca da felicidade egoísta é fadada ao fracasso por dois motivos:

1. O egoísta espera construir a felicidade na bolha do seu ego. Isso está baseado em uma premissa que destoa da realidade, de que as pessoas são entidades isoladas, independentes umas das outras. E sabemos que os seres humanos são totalmente interconectados, um não vive sem o outro, precisam de conexões.

    Segundo o psicólogo Erich Fromm, no livro *A arte de amar*, "o amar a si mesmo está necessariamente ligado ao fato de amar uma outra pessoa. O egoísmo e o amor de si, longe de serem idênticos, são de fato duas atitudes opostas. O egoísta não se ama muito, muito pouco; na verdade, ele se odeia".

    Para Matthieu Ricard, o egoísta se odeia porque não faz nada de sensato para ser feliz; sem saber, faz tudo o que é preciso para tornar-se infeliz. O egoísta sempre espera receber mais do que doa, sempre quer só receber, não quer doar;

e você deve se lembrar de que o altruísmo e a compaixão estão diretamente ligados a um nível mais alto de bem-estar. Como vimos no capítulo anterior, o egoísta contamina o ambiente e influencia negativamente as pessoas à sua volta, pois não vê como a cooperação é benéfica para todos. O egoísta, na sua incapacidade de dividir, revela o próprio sofrimento por viver na ideia de escassez e de tirar vantagem em cima das outras pessoas.

Ele vive frustrado e está sempre procurando obter mais do que os outros como uma forma de preencher seu próprio vazio, sem perceber que está alimentando uma raiva interior, que se volta contra ele e contra o mundo em que vive. Seu egocentrismo é constante fonte de tormentos, o oposto do altruísmo e da compaixão.

2. Egoísmo nasce da exagerada importância de si mesmo. A obsessão pelo *eu* na bolha do ego faz que pequenos acontecimentos ganhem proporções enormes: uma crítica dói muito, assim como a menor alegria torna-se euforia, principalmente se houver comparação com as pessoas à sua volta. Para o egoísta, faltam recursos interiores para administrar de forma saudável os altos e baixos da vida.

Essas projeções exageradas tornam essas pessoas miseráveis e vulneráveis às perturbações externas e ao automatismo dos pensamentos. Ficam acostumadas a pensar de uma só forma, não conseguem ampliar a visão para ver outras possibilidade de viver, o que traz a sensação de mal-estar permanente. Normalmente são pessoas de mentalidade fixa, que acham que a vida é um jogo finito e querem apenas ganhar. A "felicidade" do egoísta dura só um instante; ela não permanece, não traz sensação de bem-estar.

O sucesso do egoísta alimenta a vaidade, o fracasso o afoga na depressão, a contrariedade o irrita e o torna agressivo.

Uma analogia interessante para pessoas egoístas é um copo com pouca água, em que uma pequena pitada de sal é suficiente para torná-lo ruim. Por outro lado, quem não vive na bolha do ego pode ser comparado a um grande lago, e uma pitada de sal não altera em nada o sabor de sua água.

**A BUSCA DA FELICIDADE EGOÍSTA É
FADADA AO FRACASSO.**

HUMILDADE

A *humildade* é muitas vezes olhada com desprezo, considerada fraqueza. Porém, o extremo oposto de uma pessoa humilde, a arrogante, impede a evolução das pessoas. A arrogante acha que sabe tudo, então não há o que evoluir. E para aprender é necessário compreender que não se sabe, que sempre se pode melhorar um conhecimento, uma atitude...

Cada dia mais surgem cursos e "gurus" que ensinam como criar uma imagem que transmite autoridade, autoconfiança e poder sem se preocupar com o que verdadeiramente somos. No momento em que uma pessoa começar a achar que a sua imagem é sua essência, a humildade vai por água abaixo, a evolução fica estagnada e o amor excessivo à autoimagem floresce. O ego domina tudo.

A humildade é um valor esquecido no mundo corporativo. Muitas vezes a vontade de aparecer é maior do que a de aprender, e não precisamos de muita reflexão para concluir que o resultado não é dos melhores. Segundo o príncipe de Marcillac e moralista François de La Rochefoucauld, "seria mais vantajoso se deixássemos que nos vissem como somos do que tentar parecer o que não somos". Simples, verdadeiro e atual, apesar de ele ter vivido nos idos do século XVII.

A humildade é a virtude daquela pessoa que avalia tudo que lhe falta aprender e o caminho que ainda deve percorrer. Humildes não são pessoas inteligentes e bonitas que se esforçam para se convencer de que são inferiores, mas que não deixam seu ego dominar. Não se consideram o umbigo do mundo, reconhecem mais facilmente o que precisam melhorar e são conscientes da interconexão entre todos os seres e o planeta.

O humilde sabe valorizar e apreciar o valor das pessoas. Se recebe elogios, reconhece quem o ajudou a atingir tal feito; se recebe críticas, as olha como parte do seu desenvolvimento. O humilde toma decisões conforme acha ser justo, sem se preocupar com a sua imagem ou com o que vão pensar dele.

A humildade é um componente do altruísmo, dado que o humilde é voltado e está atento ao seu bem-estar e ao dos outros. Quem é humilde tem mais capacidade para perdoar, pois olha todas as pessoas como humanas.

A PESSOA HUMILDE SABE VALORIZAR E APRECIAR O VALOR DE TODOS. SE RECEBE ELOGIOS RECONHECE QUEM AJUDOU; SE RECEBE CRÍTICAS, AS ENCARA COMO PARTE DO SEU DESENVOLVIMENTO.

FAZER O BEM É O NATURAL

"Cabe a cada homem decidir se caminhará à luz do altruísmo criativo ou pelas trevas do egoísmo destruidor", disse Martin Luther King Jr.. Mas o que é mais natural do ser humano?

Segundo o Dalai Lama, assim como o amor é mais natural do que o ódio, o altruísmo é mais natural do que o egoísmo. Somos seres sociáveis que precisam de outras pessoas para sobrevivência.

Por mais que ainda existam guerras, as pessoas são muito mais avessas aos confrontos armados. Isso é notado ao verificar como diversas iniciativas em prol do ser humano e do meio ambiente têm surgido e ganhado cada vez mais espaço.

Caso você ainda tenha dúvidas sobre isso, pense com quem prefere estar: com alguém benevolente ou com alguém com raiva. Ou, ainda, ao pensar em uma criança, o que vem à sua mente: alguém amoroso ou com ódio?

A benevolência é uma expressão de um estado de equilíbrio mental, enquanto a violência é uma expressão de desequilíbrio.

REFLEXÕES

Qual a característica mais importante de um líder?

Sempre que me fazem essa pergunta eu respondo sem pestanejar: "Compaixão". Líderes que o mundo precisa necessariamente devem ser compassivos. Sem compaixão, serão apenas pessoas egoístas.

Sempre reflita sobre se você está agindo com empatia, altruísmo e compaixão, e como pode melhorar.

CAPÍTULO 11
COMECE POR VOCÊ

"O ser humano deve desenvolver, para todos os seus conflitos, um método que rejeite a vingança, a agressão e a retaliação. A base para esse tipo de método é o amor."

Martin Luther King Jr.

AUTOCOMPAIXÃO

Um líder que o mundo precisa deve ter autocompaixão!

Autocompaixão é sermos calorosos e compreensivos conosco, especialmente nos momentos de sofrimento e dor. Outra forma mais informal de dizer isso é: compaixão é nos tratarmos como trataríamos um melhor amigo quando ele está sofrendo.

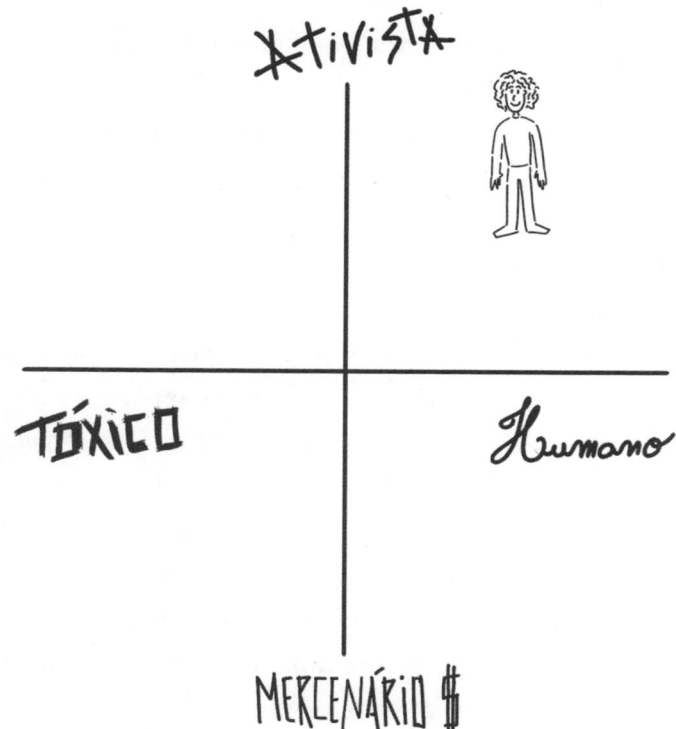

Todas as pessoas devem ter autocompaixão; assim, líderes que o mundo precisa devem ser compassivos.

Líderes devem aprender, inovar e evoluir sempre. Nesse processo, é absolutamente natural que erros e fracassos aconteçam, mas, em vez de olhar as dificuldades como muros intransponíveis que impedem nossa caminhada, elas devem ser vistas como obstáculos que nos ajudam a ajustar a rota e a nos fortalecer. Para isso, a autocompaixão é fundamental.

LÍDERES QUE O MUNDO PRECISA DEVEM TER AUTOCOMPAIXÃO!

Segundo a doutora Kristin Neff, especialista em compaixão e professora de psicologia da Universidade do Texas, pessoas com mais autocompaixão têm menos medo de fracassar e maior tendência a tentar novamente cada vez que falham, pois não ficam se punindo ou se achando injustiçadas.

Para começar, vamos entender os três aspectos da autocompaixão: atenção plena, humanidade compartilhada e autogentileza.

ATENÇÃO PLENA

Na autocompaixão, devemos estar no momento presente, no aqui e agora, e o nome disso é atenção plena, também conhecida como *mindfulness* (já falamos sobre ela no capítulo 6, lembra?).

Por meio da atenção plena, devemos acolher nossos pensamentos e emoções, dolorosos ou não, com curiosidade ("quero entender o que estou sentindo"), sem julgamento ("isso é assim e ponto") e sem o desejo de evitá-lo ("aceito que estou sentindo isso"). Aceitação não é resignação. Enquanto a resignação é característica dos apáticos que desistiram de lutar, é uma não ação, a aceitação envolve um esforço ativo e honestidade na autoavaliação.

Devemos entender que *temos* pensamentos, mas que não *somos* nossos pensamentos ("estou triste" é diferente de "sou triste"). Só o fato de nomear os pensamentos ("estou ansioso", por exemplo) nos ajuda a lidar melhor com eles.

Não podemos ignorar uma dor e sentir compaixão por ela ao mesmo tempo. Quando estamos "identificados" com pensamentos e sentimentos, ficamos presos e envolvidos pela reatividade negativa.

Na atenção plena, o primeiro passo para a autocompaixão é estar no momento presente, reconhecer o que sente, aceitar e acolher os pensamentos e sentimentos. Essa é uma forma de trabalhar a mente para evitar emoções negativas, como a culpa, a hostilidade e a inveja.

HUMANIDADE COMPARTILHADA

Esse é um ponto fundamental da autocompaixão. Após acolher os próprios sentimentos, devemos entender que todas as pessoas têm problemas. *Humanidade compartilhada* é compreender que as circunstâncias negativas da vida não acontecem só conosco. Todas as pessoas sofrem. A própria definição de ser humano, em oposição a *divino*, significa ser mortal, vulnerável e imperfeito.

Ao entender esse conceito, evitamos o sentimento ilegítimo de injustiça, resumido pelo pensamento "isso só acontece comigo" ou "por que isso acontece comigo?". Reconhecemos que algo ruim nos acometeu, mas entendemos que outras pessoas também passaram, passam ou passarão por situações tão ruins ou até piores. Assim, sentimos que não estamos sozinhos na caminhada. Não à toa, o contrário da humanidade compartilhada é isolamento, que nos faz muito mal.

Ao entender que todas as pessoas erram, que milhões de pessoas estão passando por problemas e que isso faz parte da natureza humana, nos tranquilizamos e nos sentimos parte de algo maior.

Portanto, a autocompaixão envolve reconhecer que o sofrimento é inerente à experiência humana, algo pelo qual todos passamos.

AUTOGENTILEZA

É comum tratarmos com acolhimento um amigo que está passando por alguma dificuldade, mas quando a situação acontece conosco não raras vezes nos cobrimos de julgamentos.

Segundo a doutora Neff, as pessoas autocompassivas reconhecem que ser imperfeito, fracassar e enfrentar dificuldades é inevitável, de modo que, quando as coisas não acontecem como desejam, em vez de se punirem, elas são gentis consigo mesmas.

Todos nós temos desejos, mas nem sempre obtemos exatamente o que imaginamos, e, quando nos deparamos com essa negativa de não ter alcançado o objetivo, o sofrimento pode aumentar sob a forma de estresse, frustração e autocrítica. Quando essa realidade é aceita com gentileza e bondade, é vivenciada uma maior equanimidade emocional.

Essas três características devem ser sempre lembradas e praticadas pelos líderes que o mundo precisa, pois ter autocompaixão pode auxiliar a jornada do dia a dia da empresa, das pessoas com quem trabalha e de si.

SEJA CALOROSO E COMPREENSIVO COM
VOCÊ, ESPECIALMENTE NOS MOMENTOS
DE SOFRIMENTO E DOR.

AUTOESTIMA ALTA OU BAIXA?

Você foi convidado para fazer a palestra que pode se tornar a mais importante da sua vida, um grande evento para milhares de pessoas.

Naturalmente está ansioso e, durante algumas semanas, se prepara e ensaia exaustivamente.

Até que chega o grande dia. Apesar de mal ter dormido, você está cheio de energia. Na entrada do evento, um dos organizadores, ao recepcionar sua chegada, comenta a expectativa que sente para ouvir sua apresentação e acompanha você até a sala de palestrantes, um local com comidas, sucos e com pequenas rodas de pessoas conversando. Você não conhece ninguém, senta-se no confortável sofá e dá uma última passada pela apresentação.

Será o terceiro a falar. Na sala de espera, uma enorme televisão transmite as palestras que estão acontecendo. O frio na barriga aumenta. Apesar de não conhecer os outros palestrantes, percebe que eles têm total domínio do assunto e do público. Como num piscar de olhos, chamam você para se posicionar atrás do palco. Será o próximo a falar. Adrenalina lá em cima.

O mestre de cerimônias faz a apresentação, e, ao entrar no palco, aquelas luzes do holofote quase cegam seus olhos e você mal consegue ver a plateia que está no escuro. Toma um gole de água, faz uma piadinha sem graça para quebrar o gelo e começa a falar ainda com a voz um pouco trêmula, o que "é normal no começo", você pensa.

À medida que ganha confiança, sente que as pessoas estão gostando do que ouvem, até que você traz uma informação completamente errada. Você e o público percebem...

Dependendo da situação, a história pode ter três finais distintos.

Situação 1

Se antes do evento você tinha dúvidas sobre o motivo de terem convidado você a fazer uma apresentação, após as palestras anteriores à sua a dúvida se torna a certeza de que deveria ter recusado o convite. Todos as pessoas falaram muito bem e com propriedade, se prepararam devidamente, e o reconhecimento dos ouvintes era a prova disso. Você acredita que não merece estar em um lugar de tanto destaque, que não deveria pisar no mesmo palco depois de aquelas pessoas terem brilhado, tem um sentimento de inferioridade, sente-se pequeno.

No momento em que percebeu que passou uma informação errada, você procura um buraco no palco para enfiar a sua cabeça e nunca mais sair. Não acha, fica pálido, sua voz começa a tremer e resolve acelerar a fala quase na velocidade de um narrador de futebol.

Ao final da palestra, você corre para a saída e promete que nunca mais falará para grupos de mais de dez pessoas.

Situação 2

Antes do evento você estava incomodado, pois a sua foto não estava no centro e o seu nome estava escrito do mesmo tamanho que o dos outros palestrantes. Ao ver tanta gente no dia, a dúvida que tem é se deveria ter cobrado mais, afinal você tem certeza de que a maioria das pessoas foi ao evento só para assistir à sua apresentação.

Você até achou as palestras anteriores boas, mas encontrou algumas falhas e fez uma crítica mental a cada uma delas. Então, no momento do seu erro, você fica desconcertado. "Ora", você pensa, "alguém como eu, com minha experiência e formação, não poderia cometer um deslize." Parece que caiu do décimo andar de um prédio e não tem forças para se levantar. Olha para todos que você achava serem seus fãs e se sente nu em cima do palco. O seu sorriso forçado para tentar disfarçar não convence a plateia, que prefere pegar o celular a ver a sua sofrível tentativa de palestrar.

Voltando, sozinho no seu carro, você se xinga, se critica e não se conforma com o que aconteceu. Procura alguns culpados, como a iluminação do palco e o suco que tomou antes e não caiu bem.

Situação 3

Você está feliz e se sente privilegiado por poder compartilhar suas ideias com tanta gente em um evento repleto de boas pessoas. Presta atenção nas palestras anteriores e fica mais feliz com a oportunidade de estar aprendendo ao ouvir palestrantes tão bem preparados, tentando, inclusive, encontrar informações que poderão ser usadas na sua palestra, elogiando e se conectando com as pessoas que se apresentaram.

Logo após perceber o seu erro, dá uma gostosa risada, brinca com você mesmo, corrige a informação e prossegue com a palestra feliz e animado com a oportunidade que está tendo.

Pare um instante. Antes de analisar cada situação, levantando seus pontos mais importantes, vamos falar sobre *autoestima*, o senso de valor próprio, valor percebido ou quanto gostamos de nós mesmos.

Na cultura ocidental, somos constantemente levados a ter a autoestima muito alta. "Precisamos" nos considerar melhores e especiais, devemos ser acima da média. De preferência, estar entre os primeiros. Porém, essas tentativas de elevar a autoestima podem resultar em comportamentos narcisísticos e no menosprezo das pessoas, além de encorajar a ignorar, distorcer ou ocultar deficiências próprias, dificultando enxergar com clareza e precisão sentimentos e atitudes, nossos e dos outros. Isso é o que acontece no caso hipotético da Situação 2, em que você procurou defeitos nas outras palestras e culpados pelo seu erro.

Os pesquisadores Jean Twenge, da Universidade Estadual de San Diego, e Keith Campbell, da Universidade da Geórgia, que acompanham os índices de narcisismo de estudantes universitários desde 1987, descobriram que o narcisismo dos estudantes de períodos mais recentes está no nível mais alto já registrado. Segundo eles, isso deriva do fato de pais e professores, apesar de bem-intencionados, terem dito a esses universitários, quando eram crianças, quão especiais e ótimas eram na tentativa de aumentar a autoestima. Isso impacta diretamente a performance de pessoas que não suportam o fracasso na empresa, que não aprenderam a errar, que não assumem que podem errar. Por terem aprendido que são "especiais", a culpa por um erro é sempre de outras pessoas, as "normais" ou "inferiores".

Narcisismo é uma tendência geral à grandiosidade, uma necessidade de admiração e falta de empatia. A única imagem que interessa a uma pessoa narcísica é a própria, alimentada por fantasias de sucesso, beleza, poder, inteligência, entre outros atributos. Considera as demais pessoas inferiores e as vê como instrumentos para reforçar a própria autoimagem. Essas pessoas se consideram mais atraentes, simpáticas e populares, porém suas opiniões sobre si são sempre superestimadas.

Por um tempo, acreditou-se que os narcisistas eram assim para compensar traços de insegurança, porém o conjunto de trabalhos de pesquisa feito por Twenge e Campbell, que resultou no livro *The Narcissism Epidemic: Living in the Age of Entitlement* ("A epidemia narcísica: vivendo na era da prerrogativa"), mostrou que essa hipótese era falsa na maior parte dos casos. Tentar ajudar um narcisista aumentando sua autoestima é o mesmo que colocar álcool no fogo.

O antídoto do narcisismo não é a autoestima, mas a autocompaixão.

Quando um narcisista acaba se confrontando com a realidade, que o frustra, ele normalmente pode tomar duas atitudes diferentes: a ira contra ele mesmo ou contra os outros.

Quando fica com raiva de si, a pessoa narcísica se recrimina por não ter se saído melhor, e volta-se contra si com agressividade, ansiedade e ira; a sua frustração pode conduzir à depressão e, em casos extremos, ao suicídio. No artigo "Narcisismo e suicídio: o problema do ideal na experiência psicótica", isso é explicado na linha da psicanálise pelo conflito entre o eu ideal e o eu da realidade; o primeiro é a figura "especial", perfeita — construída, por exemplo, por pais e professores durante a infância —, mas que, em choque com o eu do dia a dia, que tem falhas e erra — como todo ser humano —, essa pessoa vive em constante frustração e, para acabar com esse sofrimento, recorre ao ato suicida como forma de alcançar o ideal do eu. Em outros casos, a pessoa narcísica expressa a ira para fora. Culpando e menosprezando os outros pelos seus próprios fracassos. Foi isso que aconteceu com o palestrante da segunda situação.

Já o palestrante da primeira situação tem baixa autoestima, falta de amor-próprio, que é muito danosa e pode levar à desmotivação e, em casos mais críticos, à depressão. Quando alguém com baixa autoestima cai, sente dificuldade de se reerguer sozinho, pois faltam forças internas.

Por fim, chegamos à Situação 3, em que o comportamento foi de uma pessoa compassiva. Embora a autocompaixão possa parecer semelhante à autoestima, elas são distintas de várias maneiras.

Diferentemente da autoestima, a autocompaixão não é resultado da autoavaliação. As pessoas sentem compaixão por si mesmas porque todos os seres humanos merecem compaixão e compreensão, não porque são bonitas, inteligentes ou talentosas.

Olha que lindo. Com autocompaixão, você não tem a necessidade de se comparar com outras pessoas, não precisa se sentir melhor do que ninguém. Não depende de circunstâncias externas. Basta estar bem com você.

A busca pela elevada autoestima é um jogo finito, em que a comparação a outros é uma das regras, um jogo em que se procura a vitória que só funciona a curto prazo; afinal, a meta desse jogo, ser impecável, é uma ilusão. Já a autocompaixão é um jogo infinito cujo objetivo é a caminhada, não a chegada, e os jogadores reconhecem que são seres imperfeitos — todos eles.

A autocompaixão também permite maior lucidez sobre quem somos, porque falhas pessoais podem ser reconhecidas com bondade e não precisam ser ocultadas, bem como maior nível de felicidade, porque ficamos em paz com nós mesmos. No caso da palestra da Situação 1, você se culpa; na Situação 2, você encontra culpados; na Situação 3, você aprende com o erro.

CUIDADO COM AS ARMADILHAS DA AUTOESTIMA. DÊ ATENÇÃO PARA A AUTOCOMPAIXÃO.

AUTOCOMPAIXÃO NO FRACASSO

Quando passamos por grandes crises na vida, a autocompaixão parece fazer toda a diferença em nossa capacidade de sobreviver e até prosperar.

David Sbarra, Hillary Smith e Matthias Mehl, da Universidade do Arizona, examinaram se a autocompaixão ajuda a determinar quão bem as pessoas se adaptam ao divórcio. A pesquisa contou com 109 participantes, todos separados recentemente de seus cônjuges. O estudo se deu em dois encontros. No primeiro, foi solicitado que a pessoa relembrasse da imagem de seu ex-cônjuge por trinta segundos; a seguir, por quatro minutos, deveria falar espontaneamente tudo o que vinha à sua cabeça — pensamentos, sentimentos e emoções — a respeito da experiência da separação. Essas pessoas fizeram o mesmo exercício nove meses depois, no segundo encontro. A fala espontânea foi gravada em ambas as ocasiões e, posteriormente, analisada pelos pesquisadores, que descobriram que os participantes com mais autocompaixão mostraram menos sofrimento relacionado à época do divórcio, e que esse efeito persistiu nove meses depois.

Os resultados foram mantidos mesmo ao controlar outras explicações possíveis, como os níveis iniciais de autoestima, otimismo ou depressão dos participantes. Esse tipo de estudo reforça a tese de que mais importante do que os fatos da vida é a forma como eles são encarados. E a compaixão ajuda a aprender com os fracassos, mas não a se ver como um fracassado.

Há alguns anos tive de decidir fechar a GaiaFit, uma empresa que fazia camisetas esportivas. Apesar de uma decisão superdifícil de ser tomada, tinha certeza de que era a melhor opção e não me senti culpado por isso. Analisei os fatos, observei meus erros, reconheci os problemas e, com isso, cheguei à conclusão de que fechar era a melhor alternativa, sem sentir que fracassei. Segui tendo a consciência de que sou um humano como qualquer outro.

AUTOCOMPAIXÃO AJUDA A ENCARAR MELHOR OS FRACASSOS, SEM SER UM FRACASSADO.

NÃO SINTA PENA DE VOCÊ

Um dos maiores mitos sobre autocompaixão é que ela faz que as pessoas sintam pena de si (também conhecido como autopiedade). Segundo a pesquisadora Kristin Neff, a autocompaixão é um antídoto para a autopiedade e para a tendência de lamentarmos a má sorte.

A autocompaixão nos deixa mais dispostos a aceitar e reconhecer nossos sentimentos desagradáveis com bondade, ajudando a lidar melhor com eles. Assim, pessoas autocompassivas têm melhor saúde mental e são menos propensas a ficar ruminando pensamentos negativos. Sabe quando acontece algo, mesmo que pequeno, e você não consegue deixar de ter aquele pensamento negativo? Por exemplo, você tem de preencher uma planilha e pede algumas informações a um colega que, por algum motivo, fala que não conseguirá procurar naquele momento. Sem nem tentar entender o motivo da resposta, você logo se fecha e fica relembrando a negativa de seu colega por um bom tempo. Isso é ruminar.

Um estudo de Filip Raes, da Universidade de Lovaina, examinou a associação entre autocompaixão, pensamento ruminativo e saúde mental em estudantes universitários. Ele descobriu que os participantes com níveis mais altos de autocompaixão tendiam a ruminar menos sobre seu infortúnio, de forma que relataram menos sintomas de ansiedade e depressão.

A liderança que o mundo precisa não deve ter pena de si mesma, gastando energia e tempo ruminando; ela tem de inovar, arriscar, errar, aprender e continuar no jogo.

NADA DE ARRUMAR DESCULPAS PARA SEUS ERROS

Imagine que você está infeliz porque cometeu diversos erros no trabalho; então, para esquecer o que fez, passa o dia em frente à TV, tomando refrigerante e comendo salgadinho. Ou então, na tentativa de diminuir o estresse causado por seus erros, resolve ir ao massagista para relaxar. Você consegue imaginar o que leva você a agir assim? Provavelmente é o medo de reconhecer suas fraquezas, reconhecer que não é perfeito.

Acontece que, fazendo isso, estará sendo autoindulgente, recompensando-se por um erro sem fazer nada para evitá-lo numa próxima ocasião, desculpando-se com facilidade. Uma coisa é não se punir. Outra é se recompensar...

Ter autocompaixão significa que você quer se tratar bem, ser feliz e saudável no *longo prazo*. Da mesma forma que você não daria uma garrafa de álcool para um amigo alcoólatra porque ele está triste, por mais que lhe pedisse, você tem de ter cuidado com o que oferece para você e em que momento. Ter autocompaixão é querer o seu bem, o que é diferente de ter um prazer momentâneo que poderá ter um custo maior no futuro. Ao passar o dia em frente à TV comendo salgadinho ou ir ao massagista após ter cometido diversos erros, passará a mensagem para você mesmo de que errar "compensa", pois, apesar de salgadinho não ser indicado em uma dieta saudável, ele te dá um prazer no momento, assim como a massagem, que é relaxante e ajuda a aliviar a tensão muscular naquele instante.

As nossas fraquezas podem ficar escondidas quando temos uma tendência à autocensura, que é a repreensão do próprio comportamento. Lembra do exemplo da palestra em que você comete um erro diante de uma plateia enorme? Em vez de procurar melhorar, você coloca a culpa na luz, no suco...

Visando evitar a autopunição, escondemos de nós mesmos os nossos erros e, assim, não evoluímos. Por outro lado, a autocompaixão é uma ferramenta que permite nos conhecermos melhor, sendo uma poderosa força motivadora para o crescimento e a mudança, sem medo de autocondenação. Por meio da autocompaixão, reconhecemos nosso erro sem ficar com dó de nós mesmos nem procurar culpados.

APRENDER COM O ERRO

Digamos que Débora, analista financeira da empresa, cometeu um erro não intencional. Imediatamente, ao perceber, ela sofre e começa a se autopunir. Em seguida, vai contar para a sua coordenadora, Aline, que responde: "Que absurdo! Como você fez isso? Não posso confiar em você?".

Qual será o comportamento de Débora nos próximos dias? Amedrontada, insegura, triste? Achará que será demitida?

E se Aline falar para Débora: "Estou vendo quanto está sofrendo pelo seu erro, que tenho certeza de que não foi intencional. Vamos juntas rever o processo para aprender e evitar que ele ocorra novamente. Conte comigo para melhorar".

Esse comportamento compassivo dá segurança e ensina Débora a melhorar a performance dela.

Agora imagine que Débora e Aline são a mesma pessoa. Aline é a voz que fica na cabeça da Débora se cobrando. Note como a forma de encarar muda completamente o resultado. Com esse exemplo percebemos como é melhor sermos compassivos, com os outros e nós mesmos. Isso não quer dizer que seremos complacentes com os erros. Não é fingir que o erro não aconteceu, muito pelo contrário: é acolher e aprender com ele.

SER COMPASSIVO É ENTENDER, ACEITAR E
APRENDER COM OS ERROS.

REFORÇAR A MOTIVAÇÃO

Alguns talvez pensem que a autocompaixão pode nos acomodar onde estamos, nos tornando menos motivados. Será?

As pesquisadoras Juliana Breines e Serena Chen, da Universidade da Califórnia, examinaram se ajudar os estudantes de graduação a ser mais autocompassivos os motivaria a se envolver em mudanças positivas.

Os participantes deveriam se lembrar de uma ação recente pela qual se sentiam culpados (mentir ou prejudicar alguém, por exemplo), algo que ainda os fazia se sentir mal quando pensavam a respeito. Em seguida, foram divididos em três grupos:

Grupo 1: deveria escrever para si por três minutos, da perspectiva de um amigo compassivo e compreensivo.
Grupo 2: deveria escrever sobre suas próprias qualidades positivas.
Grupo 3: deveria escrever sobre um hobby de que gostava.

No Grupo 1, foi treinada a compaixão, no 2, uma conversa interna positiva e no 3, o prazer em geral. As pesquisadoras descobriram que os participantes do Grupo 1, que foram ajudados a ter autocompaixão por sua recente atitude negativa, relataram estar mais motivados a se desculpar pelos danos causados e mais comprometidos em não repetir o comportamento novamente do que as pessoas dos outros grupos.

A autocompaixão, longe de ser uma maneira de fugir da responsabilidade pessoal, na verdade a fortalece. Ter acesso aos erros com bondade e gentileza permite enxergar outros lados de nós mesmos, uma parte que se importa com o ser humano e quer que todos, inclusive nós, sejamos mais saudáveis e felizes. Isso nos fortalece e nos incentiva a aprender e tentar novamente.

Portanto, a autocompaixão auxilia na nossa motivação!

AUTOCOMPAIXÃO É EGOÍSTA?

Ter autocompaixão seria um ato egoísta? Algumas pessoas podem dizer que sim, porém e se alguém próximo estiver sofrendo e você recorrer à compaixão? Nesse caso ser compassivo seria um ato egoísta? Absolutamente não. Gastar tempo e se importar consigo mesmo não significa que você esteja negligenciando outras pessoas. Só conseguimos dar aquilo que temos. Você lembra do exemplo do avião em pane? Primeiro, o adulto deve colocar a máscara em si para depois ajudar uma criança. O mesmo acontece com a compaixão.

Muitas pessoas são extremamente bondosas, generosas e altruístas com os outros, mas horríveis consigo próprias. Isso não precisa ser assim, não é justo nem saudável. Imagine que você tem mil reais no banco, mas vendo a necessidade de um parente resolve emprestar a ele 2 mil reais; você estará se prejudicando demais, não é?

Assim como a felicidade não é um jogo finito, a compaixão não é um jogo de soma zero em que um ganha e outros perdem. Pelo contrário! É como uma vela que acende outras milhares sem perder o próprio brilho.

Segundo a doutora Neff, a literatura científica não é clara sobre se a autocompaixão é realmente necessária para sermos compassivos com os outros, pois aparentemente muitas pessoas ajudam, mas se punem muito.

No entanto, de acordo com a mesma pesquisadora, um crescente corpo de pesquisa tem indicado que a autocompaixão ajuda a sustentar o ato de cuidar dos outros. Por exemplo, terapeutas que são autocompassivos têm menor probabilidade de sofrer estresse e esgotamento, tendem a ser mais satisfeitos com suas carreiras e se sentem mais energizados, felizes e agradecidos por poder fazer a diferença no mundo.

A autocompaixão é o cuidado oferecido a nós mesmos; não é um ato egoísta, mas um ato de amor para todo mundo, para nós e para as outras pessoas!

E como isso se aplica ao líder?

Uma empresa vivendo numa crise profunda, por exemplo, precisa de um líder autocompassivo e compassivo: ele enxerga todos os problemas em que se encontra, vê como isso afeta as pessoas, mas não se culpa nem culpa ninguém, aceita o fato e procura saída para reerguer a si e à empresa de forma saudável, humana e sustentável.

**CUIDAR DE SI NÃO É UM ATO EGOÍSTA,
MAS UM ATO DE AMOR.**

REFLEXÕES

Imagine você daqui a dez anos e escreva uma carta para o seu eu de hoje, agradecendo e reconhecendo como o fato de ter auto-compaixão fez bem para seu desenvolvimento, deixando você mais confiante para ajudar muito as pessoas próximas.

CAPÍTULO 12
NOVOS HÁBITOS

"Suba o primeiro degrau com fé. Não é
necessário que você veja toda a escada.
Apenas dê o primeiro passo."

Martin Luther King Jr.

IDENTIDADE

Identidade é o conjunto de qualidades e características particulares de uma pessoa. Há quem se pergunte se isso é algo imutável — ou seja, se nascemos e morremos com uma mesma identidade — ou se podemos mudar algumas dessas qualidades e características com o tempo.

Bem, a minha história prova que ela é mutável: na escola eu adorava números, ia superbem em matemática e amava esportes; já português, eu estudava o suficiente para passar de ano. Cheguei a pensar em fazer faculdade de educação física, mas, como eu me destacava mais fazendo contas de cabeça do que praticando esportes, resolvi estudar engenharia (atualmente uso o Excel até para fazer adição). Para o vestibular, só li o resumo dos livros de literatura (e com muito esforço). Minha identidade era totalmente de exatas.

Na faculdade, minha linguagem era composta pelos números, eu os adorava. Mal escrevia e não sentia nenhuma falta de palavras. Até que, no final do terceiro ano, comecei a trabalhar e me dei conta de como eu escrevia mal. Tinha dificuldades de expor minhas ideias em um simples e-mail.

Aos poucos, comecei a querer me aproximar das palavras e percebi como elas poderiam me ajudar na minha vida profissional, permitindo me expressar com mais facilidade e clareza, por exemplo, e também na vida pessoal, encontrando na leitura momentos de aprendizado e prazer. O gosto pela leitura e pela escrita foi crescendo quando encontrei nelas uma forma de me aproximar de coisas de que eu gostava e achava interessante. Mais de quinze anos após eu ter me formado em engenharia e ter notado a minha péssima escrita, fui escolhido para compor a lista dos 15 Top Voices do LinkedIn, na primeira vez que a rede social fez a seleção dos mais influentes dentre os 30 milhões de usuários no Brasil (isso não diz muita coisa por ser um jogo finito em um jogo infinito, mas vale para balizar que os meus artigos atingiam muita gente na época).

Em seguida publiquei o *Onda azul*, meu primeiro livro, e alguns anos depois fui convidado para escrever uma coluna na revista *Veja São Paulo*, uma das mais prestigiadas da capital paulista. Nesse momento, uma das minhas identidades era de escritor.

O que mudou nesses quinze anos, de um garoto que fazia contas e mal sabia escrever para alguém que atingia milhares pessoas com as suas palavras? Segundo James Clear, autor do best-seller *Hábitos atômicos*, quanto mais você repete um comportamento, mais reforça a identidade associada a ele. Eu não era um escritor, mas, ao criar o hábito de escrever com frequência e manter essa constância por vários anos, me tornei um. No caso, eu não planejei ser um escritor, foi algo construído ao longo do tempo.

Estamos continuamente passando por mudanças, algumas para melhor, outras nem tanto.

Gosto da analogia que James Clear faz em sua obra ao dizer que toda ação que fazemos é um voto para o tipo de pessoa que estamos nos transformando. Escreva todos os dias, você será escritor; medite com muita frequência, será um meditante; trate bem as pessoas, será generoso. Fume cigarro todos os dias, será fumante. Vale pra tudo.

Toda vez que você pratica um mau hábito é um voto para reforçar uma identidade. Assim como as eleições, em que ganha quem tem mais votos, cada vez que damos um voto a uma prática, estamos dando forças para hábitos: não precisamos ser perfeitos, desde que a maioria dos votos nos leve na direção que desejamos e faz bem para nós e para as pessoas ao redor.

Conforme você distribui votos, constrói a sua identidade. Pense que cada dia é um voto, não adianta você ter uma mudança radical de comportamento em um dia e, no seguinte, voltar à antiga prática. Melhor avançar um passo por vez, um voto por dia, e com o tempo terá consolidado uma nova identidade.

Uma mudança de identidade nunca acontece de uma hora para outra. É algo gradual, construído pouco a pouco. Assim como você não consegue ser mãe ou pai em um dia, você não muda a sua identidade em um estalo de dedos.

TODA AÇÃO É UM VOTO NA IDENTIDADE
QUE VOCÊ ESTÁ CONSTRUINDO.

HORA DA MUDANÇA

Espero que neste momento da leitura você tenha se convencido de que quer ser identificada como a líder que o mundo precisa, uma pessoa humana e ativista. Uma pessoa que estimula a mudança de ação e pensamento dos outros, independentemente de sua atividade, sua idade ou seu cargo.

Para essa mudança, o primeiro passo é querer ter essa identidade. Reflita por alguns segundos. Você deseja fazer a diferença positiva no planeta e na vida das pessoas? Você quer que no futuro seus filhos, amigos e familiares se orgulhem da pessoa que você foi? Você quer fazer tudo isso com prazer e felicidade?

Se a resposta for positiva, não adianta fechar o livro e voltar a ter os mesmos comportamentos de antes. É necessário mudar, agir diferente, ter novos comportamentos (obtendo um voto por dia para criar bons hábitos, como falamos há pouco) que vão fazer que você incorpore a identidade que deseja.

Mergulhe firme nas próximas páginas para saber como criar comportamentos que funcionem e gerem efeitos para que você alcance a identidade de líder como o mundo precisa!

MOTIVAÇÃO

Motivação é o desejo de ter determinado comportamento (jogar futebol hoje) ou determinada classe de comportamentos (fazer esportes diariamente).

O cientista comportamental e professor da Universidade de Stanford BJ Fogg, em sua obra *Micro-hábitos*, lista três itens que podem servir como fontes de motivação:

- Você mesmo: o que deseja.
- Benefício ou penalidade que receberia por conta da ação: contrapartida.
- Contexto: todos estão agindo assim.

Se você chegou até aqui neste livro, acredito que é a fonte da motivação e fará tudo o que estiver ao seu alcance para se tornar uma pessoa melhor. A motivação é você mesmo, é o que deseja.

A motivação por contrapartida é quando gestores tentam motivar por meio de benefícios, prometendo polpudos bônus financeiros para estimular o colaborador. Minha experiência mostra que isso não funciona. No curto prazo, você pode até ter pessoas "engajadas", mas basta receberem uma proposta financeira um pouco melhor que vão trocar de emprego.

No início da Gaia, pagávamos bônus uma vez por ano, em fevereiro. Havia uma grande ansiedade por parte de gaianos e gaianas para saber quanto iriam ganhar. Até que, certa vez, fiquei sabendo que um estagiário pretendia comprar uma casa com o que ele achava que iria receber. Mas estagiário não recebia bônus. Fiquei intrigado e resolvi reparar no comportamento das pessoas e estudar o assunto.

Digamos que, no final do ano, Daniel, um personagem fictício, espere receber dez salários de bônus. Porém ele recebe nove salários além da sua remuneração mensal. Apesar de continuar sendo muito dinheiro, ele ficará frustrado. Se ele receber os dez salários almejados, não haverá nenhuma grande motivação a mais. Agora, imagine que ele receba onze salários e o seu colega ao lado tenha uma premiação de doze. Provavelmente Daniel ficará frustrado, apesar de ter recebido mais do que esperava.

O mercado financeiro criou a prática de motivar por bônus. Sempre grandes promessas, nem sempre grandes pagamentos. Já ouvi várias pessoas dizerem que estavam só esperando os bônus para pedir demissão no dia seguinte, independentemente do que recebessem. Você gostaria de ter um colaborador com esse tipo de mentalidade? Acredito que não.

O terceiro modo de motivação é o contexto. Como somos influenciados pelo comportamento das pessoas ao nosso redor, se todos os seus colegas de trabalho decidem parar de comer fast-food no almoço, é provável que você também o faça. Do mesmo modo, se, na sua casa, você trocar a televisão por um livro, é possível que outras pessoas que moram junto abracem esse hábito.

No entanto, a motivação, independentemente de qual é a sua fonte, basta para mudar hábitos? Tenho uma história — verdadeira — que vai ajudar você a notar que motivação não é o melhor caminho.

Por ter nadado durante muitos anos e corrido outros tantos, resolvi me aventurar no triátlon, que além dessas duas modalidades tem o ciclismo. Todo motivado, fui atrás, pesquisei, comprei uma bike específica, sapatilha, acessórios, até um equipamento (rolo) para poder pedalar dentro de casa.

Esse tipo de bicicleta tem um pedal diferente que se acopla na sapatilha. Como para encaixar a sapatilha é preciso ter certa habilidade, é comum iniciantes esquecerem disso e, ao parar a bike, caírem no chão de uma forma atabalhoada. Logo na primeira vez que fui pedalar com um amigo, não fiz por menos e caí algumas vezes. Depois desse dia, resolvi treinar em casa para melhorar minha condição física e aprender a encaixar e desencaixar a sapatilha do pedal.

Nas poucas semanas que se seguiram, treinei ciclismo na sala com a bike em cima do rolo, mas com o tempo aquela motivação toda foi se reduzindo até que, depois de alguns dias sem treinar, concordei com a ideia da minha esposa de deixar o rolo no quartinho da garagem do prédio. Cada vez que eu fosse usar, teria de pegar e depois guardar novamente. Já se passaram alguns anos e o rolo nunca mais viu a sala.

Comecei com a motivação nas alturas, mas ela não se manteve.

Os "gurus" da produtividade costumam dar uma receita mágica para você ser bem-sucedido: determine uma meta, monitore sua evolução e avance mais um pouco todos os dias. Na teoria, pode até parecer que faz sentido, porém esses passos possuem um grande problema. Eles se baseiam na premissa de que a motivação é alta e constante, o que é uma mentira.

Quem nunca, na empolgação, fez matrícula na academia, foi algumas vezes e desistiu? Ou comprou um curso on-line e não terminou? Ou adquiriu equipamentos profissionais de cozinha que usou pouquíssimas vezes — se é que usou?

Confiamos demais na nossa motivação, mas ela é extremamente volátil e traiçoeira.

Quando se trata de melhorar os comportamentos, achamos que basta informação, autonomia e escolha. Porém, confiar que uma mudança acontecerá por causa da motivação é como construir uma casa em cima de areia movediça: não é sustentável. A motivação flutua de um dia para o outro, e pode mudar de nível em horas. Antes do verão, as pessoas estão empolgadas e se inscrevem nas academias de ginástica, às segundas-feiras tendem a ingerir comidas mais saudáveis do que no fim de semana, e é mais fácil sair do regime no jantar do que no café da manhã. Motivação depende de força de vontade, e quando estamos cansados naturalmente ambas diminuem.

Não me entenda mal. Motivação não é ruim, é muito bom estarmos motivados, precisamos estar motivados, mas a motivação nunca deve ser a principal estratégia de uma mudança de comportamento, já que ela flutua. Fogg chama essa flutuação de *ondas de motivação*.

Diante dessas ondas, o cientista chegou à conclusão de que, em vez de usar os grandes picos de motivação que sentimos às vezes para criar hábitos, podemos usá-los para fazer coisas realmente difíceis esporadicamente: varar uma noite trabalhando num projeto, cuidar do filho pequeno de amigos, assar um bolo para o vizinho.

COMPORTAMENTOS

Queremos mudar, mas já vimos que contar só com a motivação não é uma boa ideia! Para sermos líderes melhores, é necessário desenvolver bons comportamentos e incorporá-los no dia a dia.

É comum confundirmos comportamentos com aspiração e resultado. Ter um corpo forte é uma aspiração, aguentar uma longa trilha é um resultado, consumir mais vegetais é um comportamento. Enquanto comportamento é uma ação que você pode fazer, aspiração e resultado levam tempo e dependem de comportamentos específicos para serem atingidos.

E qual caminho devemos seguir para ter novos comportamentos?

O autor BJ Fogg desenvolveu o Modelo de Comportamento. Segundo esse método, todos os nossos comportamentos acontecem quando três elementos convergem em um mesmo momento:

Co = MCP

Comportamento acontece quando há *Motivação* (desejo), *Capacidade* (habilidade) e *Prompt* (estímulo, termo que usarei a partir de agora).

Por exemplo, peço para você: "Dê um sorriso".

Comportamento: dar um sorriso.
Motivação: alta, você deseja sorrir.
Capacidade: alta, provavelmente você tem capacidade de sorrir.
Estímulo: meu pedido.

Quando um comportamento não ocorre, pelo menos um dos três elementos está ausente.

Vamos testar outro pedido: "Dê dez cambalhotas".

Provavelmente você não deu. Por quê? Vamos analisar:

Comportamento: dar dez cambalhotas.
Motivação: baixa, pois você provavelmente não deseja dar dez cambalhotas agora.

Capacidade: não posso avaliar daqui, mas arriscaria dizer que você não se lembra da última cambalhota que deu.
Estímulo: meu pedido.

O comportamento não ocorreu. E, se ocorreu, tenho certeza de que você teve motivação e capacidade altas.

Isso fica bem explicado neste gráfico, retirado da edição brasileira do livro *Micro-hábitos* (HarperCollins, 2020):

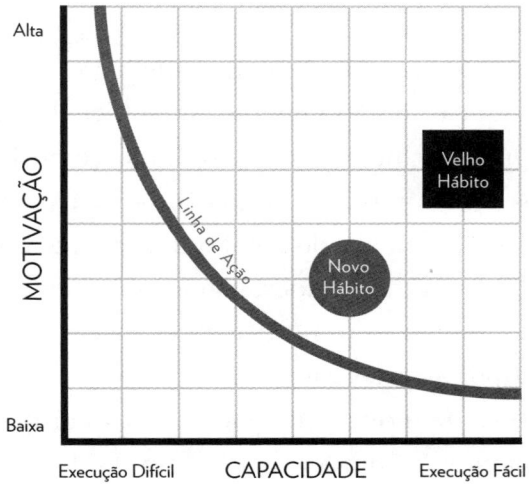

Como você pode ver, quando a motivação é alta, a sua capacidade de realização pode até ser baixa que você vai adotar o comportamento. Já quando a sua capacidade é bem alta (isto é, a execução é fácil para você) mas não há motivação, não haverá comportamento.

Já vimos por que a motivação não é suficiente para mudar um comportamento. Mas o que acontece em relação ao estímulo e à capacidade?

COMPORTAMENTO ACONTECE QUANDO HÁ MOTIVAÇÃO, CAPACIDADE E UM ESTÍMULO.

ESTÍMULO

Nenhum comportamento entra em ação sem que haja um estímulo. Centenas de estímulos acontecem no nosso dia: recebemos notificação no celular e abrimos a mensagem, sentimos frio e vestimos um casaco, quando temos fome procuramos algo para comer. Ouvimos uma piada e sorrimos.

Para criar comportamentos, devemos projetar estímulos que nos auxiliem nesse processo. Segundo BJ Fogg, temos três tipos de estímulos:

1. **Estímulos pessoais:** dependem de algo pessoal para que você coloque o comportamento em prática. Funcionam muito bem para as necessidades básicas, como fome, sede e frio, mas para outras atividades não são nada confiáveis, pois exigem que se lembre do comportamento, e a nossa mente, cheia de tarefas e atividades, não é muito confiável para isso. Eu, por exemplo, sou mestre em esquecer o pen drive nos eventos após as palestras.

2. **Estímulos de contexto:** podem ser quaisquer coisas no seu ambiente que o fazem agir, por exemplo, notificações do celular, bilhetes e lista com as tarefas do dia. Esse tipo de estímulo é melhor do que o estímulo pessoal, pois funciona especialmente bem para um comportamento isolado, mas não é a forma ideal de criar um hábito. Você corre o risco de ter muitos estímulos (alarme para tomar água, ler mensagens, reuniões…) e passa a não ler mais, de forma que não é mais atingido por eles e fica cheio de notificações não lidas.

3. **Estímulos de ação:** são os comportamentos que você já pratica e podem lembrá-lo do novo hábito. Você almoça e vai escovar os dentes, entra no carro e coloca o cinto de segurança. Essas ações são incorporadas na nossa vida de uma forma

que nem pensamos para executá-las. São automáticas. Estímulos de ação, também chamados de âncoras, são a melhor forma de estímulo.

Apesar de os três estímulos funcionarem, o ideal é buscar âncoras que estimulem você a realizar novos comportamentos: ao deitar na cama farei meu jornal da gratidão; ao entrar no escritório vou sorrir e dizer bom-dia (embora pareça algo óbvio, muitos não o fazem).

Temos potencialmente centenas de âncoras no nosso dia. Desde colocar os pés no chão quando acordamos, ligar o chuveiro, sentar para tomar café da manhã, lavar os pratos, entrar no carro, sair do carro, entrar no escritório, ligar o computador, desligar o computador...

Depois que falamos da motivação e dos estímulos, vamos para o último elemento para entender a fórmula dos comportamentos.

ÂNCORAS SÃO OS ESTÍMULOS DE AÇÃO.

CAPACIDADE

Vamos aprofundar o último elemento do comportamento: a capacidade, que está associada às habilidades desenvolvidas.

Não adianta alguém pedir para você pilotar um avião (estímulo), você ter vontade (motivação), se não tem a menor ideia de por onde começar (capacidade).

Executamos com mais facilidade atividades para as quais nossa capacidade é maior. Algumas pessoas pilotam avião com a mesma facilidade com que eu ando de patinete (este é o meu meio de transporte nos dias normais). E talvez alguns desses pilotos nem saibam andar de patinete.

Quanto mais vezes uma ação for repetida com consciência, mais fácil será a sua execução e maior a capacidade que você desenvolverá. Teoricamente essa relação funciona; porém, segundo Fogg, há cinco fatores que devem ser levados em consideração para que o desenvolvimento de uma capacidade leve à criação do hábito:

- **Tempo:** tem tempo para se dedicar e desenvolver essa capacidade?
- **Dinheiro:** possui o dinheiro necessário para isso?
- **Esforço físico:** é preciso de muito esforço físico?
- **Esforço mental:** é preciso muito esforço mental?
- **Rotina:** consegue encaixar a prática na sua rotina?

O fator que trouxer mais dificuldade para você determinará quão trabalhosa é a criação do hábito. Digamos que não tenha tempo suficiente; mesmo que tenha o suficiente de todos os outros fatores, será difícil estabelecer um hábito. E isso significa que precisará confiar na motivação, que, como vimos, não é confiável.

Na tentativa de me tornar um triatleta, no início tinha tempo disponível para praticar, adquiri os equipamentos necessários (o dinheiro ajudou), mas os esforços físico e mental demandavam demais. Quando o equipamento foi posto no depósito do prédio, isso só dificultou: eu teria de sair do conforto do meu lar para pegar o equipamento, montá-lo, fazer o exercício e, depois, devolvê-lo de onde o tirei. Demandaria mais tempo e ainda mais esforços físico e mental. A alta motivação de me tornar um *ironman* em poucas semanas diminuiu.

Se eu tivesse começado a pedalar aos poucos — em menos tempo e mais devagar — e, com o passar dos dias, com melhor condicionamento físico e mental, aumentasse a intensidade gradualmente, talvez eu conseguisse enxergar na minha evolução um estímulo para continuar pedalando. Porém, naquele momento não conhecia ainda a teoria dos micro-hábitos.

MICRO-HÁBITOS

O professor de história e autor best-seller Yuval Harari medita duas horas por dia, prática sobre a qual já falamos e apresentamos os benefícios. Mas saber disso não basta para você começar a meditar trinta minutos por dia. A exigência de tempo e esforço mental dificultará a execução, e provavelmente você desistirá logo.

No começo, terá motivação — você quer meditar —, mas essa nova prática dificilmente se sustentará baseada somente na motivação.

Mas então qual seria a solução? Como conseguir meditar trinta minutos por dia?

Pesquisas mostram que a forma mais fácil de conseguir driblar as dificuldades é por meio da criação de pequenos hábitos.

Imagine que, em vez de meditar trinta minutos, você simplesmente faça três respirações profundas. Enquanto a primeira ação exige muito tempo, esforço físico e mental, a segunda não requer nada além de quinze segundos: o esforço físico é respirar mais fundo que o normal, e o esforço mental é colocar a intenção nesse momento. Algo muito mais simples, que pode ser o início para, em algum momento, chegar a meditar meia hora por dia.

O nome disso é *micro-hábito*, traduzido no livro de Stephen Guise como *mini-hábitos*, que são comportamentos extremamente pequenos, a menor versão possível, que chega a ser constrangedora de tão ínfima. Normalmente algo que seja possível fazer em até trinta segundos.

O conceito dos micro-hábitos diz que, qualquer que seja a mudança que você quer fazer, deve transformá-la em algo específico e minúsculo. Por exemplo:

- Você deseja meditar? Comece fazendo três respirações.
- Não tem tempo para ler um livro? Leia um parágrafo por dia.
- Fazer exercício físico é um desafio? Faça uma flexão.
- Quer dormir melhor? Deixe o telefone carregando fora do quarto.

Ao ter a meta de fazer trinta minutos de meditação não realizada, você ficará frustrado, mas ao reduzir a sua expectativa ao nível mais baixo possível, certamente você conseguirá e ficará estimulado a aumentar um pouco o desafio, um micro-hábito por vez. Ao baixar o nível de exigência, conseguirá ser mais consistente e se sentirá bem-sucedido. Terá sucesso mais rápido e com maior frequência, e como veremos a seguir isso é fundamental para consolidar um novo hábito.

Como é que isso funciona?

Os micro-hábitos não exigem quase nenhuma motivação, e há menos probabilidade de você ficar bloqueado por algum dos cinco fatores para o desenvolvimento da capacidade. No caso de iniciar a meditação com três respirações, criar o primeiro micro-hábito necessitará de quinze segundos de prática por dia, não precisa de dinheiro, o esforço físico e mental é praticamente nulo e é muito fácil de ser implementada na rotina (pode ser todos os dias ao acordar ou antes de sair de casa para ir ao trabalho, por exemplo).

Uma vez consolidado um micro-hábito, é possível avançar e criar o próximo (de três respirações, pode passar para um minuto por dia) e, dessa forma, criar o hábito, que naturalmente vai se consolidar e crescer.

Mas tem um segredo fundamental para que os micro-hábitos sejam enraizados em nossa vida: as emoções.

EMOÇÕES CRIAM HÁBITOS

Há muitos anos tenho o hábito de tomar uma ducha fria pela manhã, independentemente da época do ano. Sempre começo com um banho morno e, depois, esfrio totalmente o chuveiro, chegando a ficar dois minutos embaixo das gélidas águas. Por mais estranho que pareça, isso me faz bem.

Quando comecei a estudar a formação de hábitos, percebi que um detalhe fez a diferença para que eu criasse e mantivesse o de tomar uma ducha de água fria. Algumas pessoas falam que para um comportamento virar hábito é preciso repetir a ação durante 21 dias seguidos, outros defendem períodos maiores de repetição. Mas para mim faz mais sentido as que dizem que emoções influenciam na criação de hábitos e que o tempo para isso é variável. Fogg, em *Micro-hábitos*, afirma que "emoções criam hábito", ou seja, existe uma conexão direta entre o que você sente quando executa um comportamento e a probabilidade de repeti--lo no futuro. Imagine que você nunca meditou, mas durante 21 dias se esforce para criar o hábito de ficar trinta minutos sentado nessa prática, que para você é incômoda e exige muita força de vontade. As chances de você conseguir fazer os 21 dias já é baixa, e menor ainda de continuar após esse período, pois não foi feita com prazer.

Por outro lado, se você praticar um novo comportamento e se sentir bem-sucedido, feliz e energizado, esse sentimento ligará o hábito ao seu cérebro, que desejará sentir novamente essas boas sensações. E isso fará que ele o "estimule" a repetir o comportamento que trouxe alegria. Faz sentido, né?

O fato de as emoções contribuírem para a criação de hábitos não significa que esses comportamentos sejam necessariamente bons. Por exemplo, tenho uma ótima sensação quando como chocolate, especialmente ao leite, e após o jantar meu cérebro sempre quer repetir esse comportamento, que em muitas épocas da minha vida vira um hábito. E nem sempre é bom comer doce todos os dias se seu nível de glicemia é alto ou se pretende emagrecer. Um exemplo ainda mais preocupante é o caso do álcool em relação aos alcoólicos e das drogas para os viciados químicos.

Porém, as boas sensações nem sempre aparecem imediatamente após a prática. Então, como fazer para ensinar ao cérebro que um comportamento que não traz emoções positivas imediatas pode, sim, virar um hábito?

Durante a minha ducha fria ou depois de pular na piscina, eu cerro os punhos e comemoro como se tivesse feito um golaço (na realidade, está mais para uma imitação de um dos meus ídolos, o jogador de tênis Rafael Nadal, quando ganha um jogo). Nesse momento tenho uma sensação boa, de vitória, de conquista, sorrio, fico feliz, celebro meu ato. Meu cérebro e meu corpo adoram ter essa sensação. Sem isso, talvez eu não tivesse consolidado esse estranho hábito.

Segundo BJ Fogg, a comemoração é o fertilizante do hábito. Cada vez que você realiza um comportamento e comemora com vontade, aquela ação vai se enraizando e se fortalecendo. Cultivar o sentimento de ter sido bem-sucedido traz confiança e vontade de repeti-lo mais vezes. Seu cérebro gostou da sensação e pede mais.

O momento em que a recompensa é dada é superimportante. Estudos mostram que deve acontecer durante a execução ou poucos segundos depois para que o cérebro faça a ligação entre o comportamento e a sensação positiva. Ganhar um jantar como premiação pelo bom mês de trabalho pode motivar, mas não consolida hábitos no cérebro.

Então, como comemorar para incentivar a criação de hábitos?

A comemoração é algo particular, e cada um descobrirá qual funciona melhor para si. Fazê-la sem o olhar dos outros tende a ser mais eficaz, pois o eventual constrangimento pode inibir os bons sentimentos que precisamos gerar.

Leia as seguintes situações e pense como você comemoraria cada uma delas:

1. Você está há meses em um processo seletivo para entrar na empresa dos seus sonhos, até que recebe uma ligação com a confirmação de que foi escolhido. O que você faz logo ao desligar o telefone?

2. Há tempos tenta fazer da atividade física um hábito, mas não consegue aparecer na academia nem duas vezes por semana. No entanto, agora resolveu comemorar toda vez que entra na academia e após concluir o treino. Qual seria o seu gesto, mesmo se for o mais discreto?

3. Seu time está na final do campeonato, perdendo, até que no último minuto passa à frente no placar. Qual a sua reação?

4. Você está flertando com uma pessoa há tempos, até que ela te manda uma mensagem convidando para um jantar. O que você faz nessa hora?

5. Você está aprendendo a pedalar bicicleta e consegue dar uma volta no quarteirão pela primeira vez sem ajuda de ninguém e sem cair. O que faz logo depois desse momento?

Não há resposta certa e única aqui. Cada pessoa vai reagir e comemorar de uma forma. Para alguns pode ser como eu faço: fechar os pulsos; para outros talvez seja dobrar os cotovelos, fazer força no bíceps e sorrir. Ou talvez fazer a pose do Rocky Balboa ou da Mulher Maravilha, e eventualmente pode ser só um sorriso. Mais importante do que o gesto é a sensação e você encontrar uma maneira de marcar esse momento como algo prazeroso.

Como falamos antes, a celebração ajuda não só nos novos hábitos, mas na sensação de bem-estar, de prazer. Ao comemorar, marcamos o evento como positivo, e nosso cérebro registra o momento com todas as emoções e sentimentos envolvidos. Uma frase que o monge Satyanatha certa vez me disse e guardo até hoje é: "O desejo está no movimento, e o prazer está na pausa".

Por isso o décimo valor da Gaia é "celebre". Celebre sempre.

E faça da celebração uma prática constante da vida.

Que tal celebrar muito mais? Várias vezes ao dia, a cada novo passo?

Fique tranquilo, que celebrar não tem contraindicação. Não ligue para quem criticar você por isso. Momentos de celebração são pessoais, são seus. Tenha esses seus momentos de alegria e bem-estar.

Agora, peço licença que vou cerrar os punhos e celebrar mais um trecho concluído deste livro. Que tal você fazer o mesmo?

CELEBRE!
COMEMORE CADA CONQUISTA, CADA
MICRO-HÁBITO, CADA MOMENTO DA VIDA.

JUNTANDO TUDO

O primeiro passo para caminharmos em direção à sua melhor versão é termos uma aspiração, por exemplo, ser um líder que o mundo precisa. Em seguida, explore suas opções de comportamentos, como buscar autoconhecimento por meio de livros, cursos, meditação, conversas com mentores, jornal da gratidão.

Sugestões de hábitos que desenvolvem os eixos importantes de líderes que o mundo precisa:

Eixo humano

- meditar
- fazer o jornal da gratidão
- ouvir individualmente as pessoas da equipe
- reconhecer pequenas conquistas
- celebrar pequenas conquistas
- fazer reuniões curtas diárias para evitar e-mails

Eixo ativista

- todos os dias, tirar dois minutos para ler sobre as causas que importam para você
- seguir nas redes sociais as suas referências
- compartilhar notícias e informações sobre as suas causas
- refletir quais comportamentos do seu dia a dia contribuem nas suas causas

Após selecionar os comportamentos que possui ou quer possuir, faça uma marcação, analisando-os de acordo com estes três itens:

- O comportamento gera impacto positivo?
- É possível ter esse comportamento?
- Você realmente deseja ter esse comportamento?

Respondendo a essas perguntas, ficará mais fácil você verificar quais são os comportamentos mais adequados ao seu momento de vida. Em seguida, encontre uma âncora para ajudar a criar o hábito (por exemplo, praticar uma atividade logo ao acordar, ao chegar ao escritório, após ir ao banheiro...) e, comece por pequenas ações, na menor versão possível e, logo após realizá-las, comemore como se tivesse ganho uma Copa do Mundo.

Dessa forma, você desenvolverá um micro-hábito. Gradualmente, quando esse comportamento começar a ficar mais fácil de ser realizado, quando você se sentir bem, avance mais, como bônus, sem pressão, mas sempre com prazer. Aos poucos vai notar que naturalmente está fazendo mais e mais, de forma automática, sem necessidade de ter que estar motivado para fazer isso.

No começo do capítulo contei da minha pré-carreira frustrada no triátlon; mas antes disso, por quase dez anos, nadei todos os dias, de segunda-feira a sábado; algumas vezes ia às 4h30 da manhã fazer o treino da madrugada com a equipe, de lá íamos direto para a escola (os amigos achavam isso uma loucura completa) e, à tarde, voltava para treinar. Treinar natação era algo tão normal e habitual que em nenhum dia precisei de motivação para ir: eu simplesmente ia.

REFLEXÕES

Vale a pena ser um líder que o mundo precisa?

O que você pode fazer a partir de hoje para ir nessa direção?

Escolha um micro-hábito para iniciar e uma âncora. Esse pequeno passo pode ser o início de algo muito maior. Pratique.

Não esqueça das três simples etapas para criar um hábito:

1. Âncora (estímulo)
2. Micro-hábito
3. Comemoração imediata

CAPÍTULO 13

VAMOS JUNTOS?

"A escuridão não pode combater a escuridão;
só a luz pode fazer isso.

O ódio não pode combater o ódio, só o amor
pode fazer isso."

Martin Luther King Jr.

UMA DESCONHECIDA LÍDER DE 15 ANOS

Março de 1955, a jovem negra de 15 anos Claudette Colvin e suas amigas foram liberadas mais cedo da escola e pegaram um ônibus em direção às suas casas. Nessa época, os assentos da frente do veículo eram exclusivos para as pessoas brancas, e os de trás para as pessoas negras. Porém, caso os lugares da frente estivessem lotados, o motorista do ônibus tinha autoridade para retirar os negros dos de trás para os brancos se sentarem.

Naquele dia, todos os assentos estavam ocupados, e o motorista solicitou que Claudette e suas três amigas cedessem seus lugares para uma jovem mulher branca. As amigas se levantaram, Claudette se recusou. Mesmo com os lugares vagos, a mulher branca não poderia se sentar, pois brancos não compartilhavam a mesma fileira de assentos com negros.

Claudette argumentou que havia pagado a passagem e por isso tinha o direito de permanecer sentada. O motorista não gostou e, ao avistar um carro de polícia, parou e contou o caso para os policiais, que decidiram levar a menina de 15 anos para uma prisão de adultos, colocada em uma pequena cela com apenas uma pia quebrada e uma cama sem colchão. Horas depois, sua mãe conseguiu sua soltura.

Nove meses se passaram até que Rosa Parks, na época com 42 anos, que conhecia muito bem Claudette, repetiu o gesto da jovem ao não ceder seu assento a um homem branco. Da mesma forma, foi presa, mas dessa vez o caso foi noticiado em todo o mundo.

Após o incidente com Rosa, Martin Luther King Jr., um jovem líder local, na época com 26 anos, coordenou um boicote dos negros aos ônibus da cidade de Montgomery: eles passaram a se organizar em um sistema de carona solidária, com os donos de carros oferecendo seus veículos para transportar as pessoas e inclusive algumas donas de casa brancas levando seus funcionários negros para o trabalho.

A resposta do poder público para acabar com o movimento foi pressionar as seguradoras locais a não fornecer apólices aos motoristas que aderissem à carona solidária. Não adiantou. Para resolver esse problema, os líderes do movimento fizeram um acordo com a seguradora Lloyd's, de Londres.

Em apoio ao boicote, taxistas negros passaram a cobrar dez centavos de dólar pelas viagens, a mesma tarifa dos ônibus. Porém, os administradores da cidade determinaram que quem cobrasse menos de 45 centavos seria multado. Muitas pessoas passaram a usar bicicleta, caminhar ou mesmo andar em carroças. Nos horários de pico, as calçadas ficavam lotadas, enquanto os ônibus transportavam pouquíssimos passageiros e muitas vezes estavam vazios. Pessoas de todo o país se mobilizaram para enviar sapatos novos ou seminovos para os negros de Montgomery.

Nos meses que se seguiram, o líder Martin Luther King Jr. teve sua casa bombardeada e foi preso. "Estou orgulhoso de meu crime. O crime de juntar meu povo em um protesto não violento contra a injustiça", disse o jovem ativista na época.

Os mais de 40 mil usuários negros da região mantiveram o boicote por 381 dias, até que a Suprema Corte Americana julgou inconstitucional a segregação racial em transportes públicos e permitiu que negros se sentassem em qualquer lugar nos ônibus, sem ter a obrigação de ceder seus assentos a pessoas brancas.

LÍDERES

No início deste livro dei a definição de líder: "Pessoa com capacidade de influenciar nas ideias e ações de outras pessoas".

A atitude da jovem Claudette influenciou que Rosa Parks repetisse seu gesto, que motivou Martin Luther King Jr. a organizar um boicote, que teve a adesão de mais de 40 mil pessoas, cuja pressão levou o assunto para a Suprema Corte dos Estados Unidos, que, antes de decidir pela extinção de segregação racial em ônibus, ouviu quatro requerentes, sendo um deles a jovem ativista Claudette Colvin.

O boicote aos ônibus de Montgomery alçou Martin Luther King Jr. como grande liderança ativista que usava de práticas não violentas para lutar pelos direitos civis de pessoas negras. Por suas ações, ganhou o Prêmio Nobel da Paz aos 35 anos; na época, o mais jovem a receber a premiação.

Dentre os cerca de 2.500 discursos feitos por Martin Luther King Jr., um teve destaque especial. Em agosto de 1963, seu discurso "Eu tenho um sonho", proferido para mais de 200 mil pessoas no Lincoln Memorial, foi eleito pelos pesquisadores da Universidade de Wisconsin-Madison e da Universidade Texas A&M como o melhor discurso norte-americano do século XX. O curioso é que sua parte mais famosa foi um improviso. De acordo com o *The New York Times*, em certo momento do discurso a cantora gospel Mahalia Jackson gritou: "Conte a eles sobre o sonho, Martin!". Inspirado e incentivado, Martin Luther King falou: "Eu tenho um sonho" (*"I have a dream"*). E começou a compartilhar alguns de seus desejos, entre os quais o de que seus filhos não fossem julgados pela cor de sua pele, mas pelo seu caráter.

No início do livro falamos que líderes que o mundo precisa devem ter mentalidade de crescimento, de forma que entendam que os fracassos fazem parte do processo de desenvolvimento e continuem a se esforçar para ser pessoas melhores. King, um dos maiores oradores da história, obteve nota C quando falou em público no

Crozer Theological Seminary, em 1948. Já pensou se ele tivesse desistido de falar em público ao receber essa nota mediana? Certamente o destino do mundo teria sido outro.

SEM CONEXÃO FÍSICA, MAS COM CONEXÃO SOCIAL

Tínhamos o sonho de levar a equipe da Gaia à Disney; sonho realizado em 2019 e tão maravilhoso que tentamos repetir a dose no ano seguinte, porém a pandemia do coronavírus mudou nossos planos.

Logo na segunda-feira seguinte ao cancelamento da viagem que faríamos para Orlando, em março de 2020, estávamos todos em home office. De um dia para o outro, nos organizamos para mudar completamente a forma de trabalho.

Na Gaia, sempre valorizamos muito o lado humano, o contato entre as pessoas, promovendo várias atividades e interações. Como continuar a fazer isso a partir daquele momento, com todos fisicamente distantes? O que fazer para manter o espírito gaiano de cada um em sua casa? Em tempos de pandemia, como levantar a bandeira da felicidade?

Nossa primeira atitude foi dar segurança psicológica a todos os gaianos e gaianas. Aderimos à campanha do #NãoDemita e anunciamos que ninguém teria o salário reduzido (ambas as situações extremamente comuns na época).

#NÃODEMITA

Muitos empresários, de diferentes mercados, têm o costume de tirar todo o lucro da companhia, criando empresas pobres de donos ricos. O problema é que, quando há uma crise, a empresa fica sem condições de suportar os prejuízos e muitas quebram.

Desde o começo da Gaia, em 2009, sempre tivemos uma postura muito conservadora em relação ao caixa da empresa, o que nos permitiu ter a segurança de que não haveria demissões por causa da pandemia durante o período em que o escritório permanecesse fechado.

A ideia de ter uma empresa rica — não donos ricos — foi o que garantiu que, além de não haver demissões, os funcionários não corressem o risco de ver seus salários reduzidos.

Em seguida, criamos rituais para suportar melhor os dias que viriam. Agendamos uma reunião diária às 17 horas, chamada de Grande Encontro, cujo objetivo era manter a conexão social, apesar do distanciamento físico. Esse era um momento de descontração, risadas, mas também para celebrarmos as evoluções do dia e nos unirmos na nossa fé para ajudar quem precisasse.

Logo no primeiro dia do Grande Encontro, o gaiano Luis Otávio, o Lu, portador de síndrome de Down, foi internado com suspeita de coronavírus e, na sequência, pegou pneumonia. A situação piorava a cada instante. Certo dia, enquanto estávamos na *live* da Gaia, a minha conexão da internet caiu, e no breve intervalo até me reconectar recebi uma mensagem da Belita, irmã do Lu, que o acompanhava no hospital. Ela avisava que a situação do irmão estava crítica, que ele não conseguia respirar sem aparelhos, o antibiótico não estava fazendo efeito e a saúde dele se deteriorava.

Saber do estado dele me abalou muito, e meus olhos se encheram de lágrimas. A conexão voltou, todos os gaianos e gaianas estavam me olhando, aguardando. O que fazer? Conto, não conto, amenizo ou falo a verdade? Resolvi ler a mensagem para todos e pedi para unirmos nossos pensamentos para ajudar o Lu a passar pelo desafio, e combinamos que às 18 horas cada um iria fazer sua oração pedindo saúde e proteção para ele.

Aos poucos ele foi melhorando, respondendo melhor ao antibiótico, até que alguns dias depois recebemos uma das melhores notícias do ano: Lu poderia voltar para casa. A alegria foi geral.

O Lu é um gaiano que torna a empresa mais humana. Ele sempre demonstra gratidão aos outros, e seu jeito, recheado de carinho, bom humor e sinceridade, desperta o que há de melhor em quem interage com ele. Não só isso: ele trabalha, tem responsabilidades e é remunerado, como deve ser. Recomendo fortemente que todas as empresas contratem profissionais com síndrome de Down, e não apenas o façam quando são obrigadas.

Nesse período de distanciamento social, criamos grupo de meditação virtual — aula de ioga on-line —, agendamos conversas e palestras com médicos e especialistas para tirar dúvidas que tínhamos, além de organizarmos a primeira pizzada virtual da história da Gaia. Para essa pizzada, todos os gaianos e gaianas poderiam comprar uma pizza de um estabelecimento local e reembolsaríamos; convidamos Wellington Nogueira (fundador da ONG Doutores da Alegria e conselheiro da Gaia+), Marc e Elisa Tawil (conselheiros da Gaia+) e Maite Schneider (amiga e fundadora da TransEmpregos). Foi uma noite muito especial, com sorrisos, emoção ao aplaudirmos o pai do Marc, que havia falecido poucos dias antes, e uma homenagem aos médicos do país. Não paramos por aí: durante a quarentena, fizemos o GaiaShow, um show de calouros on-line, e o nosso Gaia Master Chef, em que as pessoas compartilharam receitas e sorrisos.

Apesar do distanciamento físico, a conexão social que conseguimos gerar, sobretudo integrando as pessoas de fora de São Paulo, foi muito especial. No final de cada Grande Encontro eu pedia para duas pessoas passarem alguma mensagem às demais. Ninguém sabia quem seria escolhido, era tudo de surpresa, mas as mensagens eram tão tocantes e belas que só fortaleceram a nossa união, fomentando uma empresa mais humana.

Com criatividade, boa vontade e verdade, é possível encontrar formas diversas de conectar pessoas, diminuir barreiras e fazer que você exerça uma liderança como o mundo precisa e esteja em uma empresa humana e ativista.

QUE CONTINUEMOS JUNTOS...

Quantas pessoas são necessárias para mudar os rumos do mundo?

Uma pesquisa de 2018 publicada por Damon Centola e colegas na revista *Science* e divulgada pelo Fórum Econômico Mundial sugere que para mudarmos um grupo precisamos ter adesão de 25% dos participantes. Isto é, uma a cada quatro pessoas.

Utilizando o conceito que adotamos de que líder é alguém que influencia as atitudes e os comportamentos de outras pessoas e que, assim, todas são potencialmente líderes, precisamos nos engajar para que o maior número de lideranças que o mundo precisa entre na jornada de melhorar o lugar em que vivemos. Em 2021, a estimativa da população mundial é de cerca de 7,9 bilhões de habitantes, segundo o site Worldometer. Seguindo a informação de que precisamos da adesão de 25% dos participantes para mudarmos alguma coisa, se quisermos transformar o lugar em que vivemos, precisamos de quase 2 milhões de pessoas nessa empreitada. No começo desta obra, falei do meu desejo de despertar em você a vontade de "fazer diferente" e que apresentaria ferramentas e rumos para que possa agir. Esse foi o meu jeito de contribuir. Agora é com você.

Quero que você termine este livro inspirado, sabendo que é uma pessoa capaz de liderar e influenciar positivamente o comportamento de outras, seja na sua família, nas suas amizades, no seu trabalho. Que você possa continuar evoluindo na própria jornada de ser uma pessoa humana e ativista!

Líderes não precisam de cargos, dinheiro ou poder. Precisam de atitude, de coragem! Coragem não é a ausência de medo, mas saber agir *apesar* do medo.

Martin Luther King Jr., que inspirou o começo de cada capítulo deste livro, disse: "Eu decidi ficar com o amor. O ódio é um fardo muito grande para suportar".

Sonho que um dia todos os líderes sejam humanos e ativistas... e escolham o amor.

Difícil? Pode ser. Possível? Totalmente!

Talvez eu seja muito otimista e sonhador... hummm... Prefiro continuar otimista e sonhador e acreditando no amor! Ainda mais porque encontrei no meu caminho pessoas também sonhadoras que agem para que o mundo seja um pouco melhor a cada dia.

Você chegou até aqui. Passou por todo o livro para tentar descobrir formas de exercer uma liderança como o mundo precisa.

Celebre! Tenha certeza de que eu estou celebrando este momento.

Gratidão por ter feito esta caminhada comigo.

Espero que as palavras que leu contribuam para sua jornada, e que você seja agora uma pessoa diferente da que era no início do livro. Não se esqueça: você terminou de ler esta obra, mas ainda há muita coisa a ser feita neste jogo infinito. Eu continuo a jogar...

Vamos juntos?

AGRADECIMENTOS

ESTA JORNADA começou em um almoço despretensio-so (ou talvez não) organizado pelo meu querido amigo Marc Tawil. Nessa época, eu não desejava escrever outro livro. Ele me apresentou a Renata Sturm, da HarperCollins. O papo foi tão bom que resolvi desenvolver esse projeto. Minha gratidão aos dois.

Mergulhei em estudos e reflexões e fui construindo o caminho, tantas vezes observado pelas minhas filhas, Beatriz e Letícia (Biazinha e Lelé, meus amores infinitos), já que a rotina de escrita começava antes das seis da manhã. Quando terminei o manuscrito, Carol (minha grande companheira de vida), Dudu (meu irmão e melhor amigo) e Pitty (grande amiga e parceira de trabalho) o revisaram. Superobrigado, de coração, a vocês cinco. Não só pela presença no processo do livro, mas por existirem em minha vida.

O primeiro contato com a HarperCollins para tratar da edição do texto foi com a Diana. Nossa, que olhar maravilhoso ela tem, depois complementado pela preparação de texto da Maísa e pelas revisões da Laila e da Mel. A Malu e mais uma turma que não conheci deram todo o apoio por parte da editora. E não poderia deixar de agradecer aos três responsáveis pelo visual do livro: Túlio, pela capa; Julio, pelo projeto de miolo; e Juca, pelas ilustrações. Quem diria que um dia eu publicaria por uma das maiores editoras do mundo! Espero fazer por merecer.

Mas este livro só foi possível por conta da Gaia. Tenho o privilégio de trabalhar com pessoas incríveis e deveria agradecer nominalmente a todos os gaianos e gaianas, mas não seria possível em tão poucas linhas. Para representá-los, cito o meu querido sócio, Fabinho, que tem sido um grande parceiro de trabalho e de vida, Lininha, em que confio cegamente e me apoia tanto, e Gabi, minha irmã amada, que transborda amor no trabalho e na vida.

Também agradeço enormemente a Naira, minha mãe, responsável pelo projeto social Gaia+ Lab, e a meu pai, Paulo, pelos aprendizados que me proporcionaram. Não posso deixar de citar meus sogros, Neusa e Hélio (in memoriam), meus cunhados, Carolzinha e Anderson, e meus sobrinhos, Gustavo, Fernanda, Felipe e Alex, que são parte importante da minha vida.

Agradeço igualmente aos companheiros do MST, COS, Din-4mo, Sagarana, Magik, 4you2, Vivenda, SistemaB, Tabôa, Simbiose, Riplay, Veirano, Tozzini, VBSO, Liqi, FARO e tantas outras empresas que acreditaram na Gaia. No caminho do estudo (informal) da psicologia positiva, conheci muitas pessoas incríveis — várias fazem parte do grupo Felicidade no Trabalho, que ajudei a criar, grupo de WhatsApp voltado para o debate e a troca de informações sobre o tema. Falando em grupos de aprendizado e partilha, preciso agradecer também ao Política e Consciência e ao Futuro — Steering.

Algumas pessoas entram na nossa vida e impactam muito, como Mari Ferrão, Well Nogueira, Rodrigo Oliveira, Loraine Martins (e o querido Fabiano), Elisa Kozasa, Belita, Elisa Tawil e Bruno, que, "coincidentemente", são conselheiros da Gaia+. Minha gratidão também para outras que estão comigo, agora, dedicadas exclusivamente à construção das nossas iniciativas de impacto dos próximos anos: Bia, Jey, Rodrigão, Rafa Syade, Jeca, Bea, Naty, Hiago, além de alguns já citados e tantos outros que virão.

Agradeço demais ao inspirador amigo Eduardo Moreira, que abriu minha cabeça para um mundo que eu não enxergava. Ao mestre Marco Gorini, com quem aprendo a cada papo, a Natália Dias, uma liderança do mercado financeiro que admiro, e a Marcel Fukayama, um ser humano que tenho o privilégio de conhecer. A Leny Kyrillos, que para mim é muito mais do que uma fonoaudióloga.

Tenho a mais absoluta certeza de que estou deixando muitas pessoas de fora. As margens do papel não comportam a quantidade de pessoas que impactaram minha vida e que me permitiram escrever este livro. Sou grato a todas elas, citadas ou não aqui.

E quero fazer um agradecimento especial a você, que leu esta obra. Mesmo que não tenha concordado comigo em todos os momentos, se eu pude te fazer refletir, ficarei feliz. Obrigado por dedicar seu tempo e sua atenção às minhas ideias.

Sinta o meu abraço cheio de energia e saiba que desejo fortemente que você seja líder como o mundo precisa e que viva a felicidade e o amor também no seu trabalho.

REFERÊNCIAS BIBLIOGRÁFICAS

AMABILE, Teresa; KRAMER, Steven. [Entrevista concedida a] *Leader's Edge*, 24 jan. 2019. Disponível em: https://www.amanet.org/articles/the-worth-o-f-small-wins-teresa-amabile-and-steven-kramer-on-the-progress-principle/. Acesso em: 8 dez. 2021.

_____. *O princípio do progresso*: como usar pequenas vitórias para estimular satisfação, empenho e criatividade no trabalho. Rio de Janeiro: Rocco, 2013.

ANWAR, Yasmin. Low-Income People Quicker to Show Compassion. *Greater Good Magazine*, 20 dez. 2011. Disponível em: https://greatergood.berkeley. edu/article/item/lower_income_people_quicker_to_show_compassion. Acesso em: 8 dez. 2021.

ATÉ robôs discriminam mulheres em seleção para emprego. *O Globo*, 10 out. 2018.

BABIAK, Paul; HARE, Robert D. *Snakes in Suits*: When Psychopaths go to Work. Nova York: Regan, 2007.

BATSON, Daniel. *Altruism in Humans*. Oxford: Oxford University Press, 2011.

BEN & JERRY'S. Together We Resist. Together We Take a Stand. Disponível em: https://benjerry.co.uk/whats-new/together-we-resist. Acesso em: 8 dez. 2021.

BEN-SHAHAR, Tal. *Seja mais feliz*: aprenda a ver alegria nas pequenas coisas para uma satisfação permanente. São Paulo: Academia, 2018.

_____. *The Joy of Leadership*: How Positive Psychology Can Maximize Your Impact (and Make You Happier) in a Challenging World. Nova Jersey: Wiley, 2017.

BERNARD, Enrico. Morcegos vampiros: sangue, raiva e preconceito. *Ciência Hoje*, 1 abr. 2005. Disponível em: https://cienciahoje.org.br/artigo/morce-gos-vampiros-sangue-raiva-e-preconceito/. Acesso em: 8 dez. 2021.

BLOOM, Paul. Bebês já fazem escolhas morais, diz psicólogo. [Entrevista para] Rita Loiola, *Veja*, 31 ago. 2014. Disponível em: https://veja.abril.com.br/cien-cia/bebes-ja-fazem-escolhas-morais-diz-psicologo/. Acesso em: 8 dez. 2021.

BRANSON, Richard. *Business Stripped Bare*: Adventures of a Global Entrepreneur. Nova York: Portfolio, 2011.

BREINES, Juliana G.; CHEN, Serena. Self-Compassion Increases, Self-Improvement Motivation. *Personality and Social Psychology Bulletin*, v. 38, n. 9, p. 1.133-1.143, 2012.

BROWN, Kirk Warren; KASSER, Tim. Are Psychological and Ecological Well-being Compatible? The Role of Values, Mindfulness, and Lifestyle. *Social Indicators* Research, n. 74, p. 349-368, nov. 2005.

CAPITALISMO Consciente Brasil. *Seja um associado.* Disponível em: https://ccbrasil.cc/associacao/. Acesso em: 8 dez. 2021.

CARSE, James P. *Jogos finitos e infinitos.* Rio de Janeiro: Nova Era, 2003.

CENTOLA, Damon et al. Experimental evidence for tipping points in social Convention. *Science*, v. 360, n. 6393, p. 1116-1119, 8 jun. 2018.

CHANCELLOR, Joseph et al. Everyday Prosociality in the Workplace: The Reinforcing Benefits of Giving, Getting, and Glimpsing. *Emotion*, Universidade da Califórnia, Riverside, jun. 2017.

CLEAR, James. *Hábitos atômicos*: um método fácil e comprovado de criar bons hábitos e se livrar dos maus. Rio de Janeiro: Alta Life, 2019.

COLLINS, Jim. *Empresas feiras para vencer*: por que algumas empresas alcançam a excelência e outras não. Rio de Janeiro: Alta Books, 2013.

CONANT, Doug. How Employee Engagement Turned Around Campbell's. [Entrevista concedida a] Terry Waghorn. *Forbes*, 23 jun. 2009. Disponível em: https://www.forbes.com/2009/06/23/employee-engagement-conant-leadership-managing-turnaround.html?sh=1ce0227d62ec. Acesso em: 8 dez. 2021.

CORNERSTONE. 6 Ways to Spot a Toxic Employee During a Job Interview. Disponível em: https://www.cornerstoneondemand.com/nl/resources/article/6-ways-spot-toxic-employee-during-job-interview/. Acesso em: 8 dez. 2021.

CÔTÉ, Stéphane; HOUSE, Julian; WILLER, Robb. High Economic Inequality Leads Higher-Income Individuals to Be Less Generous. *PNAS*, 23 nov. 2015.

CSIKSZENTMIHALYI, Mihaly. If We Are So Rich, Why Aren't We Happy? *American Psychologist*, v. 54, n. 10, pp. 821-827. Disponível em: https://home.ubalt.edu/tmitch/642/E%20articles/csikszentmihalyi%20If%20we%20ar%20so%20rich%20am%20psych%201999.htm. Acesso em: 20 dez. 2021.

DAMÁSIO, António. *O erro de Descartes*. São Paulo: Companhia das Letras, 2012.

DAMON, William. *O que o jovem quer da vida?* São Paulo: Summus, 2009.

DEMARZO, Marcelo; CAMPAYO, Javier García. *Manual prático mindfulness*: curiosidade e aceitação. São Paulo: Palas Athena, 2015.

DESTENO, David et al. The Grateful Don't Cheat: Gratitude as a Fount of Virtue. *Psychological Science*, v. 30, n. 7, p. 979-988, maio 2019.

DRUCKER, Peter. *Management Challenges for the 21st Centure*. Nova York: HarperBusiness, 2001.

DWECK, Carol S. *Mindset*: a nova psicologia do sucesso. Rio de Janeiro: Objetiva, 2017.

EISENBERG-BERG, Nancy; NEAL, Cynthia. Children's Moral Reasoning about Self and Others: Effects of Identity of the Story Character and Cost of Helping. *Personality and Social Psychology Bulletin*, v. 7, n. 1, p. 17-23, 1981.

EMMONS, Robert A. *Gratitude Works!* São Francisco: Jossey-Bass, 2013.

FEHR, Ernst; GÄCHTER, Simon. Altruistic punishment in humans. *Nature*, v. 415, p. 137-140, 2002.

FOGG, BJ. *Micro-hábitos*: as pequenas mudanças que mudam tudo. São Paulo: HarperCollins, 2020.

FROMM, Erich. *A arte de amar*. São Paulo: Martins Fontes, 2015.

GILBERT, Daniel. *Por que somos felizes?* [Palestra dada ao] TED. Disponível em: https://www.youtube.com/watch?v=Uxqlcg9yCEM. Acesso em: 8 dez. 2021.

GINO, Francesca; AYAL, Shahar; ARIELY, Dan. Contagion and Differentiation in Unethical Behavior: The Effect of One Bad Apple on the Barrel. *Psychological Science*, v. 20, n. 3, p. 393-398, 1 mar. 2009.

GLADWELL, Malcolm. The Talent Myth, *The New Yorker*, 22 jul. 2002.

GOTH, Joel; PFEFFER, Jeffrey; ZENIOS, Stefanos A. The Relationship Between Workplace Stressors and Mortality and Health Costs in the United States. *Management Science*, v. 62, n. 2, mar. 2015.

GREGO, Maurício. Petrobras está na lista das vinte empresas mais poluidoras do mundo. *Veja*, 10 out. 2019. Disponível em: https://veja.abril.com.br/brasil/petrobras-esta-na-lista-das-vinte-empresas-mais-poluidoras-do-mundo/. Acesso em: 8 dez. 2021.

GUISE, Stephen. *Mini-hábitos*: como alcançar grandes resultados com o mínimo esforço. Rio de Janeiro: Objetiva, 2019.

GURGEL, Luciana. Ben & Jerry's irrita israelenses ao parar de vender sorvetes em territórios palestinos ocupados. *MediaTalks*, 20 jul. 2021. Disponível em: https://mediatalks.uol.com.br/2021/07/20/engajada-em-causas-ben-jerrys--provoca-reacao-ao-parar-de-vender-sorvetes-em-territorios-palestinos-ocupados/. Acesso em: 8 dez. 2021.

HALIFAX, Joan. *À beira do abismo*: encontrando liberdade onde o medo e a coragem se cruzam. Rio de Janeiro: Lúcida Letra, 2021.

HANSEN, Drew. Mahalia Jackson, and King's Improvisation. *The New York Times*, 27 ago. 2013. Disponível em: https://www.nytimes.com/2013/08/28/opinion/mahalia-jackson-and-kings-rhetorical-improvisation.html. Acesso em: 8 dez. 2021.

HARARI, Yuval. [Entrevista para o programa] *Roda Viva*. São Paulo: TV Cultura, 2019. Disponível em: https://www.youtube.com/watch?v=pBQM085I-xOM. Acesso em: 8 dez. 2021.

HOUSMAN, Michael; MINOR, Dylon. Toxic Workers. *Harvard Business School Strategy Unit Working Paper*, n. 16-057, 22 out. 2015.

HSIEH, Tony. *Satisfação garantida*. São Paulo: HarperCollins, 2017.

HUANG, S.; AAKER, J. L. It's the Journey, not the Destination: How Metaphor Drives Growth After Goal Attainment. *Journal of Personality and Social Psychology*, 2019.

KUSHLEV, Kostadin et al. Do happy people care about society's problems? *The Journal of Positive Psychology*, v. 15, n. 4, p. 467-477, 2020.

LE NGUYEN, Khoa D. et al. Loving-kindness meditation slows biological aging in novices: Evidence from a 12-week randomized controlled trial. *Psychoneuroendocrinology*, v. 108, p. 20-27, 2019.

_____. *Os mitos da felicidade*: o que deveria fazer você feliz, mas não faz; o que não deveria fazer você feliz, mas faz. Rio de Janeiro: Lexikon, 2013.

LYUBOMIRSKY, Sonja. *The How of Happiness*: A New Approach of Getting the Life You Want. Nova York: Penguin Books, 2009.

MACKINNON, Lachlan. Working 11 hours or more a day doubles your risk of depression, research finds. *Mirror*, 6 fev. 2012. Disponível em: https://www.mirror.co.uk/news/uk-news/working-11-hours-or-more-a-day-189967. Acesso em: 10 dez. 2021.

MARSH, Jason. Are the Rich Really Less Generous? *Greater Good Magazine*, 22 dez. 2015. Disponível em: https://greatergood.berkeley.edu/article/item/are_the_rich_really_less_generous. Acesso em: 8 dez. 2021.

MASLOW, Abraham H. *A Theory of Human Motivation*. Hawthorne: BN Publishing, 2017.

MASSAO, Lucas. Um em cada cinco CEO's é psicopata, indica estudo. *Super Interessante*, 4 jul. 2018. Disponível em: https://super.abril.com.br/blog/contando-ninguem-acredita/um-em-cada-cinco-ceo-8217-s-e-psicopata-indica-estudo/. Acesso em: 10 dez. 2021.

MICHAELIS. *Dicionário prático de língua portuguesa*. São Paulo: Melhoramentos, 2016.

MINEO, Liz. Good genes are nice, but joy is better. *The Harvard Gazette*, 11 abr. 2017. Disponível em: https://news.harvard.edu/gazette/story/2017/04/over-nearly-80-years-harvard-study-has-been-showing-how-to-live-a-healthy-and-happy-life/. Acesso em: 8 dez. 2021.

MITSUHASHI, Yukari. *Ikigai*: The Japanese Art of a Meaningful Life. London: Kyle Books, 2018.

MONROE, Kristen Renwick. *The Heart of Altruism*: Perception of Common Humanity. Princeton: Princeton University Press, 1998.

MOREIRA, Eduardo. *O que os donos do poder não querem que você saiba*. São Paulo: Alaúde, 2017.

NAMIE, Gary. *2017 Workplace Bullying Institute* – U.S. Workplace Bullying Survey. Nova York: WBI, 2017.

NEFF, Kristin. *Autocompaixão*: pare de se torturar e deixe a insegurança pra trás. Rio de Janeiro: Lúcida Letra, 2017.

NEWMAN, K. M. How to Avoid Slipping Back into Bad Habits. *Greater Good Magazine*, 2020. Disponível em: https://greatergood.berkeley.edu/article/item/how_to_avoid_slipping_back_into_bad_habits. Acesso em: 8 dez. 2021.

NOGUEIRA, Analuiza Mendes Pinto. Narcisismo e suicídio: o problema ideal na experiência psicótica. *Psicologia*: *Teoria e Pesquisa*, v. 15, n. 3, p. 257-263, dez. 1999. Disponível em: https://doi.org/10.1590/S0102-37721999000300009. Acesso em: 8 dez. 2021.

O'BRIEN, Ed; KASSIRER, Samantha. People Are Slow to Adapt to the Warm Glow of Giving. *Psychological Science*, v. 30, n. 2, p. 193-204, 2019.

OLLER, Jacob. The 10 Best Super Bowl Commercials of 2019. *Paste Magazine*, 4 fev. 2019. Disponível em: https://www.pastemagazine.com/tv/super-bowl/the-10-best-super-bowl-commercials-of-2019. Acesso em: 8 dez. 2021.

ORGANIZAÇÃO das Cooperativas Brasileiras. (OCB). Números do cooperativismo. *Sistema OCB*. Disponível em: https://www.ocb.org.br/numeros. Acesso em: 8 dez. 2021.

ORGANIZAÇÃO das Nações Unidas (ONU). *Aquecimento Global de 1,5 °C*: relatório especial do Painel Intergovernamental sobre Mudanças Climáticas (IPCC). [*S. l.*]: ONU, 2018.

_____. Guia para a COP26: o que é preciso saber sobre o maior evento climático do mundo. *ONU*, 1 nov. 2021. Disponível em: https://brasil.un.org/pt-br/156377-guia-para-cop26-o-que-e-preciso-saber-sobre-o-maior-evento-climatico-do-mundo. Acesso em: 8 dez. 2021.

ORGANIZAÇÃO Mundial da Saúde (OMS). *Tabaco*. Disponível em: https://www.paho.org/pt/node/4968. Acesso em: 8 dez. 2021.

PERLMUTTER, David; PERLMUTTER, Austin. *Brain Wash*: Detox Your Mind for Clearer Thinking, Deeper Relationships, and Lasting Happiness. Nova York: Little, Brown Spark, 2020.

PFEFFER, Jeffrey. *Morrendo por um salário*: como as práticas modernas de gerenciamento prejudicam a saúde dos trabalhadores e o desempenho das empresas — e o que podemos fazer a respeito. Rio de Janeiro: Alta Books, 2019.

PIERCY, Lindsey. Research Shows More Seniors are Happy Despite Cognitive Decline. University of Kentucky Research Communications, 10 ago. 2018. Disponível em: https://www.research.uky.edu/news/research-shows-more-seniors-are-happy-despite-cognitive-decline. Acesso em: 10 dez. 2021.

PORATH, Christine. Half of Employees Don't Feel Respect by Their Bosses. *Harvard Business Review*, 19 nov. 2014.

PORTER, Jane. Slow thinking can keep kids out of trouble. *Chicago Booth Review*, 22 maio 2016. Disponível em: https://www.chicagobooth.edu/review/powerful-tool-risk-youth. Acesso em: 8 dez. 2021.

PRECKER, Michael. How your job can affect your heart health. *American Heart Association News*, 30 ago. 2021.

PRESSE, France. Mentes divagantes tornam pessoas infelizes, conclui pesquisa. *G1*, 11 nov. 2010. Disponível em: http://g1.globo.com/ciencia-e-saude/noticia/2010/11/mentes-divagantes-tornam-pessoas-infelizes-conclui-pesquisa.html. Acesso em: 10 dez. 2021.

PROCTOR, Robert. *Golden Holocaust*: Origins of the Cigarette Catastrophe and the Case for Abolition. Oakland: University of California Press, 2012.

RAES, Filip. Rumination and Worry as Mediators of the Relationship Between Self-Compassion and Depression and Anxiety. *Elsevier. Personality and Individual Differences*, n. 48, n. 6, p. 757-761, abr. 2010.

RAND, David et al. Positive interactions promote public cooperation. *Science*, v. 325, n. 5.945, p. 1.272-1.275, 4 set. 2009.

RATZKE, Flavio. Conheça 2 modelos para medir o engajamento da sua equipe. *Fractos*, 2 out. 2020. Disponível em: https://www.impactare.com.br/pesquisa-da-gallup-apresentada-no-congresso-congregarh-2015-sobre-engajamento/. Acesso em: 8 dez. 2021.

RIBEIRO, Cristina Cristovão; YASSUDA, Mônica Sanches; NERI, Anita Liberalesso. Propósito de vida em adultos e idosos: revisão integrativa. *Ciência & Saúde Coletiva*, v. 25, n. 6, 3 jun. 2020.

RICARD, Matthieu. *A revolução do altruísmo*. São Paulo: Palas Athena, 2015.

_____. O segredo da felicidade de Matthieu Ricard, o "homem mais feliz do mundo". [Entrevista concedida a] Irene Hernández Velasco. *BBC News Brasil*, 1 jan. 2021. Disponível em: https://www.bbc.com/portuguese/geral-55507302. Acesso em: 8 dez. 2021.

RICHINS, Marsha L. Special Possessions and the Expression of Material Values. *Journal of Consumer Research*, v. 21, n. 3, p. 522-533, 1994.

ROSENBERG, Marshall. *Comunicação Não Violenta*: técnicas para aprimorar relacionamentos pessoais e profissionais. São Paulo: Ágora, 1999.

SARMATZ, Leandro. Médico, Ernst Wynder. *Superinteressante*, fev. 2002. Disponível em: https://super.abril.com.br/ciencia/medico-ernst-wynder/. Acesso em: 8 dez. 2021.

SBARRA, David; SMITH, Hillary; MEHL, Matthias. When Leaving Your Ex, Love Yourself: Observational Ratings of Self-Compassion Predict the Course of Emotional Recovery Following Marital Separation. *Psychological Science*, v. 23, n. 3, p. 261-269, 2012. Disponível em: https://doi.org/10.1177%2F0956797611429466. Acesso em: 8 dez. 2021.

SEBRAE. Cooperativa: o que é, para que serve, como funciona. 9 nov. 2017. Disponível em: https://www.sebrae.com.br/sites/PortalSebrae/bis/cooperativa-o-que-e-para-que-serve-como-funciona,7e519bda15617410VgnVCM-2000003c74010aRCRD. Acesso em: 8 dez. 2021.

SHELDON, Kennan M.; HOUSER-MARKO, Linda. Self-Concordance, Goal Attainment, and the Pursuit of Happiness: Can There Be an Upward Spiral? *Journal of Personality and Social Psychology*, v. 80, n. 1, p. 152-165, 2001.

SHERIF, M. *Experimental Study of Positive and Negative Intergroup Attitudes Between Experimentally Produced Groups*: Robbers Cave Study. Norman: University of Oklahoma, 1954.

SINEK, Simon. *Comece pelo porquê*: como grandes líderes inspiram pessoas e equipes a agir. Rio de Janeiro: Sextante, 2018.

_____. *O jogo infinito*. Rio de Janeiro: Sextante, 2020.

SOBER, Elliott; WILSON, David Sloan. *Unto Others:* The Evolution and Psychology of Unselfish Behavior. Cambridge (EUA); Londres: Harvard University Press, 1999.

SPERB, Paula. Como o MST se tornou o maior produtor de arroz orgânico da América Latina. *BBC News Brasil*, 7 maio 2017. Disponível em: https://www.bbc.com/portuguese/brasil-39775504. Acesso em: 8 dez. 2021.

STROMBERG, Joseph. The Neuroscientist Who Discovered He Was a Psychopath. *Smithsonian Magazine*, 22 nov. 2013.

STUTZER, Alois; FREY, Bruno S. Stress that Doesn't Pay: The Commuting Paradox. *Journal of Economics*, v. 110, n. 2, p. 339-366, 2008.

SULLIVAN, John. *The Toxic Employee Handbook*. Fama, 2019.

SUTTIE, Jill. How Inequality Can Make Wealthy People Less Cooperative. *Greater Good Magazine*, 23 set. 2015.

SUTTON, Robert. Building the civilized workplace. *McKinsey Quarterly*, 1 maio 2007. Disponível em: https://www.mckinsey.com/business-functions/people-and-organizational-performance/our-insights/building-the-civilized-workplace. Acesso em: 10 dez. 2021.

TAN, Chade-Meng. *Busque dentro de você*. Brasília: Novas Ideias, 2014.

THE WORLD Bank. Unprepared for a Risky Future. Washington, 16 maio 2016. Disponível em: https://www.worldbank.org/en/news/press-release/2016/05/16/unprepared-for-a-risky-future. Acesso em: 10 dez. 2021.

TWENGE, Jean M.; CAMPBELL, W. Keith. Age and Birth Cohort Differences in Self-Esteem: A Cross-Temporal Meta-Analysis. *Personality and Social Psychology Review*, v. 5, n. 4, p. 321-344, 2001.

_____. *The Narcissism Epidemic*: Living in the Age of Entitlement. Nova York: Free Press, 2010.

VAN BOVEN, Leaf; GILOVICH, Thomas. To Do or to Have? Thais Is the Question. *Journal of Personality and Social Psychology*, v. 85, n. 6, p. 1.193-1.202, 2003.

VOCÊ se compara demais com os outros? Livre-se disso e viva com mais leveza. *VivaBem UOL*. Disponível em: https://www.uol.com.br/vivabem/noticias/redacao/2021/02/01/voce-se-compara-demais-com-os-outros-livre-se-disso-e-viva-com-mais-leveza.htm. Acesso em: 8 dez. 2021.

WAGHORN, Terry. How Employee Engagement Turned Around Campbell's. *Forbes*, 23 jun. 2009.

WAMSLER, Christine et al. Mindfulness in Sustainability Science, Practice, and Teaching. *Sustainability Science*, v. 13, p. 143-162, 2018.

WORLD Cooperative Monitor. *The Top 300 and SDG 8*: Contributions to Inclusive and Sustainable Economic Growth, Full and Productive Employment and Decent Work for All. Disponível em: https://monitor.coop/sites/default/files/basic-page-attachments/wcma45sdg8-912969161.pdf. Acesso em: 8 dez. 2021.

WORLDOMETER. *População mundial*. Disponível em: https://www.worldometers.info/br/. Acesso em: 8 dez. 2021.

WRZESNIEWSKI, Amy; DUTTON, Jane. E. Crafting a Job: Revisioning Employees as Active Crafters of Their Work. *The Academy of Management Review*, v. 26, n. 2, p. 179-201, abr. 2001.

WRZESNIEWSKI, Amy et al. Jobs, Careers, and Callings: People's Relations to Their Work. *Journal of Research in Personality*, n. 31, p. 21-22, mar. 1997.

US Health Services, Smoking and Health. *Report of the Advisory Committee to the Surgeon General of the Public Health Service*. US Department of Health, Education and Welfare, Public Health Service, Center of Disease Control, DHEW Publication 1103, Washington, 1964.

Este livro foi impresso pela Cruzado, em 2022,
para a HarperCollins Brasil. O papel do miolo é Pólen
Soft 80g/m² e o da capa é Cartão Supremo 250g/m².